馬王堆出土文献訳注叢書
戦国縦横家書

馬王堆出土文献訳注叢書編集委員会編
大西克也・大櫛敦弘 著

東方書店

戦国縦横家書❖目次

凡例

一、この訳注叢書の各巻は、いずれも「本文」「訓読」「注釈」「口語訳」から成っている。

二、本巻『戦国縦横家書』の底本には、主として、『馬王堆漢墓帛書〔参〕』（文物出版社、一九八三年十月）を用いたが、その他、最善のテキストを求めて写真版などの資料を用いた場合もある。

三、各巻の「本文」の文字は、基本的には底本の「釈文注釈」によったが、できるかぎりその「図版」（写真版）にも目を通し、またその他の関連資料をも入手して、抄写された時点における本来の文字を復元しようと努めた。異体字や俗字は可能な限り「図版」のままとしたが、都合により正漢字や常用漢字などに改めざるをえなかった箇所がある。また、既に発表された諸研究や各訳注担当者自らの研究に基づいて、定本の「釈文考釈」の文字などを改めた箇所がある。

「本文」中の仮借字・省字・錯字・奪字・衍字はそのままとし、改めなかった。異体字・俗字・仮借字・省字の場合は、「訓読」中の当該文字の下に何の異体字・俗字・仮借字・省字であるかを「（　）」に入れて示し、錯字の場合は、その文字の下に正字を「〈　〉」に入れて示した。

残欠の文字や判読できない文字（欠字）は、一字につき一つの「□」を用いて表し、それが推測できる場合には「本文」中に亀甲符号「〔　〕」の中に文字を入れ示した。字数未詳の欠字は、「▨」を用いて表した。以上のいずれの場合にも、そうであると認める理由は何かなどを後の「注釈」に記した。

符号の「■」や「●」などは、可能な限り「図版」のとおりに再現した。符号の「○」は、原文において消去された文字を表す。重文符号（おどり字）あるいは合文符号の「＝」は文字・文句に改めた。文の切れ目を示す点（鉤号）の「－」などは省略した。

日本語式の句点「。」と読点「、」は、もともと馬王堆漢墓帛書にはなく、各訳注担当者が付したものである。

四、「訓読」は、文脈の切れ目を考慮して適宜改行したが、必ずしも「本文」の改行の有無や「－」の符号の位置に拘泥しなかった。
訓読文は、現代仮名遣いを採用している。

奪字は補足し、衍字は削除した。

奪字、残欠の文字や判読できない文字（欠字）を推測して訓読する場合は、訓読文を亀甲「〔　〕」の中に入れた。

書名は二重かぎ『　』でくくり、他の文献の引用はかぎ括弧「　」でくくった。

（その他の「訓読」についての、「本文」と重複する凡例は省略する）

五、「口語訳」は、平易な現代語に訳することに努めたが、流麗な美文に彫琢することはしなかった。
使用する漢字は原則として常用漢字である。

文意を明瞭にするために補って口語訳した部分は、括弧「（　）」に入れた。

（その他の「口語訳」についての、「本文」「訓読」と重複する凡例は省略する）

六、「注釈」の説明文の表記は現代仮名遣いで常用漢字を用いた。引用部分は「　」で括り、「正漢字（もしくは常用漢字）」を用いた。頻出する参考文献は略記した。略称は「参考文献」を参照。

七、よく参照する文献は略語で表記した。
芸術本↓陳松長一九九六、「校釈」↓鄭良樹一九八二A、「札記」↓裘錫圭一九九二、「瑣記」↓郭永秉二〇一二、「商榷」↓曾鳴一九七五、『輯證』↓楊寛二〇〇一、小組注↓馬王堆漢墓帛書整理小組一九八三の注、「史料」↓唐蘭一九七六、図版↓馬王堆漢墓帛書整理小組一九八三の図版、精装本↓馬王堆漢墓帛書整理小組一九八三の釈文、『戦国史』↓楊寛一九九七、台湾本↓呉哲夫・呉昌廉一九八四、『年表』↓平勢隆郎一九九五、「背景」↓馬雍一九七五、文物本→馬王堆漢墓帛書整理小組一九七五、朋友本→佐藤武敏監修　工藤元男・早苗良雄・藤田勝久訳注『戦国縦横家書』、朋友書店。

解題

本書でとりあげる『戦国縦横家書』とは、長沙馬王堆三号漢墓より出土した帛書群のうちの一つで、中国の戦国時代に諸国間の外交の場で活躍したとされている人々（縦横家）の書簡や故事を集めた書物である。本来この資料自体には標題が付されておらず、『戦国縦横家書』（あるいは『帛書戦国策』とも）という名称も出土後の命名にかかるものであるが、反面それはこの書物の内容をよく示した名称であるともいえよう。

『戦国縦横家書』には、『史記』や『戦国策』など既存の文献資料と同内容の記事が見えると同時に、それまで知られることのなかった記事も多く含まれており、戦国諸国間の関係など、この時代の状況を知る上での重要な史料として注目されてきた。さらには既存文献との関係や書籍としての体裁、書体や文字・語句の用法など、その史料としての価値は多方面に及ぶが、その一方では後述するように、なおいまだ不明な点や理解の相違も少なくはない。

このような『戦国縦横家書』をめぐる研究は、本書巻末の「参考文献」の欄にも見られるように比較的豊富であり、以下にこれらの成果によりつつ、この魅力的な資料について簡単に紹介してゆくこととしたい[一]。

『戦国縦横家書』の概観

まずは、『戦国縦横家書』の全体的な体裁から見てゆくこととしよう。

馬王堆帛書全体の出土概況については、すでに本シリーズ『老子』巻に紹介されている通りであるが、これらの中の一つである『戦国縦横家書』は、出土時には二十四の断片となって発見された。そもそもはいくつにも折りたたんで収納されていたのが、折り目部分が欠損したものであるらしく、そのため判読が困難な箇所もあちこちに見られるものの、その本来のかたちは図にも示したように、縦二三センチ、横一九二センチほどの絹地に、三百二十五行にわたって一万数千余字が（三人の筆跡によって）書写されていたと考えられている。ちなみに縦幅の二三センチは、当時の一尺に相当する。また書体は篆書と隷書の間に位置し、（前漢初代皇帝の諱である）「邦」字を避けていることなどから、前漢高祖後期あるいは恵帝期（前一九五年前後）の写本である可能性が考えられるという。

なおここで一つ注目されるのは、二カ所にわたって文中の文字が五十字弱単位でそっくり本来あるべきではない間違った場所に移動してしまっている、という点である。それはあたかもワープロソフトを使用していて、文章の一部――それもセンテンスの途中の――を「切り取り」して、何の脈絡もない部分の途中に誤って「貼り付け」てしまったかのような現象であるが、これについては、もともとこの『戦国縦横家書』は木簡か竹簡（この場合はおそらく後者）を何枚も並べたものに書かれていたのが、そこで二本の竹簡が間違った場所に配列されてしまっていたもの（錯簡）を、そのまま帛書に転写した結果、このようになってしまったのであろう――と推測されている。すなわち、このような「誤写」の存在から、絹に書かれたこの『戦国縦横家書』は、もともとは竹簡に記されていた状態の書籍を書き写したものであることがわかるのである。前漢末の劉向《りゅうきょう》は書籍を校訂する際に、まず竹簡に書写して校正を行い、その上で最終的に絹に書き写したと伝えられているが（三）、ここでのケースにも同様な事情を想定することができるかもしれない。それは当時において、いわば「豪華愛蔵版」のごとき存在だったのである。

さてこのような『戦国縦横家書』は、先にも述べたように、三百二十五行の長きにわたって途中で一切改行されることなく一万数千余字もの文章が続いているのであるが、その内容がけっして首尾一貫した単一のものでないことは、ここでまずもって指摘しておかなければならない。すなわちそこでは黒丸を区切りとして、全体が二十七のそれぞれ独立した部分（章）に分かれているのである（図参照）。各章の内容は故事であったり書簡、あるいは対話形式の文であったりと一定していないものの、いずれも戦国時代の外交に関わるものであるという点では共通している。言い換えるならば、『戦国縦横家書』とは、戦国時代の外交に関わる二十七の記事（章）からなる書物であった、とすることもできるであろう。

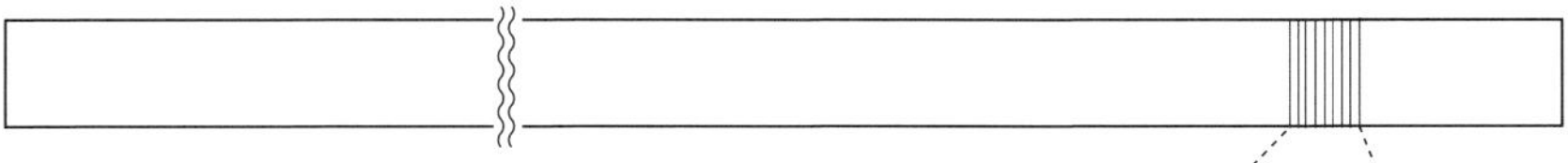

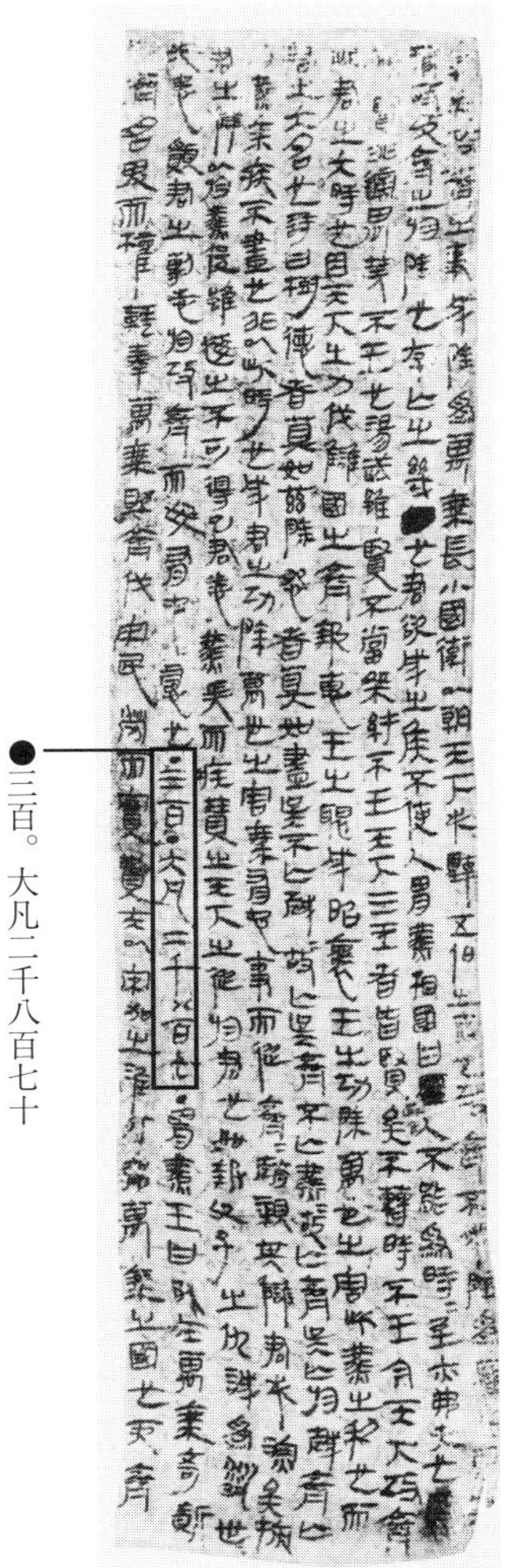

『戦国縦横家書』の体裁と第二部分末尾の字数統計の部分（8頁参照）

このように、それぞれの「章」こそは『戦国縦横家書』の基本的な構成要素となる単位なのであるが、それが具体的にどのようなものであるのかを、全二十七章のうちでも比較的短い第一〇章を例にとり、その現代語訳を以下に示しておくこととしよう。原文や字釈、注釈などの詳細については、本書本編を参照されたい。

●斉《せい》王に次のように申し上げた。

「燕王が王様に信じていただけないことを苦にしているか、(と申せば確かにそれ)はその通りではございますが、かと言って(斉に対する離叛や裏切りなどといった)大それた悪事までたくらんでいるか、となればそれは滅相もないことでございます。(かりにもし)燕が大それたまねなどしようものなら、必ずやこのわたくしが命に代えてもお諫め申し上げるでしょうし、それがかなわずとも、かならずや王様に事前にこのことをご注進申し上げましょう。(ですから王様におかれましては)燕との交わりに水を差そうとする天下《しょこく》のやからにゆめゆめ耳をお貸しになりませぬように。わたくしの……をもってすれば……魯……ははなはだしいものです。わたくし……大いに……(斉の)士民を休養させ、宋や魯にお怒りを発したりなさいませぬよう。もし王様がどうしても腹に据えかねるということでありましたら、天下の交わりを固めたうえで、また梁王と会合して宋への攻撃について……なさいませ。(さすれば)士民をふたたび動員できさえすれば、王様に外患への心配ご無用であること、このわたくしが保証いたします。燕につきましては、わたくしが必ずや命に代えても(王様に忠実であることを)保証いたします。わたくしが燕を斉に対して丁重に仕えさせれば、天下は必ずやあえて東のかた(斉に)目を向けて……したりはしないでしょう。ましてやわたくしは天下に秦を攻撃させ、対峙したまま結束を維持させるということをやってのけているのです。(ですから)王様がまた宋を攻撃なされたいと思し召しならばそれもよし、そうでなければ捨て置かれるもよし、すべては王様の御心次第でございます。」

ここでは冒頭に「斉王に申し上げた」（謂斉王曰）とはあるものの、それは相手に面と向かって口頭で述べたものというよりは、書簡で書き送った文章であったのではないかと考えられる〔大櫛敦弘二〇〇二〕。すなわちこの第一〇章は、「それが斉王に宛てたものである」というごくごく簡単な説明のほかには、書簡の内容がそのまま引かれているだけの、きわめてシンプルな構成となっているのである。発信者や年月日などについての説明はなされておらず、書簡の内容にしても、発信者が斉王の疑惑に対してやたらに燕を弁護するスタンスをとっていたり、斉が宋国に対する攻撃を企図している、あるいはこの段階で諸国が共同して秦を攻撃しているらしい、などの事情は断片的に知られるものの、これらの背景をなす全体的な状況を一読して理解するのは容易ではない。これら歴史的な背景の問題については、後ほどあらためてふれることとするが、当事者同士にとっては周知のことに属する説明的な文言が一切省略されているような、こうした記述の「不親切さ」、あるいはそれによる背景の「わかりにくさ」は、かえってそれが書簡としての原型をかなり忠実に留めていることを示すものでもあろう。

以上、「章」の具体的なあり方を、第一〇章を例として紹介してきた。なお、ここでの例は基本的に書簡文を内容とするものであったと考えられるのであるが、先述したように、他の章にはそれ以外にも故事や対話形式のものなどが含まれている。これら『戦国縦横家書』を構成する二十七の「章」全体の状況について、とりあえず「章題」、「編年」（六種）、「在来文献」の点から簡単にまとめたものが、次の表である。作成にあたっては、先行する藤田勝久、近藤浩之両氏の表を参照させていただいた〔藤田勝久一九九三、近藤浩之二〇〇七〕。

章	章題	馬雍編年	唐蘭編年	平勢編年	楊寛編年	青城編年	近藤編年	在来文献
1	自趙獻書燕王章	前 286 上半年	約前288初		前 289 ③	前 288 末	前 289 ②	
2	使韓山獻書燕王章	前 286 上半年	約前 289		前 289 ②	前 288 末	前 289 ③	
3	使盛慶獻書於燕王章	前 286 初	約前 289		前 289 ①	前 288 末	前 289 ①	
4	自齊獻書於燕王章	前 286	約前 288	前 285	前 288	前 287 初	前 285	戦：燕策二
5	謂燕王章	前 300	前308前後		前 294	前 287 上半年	前 289 ④	史：蘇秦列伝 戦：燕策一
6	自梁獻書於燕王章（一）	前 287 上半年	前 287		前 287 ⑧	前 287 夏	前 292	
7	自梁獻書於燕王章（二）	前 287 上半年	約前287冬		前 287 ⑥	前 287 夏	前 286 ②	
8	謂齊王章（一）	前 288	約前287冬 or前286春	前 286	前 287 ①	前 288 末	前 286 ①	
9	謂齊王章（二）	前 289 末	約前290冬 or前289初		前 290	前 292	前 289 ⑥	
10	謂齊王章（三）	前 288	前 287		前 287 ⑦	前 288 末	前 289 ⑦	
11	自趙獻書於齊王章（一）	前287秋初	前 287	前 286	前 287 ②	前 287 夏	前 287 ①	
12	自趙獻書於齊王章（二）	前 287,8月～	前 287	前 289/8	前 287 ④	前 287 夏	前 287 ③	
13	韓䝱獻書於齊章	前 287	前 287	前 289/8	前 287 ⑤	前 287 夏	前 287 ②	
14	謂齊王章（四）	前 287 上半年	前 287	前 289/8	前 287 ③	前 287 夏	前 288	
15	須賈説穰侯章	前 273	前 273	前 273	前 273			史：穰侯列伝 戦：魏策三
16	朱己謂魏王章	前 262	前 265 ～		前 263			史：魏世家 戦：魏策三
17	謂起賈章	前 284 春	前 284	前 284	前 285 ③		前 284 ①	
18	觸龍見趙太后章	前 265 ～	前 265	前 265	前 265			史：趙世家 戦：趙策四
19	秦客卿造謂穰侯章	前 271	前 271	前 271	前 271			戦：秦策三
20	謂燕王章	前 288 下半年	戦国末の擬作	前 287	前 285 ②		前 289 ⑤	史：蘇秦列伝 戦：燕策一
21	獻書趙王章	前 283	前 285	前 285	前 285 ①		前 284 ②	史：趙世家 戦：趙策一
22	謂陳軫章	前 312	前 312	前 312	前 312		前 312	史：田敬仲完世家
23	虞卿謂春申君章	前 248	前 259		前 264			戦：楚策四、韓策一
24	公仲倗謂韓王章	前 314 ～	前 317	前 317・314	前 315			史：韓世家 戦：韓策一、韓非子十過篇
25	李園謂辛梧章	前 235	前 235	前 235				
26	見田倂於梁南章	前 274	前 225					
27	麛皮對邯鄲君章	前 353 ～	前 354	前 353	前 353			

この表のうち、まず「章題」については、その章の冒頭の句などを便宜的にあてたものであり、もともとそうした章題自身が『戦国縦横家書』に付せられていたわけではない。また「編年」では、馬雍、唐蘭、平勢隆郎、楊寛、青城、近藤浩之各氏による、それぞれの章の年代を示した。[三] ちなみに平勢氏の編年で「前二八九／八」のように西暦がずれているのは、国によって暦が異なるためである。これら諸編年を見るならば、第二六章の例では五十年近くの隔たりがあるものの、総体としては大きな見解の差は多くはないようである（ただし、後述するような第一部分各章の場合などは、相互に密接に関連するために、そこでの編年の微妙な差異がそれぞれの前後関係、ひいては全体の理解に大きな影響をおよぼすことになる）。その年代はおよそ前四世紀半ばから前三世紀後半までに及ぶが、多くは前三世紀前半、とくに前二八〇年代前半に集中している。これを言い換えるならば、戦国中期から後期、わけても戦国中期終盤のものが多いということになるであろう。[四]

最後に「在来文献」欄は、その章の内容と対応する在来文献の有無や典拠について記したもので、「史」とは『史記』、「戦」は『戦国策』のそれぞれ略である。ここから、『戦国縦横家書』二十七章中、十一の章でこれら在来文献と同内容の記事が見えている（『史記』八、『戦国策』一〇、『韓非子』二）一方で、これまでの資料からは知られていなかった佚文は十六章にのぼることが知られる。これら佚文が史料として多大の価値を有するものであることは言うまでもないが、在来文献と共通する内容をもつ十一の章についても、それら相互の比較・検討などにおいて貴重な史料であるといえよう。

『戦国縦横家書』の全体像は以上のようなものであるが、それは基本的に書簡や故事、対話形式の記事など、戦国時代の外交に関わる二十七の章からなる書物なのであった。その点でそれは分量こそ少ないものの、『戦国策』とおおむね共通する性格の書物であったともいえるであろう。もっとも『戦国縦横家書』の場合、『戦国策』のように国別に編集されているのではないが、だからといってまた、各章がまったく無秩序に雑然と並べられているというわけでもない。そこで次に、これらの全体的な構成について、いま少しくわしく見てゆくこととしよう。

『戦国縦横家書』の構成

ここでまずもって注目されるのは、第一五章から第一九章にかけての五つの章である。すなわち全体の中間に位置するこの五つの章は、それぞれの末尾に

「五百七十」（第一五章）
「八百五十八」（第一六章）
「五百六十三」（第一七章）
「五百六十九」（第一八章）
「三百。大凡二千八百七十」（第一九章）

と、その章の文字数（誤差もあるが）を記すという際だった形式上の特徴を有しているのである。こうした形式それ自体は、当時の書籍にあっては必ずしもめずらしいものではないのだが、『戦国縦横家書』中の他の章ではこのような例はいっさい見えていないのであり、しかもここに見られるように、最後の第一九章には「大凡二千八百七（六の誤りか）十」と五章全体の総字数がまとめて挙げられている（前掲の図参照）ことからするならば、これら五つの章はそもそもは他の各章とは区別される、それ自体で完結した一つのまとまり（あるいは書物）であったと考えることができるであろう。

こうしたことから、『戦国縦横家書』全体の構成については一般に、この特徴的な五つの章をはさんで前後にへだてられる各章をそれぞれ一つのまとまりとして、

第一章　～　第一四章　…　第一部分
第一五章　～　第一九章　…　第二部分
第二〇章　～　第二七章　…　第三部分

のように、大きく三つの部分にまずは区分されるものと考えられている。このうち第一部分は、単に「（前述のような形式

上の特徴をもつ）第二部分の前に位置する各章」というだけではなくして、後述するように、それぞれの章がたがいに内容・形式ともに緊密な関連を有しているという点で、これまた一つの完結したまとまりであったと見られている。これに対して第二〇章以下の八つの章は、それぞれの時代や地域、内容にはほとんど関連が見出されず、全体としてのまとまりは確認できない。こうしたことから、これらをさらに細分化して理解すべきであるとの見方もないわけではないが、それに先立つ二つの部分とは区別されるという点で、これらを大まかな一つのまとまり、すなわち第三部分として扱われることが多いようである。

なお、こうしたまとまりの「素性」の違いは、用字傾向からも確認することができる。すなわち第一部分では、いずれも「攻」字は「功」となっており、魏や趙、韓などの国名についても、「魏」字はいっさい用いられることなくほとんどが「粱」（一例のみ「梁」字あり）、また「趙」字の大部分が「勺」、同様に「韓」字が「乾」となっているのに対して、第二部分では、多く「攻」字が用いられているほか、国名は「魏」と「粱」とが併用されている一方で「勺」、「乾」字は見えず、「趙」、「韓」のみが用いられているなど、それぞれに独自な強いまとまりを示しているのである。なお第三部分は、第二部分と近い傾向が見られるものの、他の二つの部分ほどには全体の統一性は高くはない〔鄭良樹一九八二B〕。

さきほどは「それぞれの『章』こそは『戦国縦横家書』の基本的な構成要素となる単位」であり、「『戦国縦横家書』とは、戦国時代の外交に関わる二十七の記事（章）からなる書物であった」と述べたが、以上のように見てくるならば、『戦国縦横家書』は少なくとも三種類の――おそらくは性格・出所を異にする――書籍をまとめて編集されたものである、と言い換えることもできるであろう。『戦国縦横家書』の元となるこれらそれぞれの「書籍」（部分）がここで一書にまとめられている意味については別に問われなくてはならないが、こうした全体の構成からすると、この『戦国縦横家書』という資料について紹介するには、まずはそれぞれの部分ごとに述べてゆくのが適当であると思われるので以下、第一部分から順次取りあげて述べてゆくこととしたい。

第一部分（第一章～第一四章）

全体の分量のおよそ半分を占める第一部分は、『戦国縦横家書』の中でもとりわけ重要な部分である。先にも述べたように、この部分の各章はたがいに内容・形式ともに緊密な関連を有しているのであるが、これを形式面から見てみるならば、それらに共通する際だった特徴は、そのほとんどが書簡文を主体としたものである——という点であろう。これらのうち唯一の例外が第五章で、そこだけは「ある人物」と燕王との間での対話によって構成されているものの、それ以外の十三の章のうち、九つの章ではそれが「書を献じ」たものであること、すなわち書簡文であったことが明示されており、残る四つの章も（その体裁や内容などの共通性から）面と向かって相手に述べた発言であるというよりは、やはり書簡文であった可能性が高いと見てよい。

これら各章の構成は、いずれも

簡単な説明文 ＋ 書簡（ないしは書簡と思われるもの）の本文

という形式をとっている。そのもっともシンプルな例が先にも引いた第一〇章の記事であり、見られるようにそこでは「謂斉王」とそれが「斉王に申し上げた（宛てた）」ものであるという説明のあとに、書簡文本体がおそらくはそのままの形で引かれているという形式なのであった。他の章においてもそれは基本的に共通しているが、それぞれの章に付された説明文については、それがそのまま各章の章題ともされているので、前掲一覧表の「章題」の欄から確認していただきたい。これによれば、第一〇章にも見られた「宛先」はどの章の説明文にも明記されており、最低限必要な項目であったことがうかがわれるであろう。その宛先は

第一章から第七章までの前半　…　「燕王」宛て（対話形式の第五章も含めて）

第八章から第一四章までの後半　…　「斉王」宛て

と、前半の燕王と後半の斉王とに大別されている。これに加えて章によってはさらに

「発信地」（第一・一一・一二章が趙、第四章が斉、第六・七章が梁から）

「伝達者」（第二章が韓山、第三章が盛慶）

などの項目が明記されることもあった。

しかしその一方で、肝心な（これら書簡の）「発信者」については、第一三章のほかには一切示されていない。見られるように、第一三章の説明文には「発信者」として「韓夤《かんいん》」なる人物の名が明記されており、そこでの書簡が韓夤の手になるものであることは確かである。しかしながらこのことをもって、発信者名が明記されていない他の章の書簡もすべて韓夤のものであるかとなると、そこでの立場や活動のあり方（あるいは直前の第一二章の書簡において、韓夤の動向が第三者的に言及されていること）などからすれば、その可能性は低いといわざるをえない。韓夤を発信者とする書簡は、第一三章のそれに限定して考えた方がよいであろう。

そこで問題となるのは、これ以外の十二の書簡の「発信者」ということになるが、これについては後述するような内容面から見る限り、関係する人物や事件、あるいは書き手の立場や活動のあり方がそれぞれ共通していることなどから、これら（第一三章をのぞく）各章の書簡が「ある同一人物」の手になるものであることは一読して明らかである。とすれば、このような書簡群において「発信者」の説明のみがすっぽりと抜け落ちているのは、それが誰であるか不明であったからというよりは、むしろそれが「共通する自明の」人物であったために省略されたものと見るべきであろう。第一三章においてのみことさらに「発信者」の名が明示されているのも、それがその「共通する自明の」人物とは異なる人物であったからこそと思われる――以上のようなことから、『戦国縦横家書』第一部分とは、そもそもは「ある特定の人物の書簡集」ともいうべき書籍であったと考えられているのである。対話形式からなる第五章や、異なる人物の書簡からなる第一三章は、その「付録資料」的な存在として例外的に付加されたものであろう（五）。

それではその「発信者」とは何者であるのか――この当然生じてくるであろう疑問（それはさらに第一部分全体の性格などの問題にも関わってくる）については、後段にて詳しく論ずることとして、ここでは以下に、これら書簡群の内容について簡単に紹介しておくこととしたい。

これらの書簡においては、たとえば斉・秦両国による「東西称帝」（前二八九／八年）や「五国攻秦」（前二八八年）など、宋滅亡（前二八六年）以前の、前二八〇年代前半を中心とする時期の事柄が多く見えている。この当時の大まかな状況としては、斉と秦とが東西の両大国として覇を競っていたのだが、（一）前二八九／八年、趙を挟撃することで利害の一致した両国はそれぞれ「東帝」、「西帝」と帝号を称して提携し、韓・魏・燕を含めた五国による趙攻撃を画策する。（二）しかし趙攻撃よりも宋を攻めることを有利と見た斉は急転直下、外交方針を転換して帝号を取り下げ、前二八八年には趙・韓・魏・燕との五国連合軍を組織して秦を攻撃し、秦もやむなく帝号を取り下げる。（三）もっともこの連合軍は諸国の思惑の違いや斉の宋攻撃などで必ずしも足並みが揃わず、さしたる成果を挙げることができぬままに解消に向かう。（四）その後、前二八六年に斉はついに宋を滅ぼして併合するに至るが、このことがかえって他の諸国の警戒・反発をまねき、前二八四年、秦と趙・韓・魏・燕の五国連合軍によって斉は壊滅的な大敗を喫して没落し、諸国間の勢力の均衡は崩れ、秦が圧倒的優位に立って東方への進出を本格化する戦国後期を迎える――などとされてきた。[六]『戦国縦横家書』第一部分各章の書簡は、こうした状況のうちでも主として（一）から（三）にかけての時期の状況を背景にしたものと考えられている（前掲表「編年」欄参照）。

こうした中で、これらの書簡にはどのようなことが記されているのであろうか。それはまた、発信者の立場や活動のあり方とも密接に関わってくる問題である。この点については、たとえば燕王にあてた第四章の書簡で発信者自らにより（そもそも）わたくしの計画は「斉は必ずや燕にとって災いの元となるであろう。そこでわたくしが斉で信任されることによって、まずは斉が燕に対してたくらみを為すことがないようにさせることができ、さらには斉と趙との関係を険悪化させることができ、それによって（斉への報復という）王様の大事を有利に導くことができる」というものであり、これこそが王様とわたくしとの間で取り決めたことなのでありました。

と、表向きは燕・斉間の外交活動に携わりながら、実はひそかに斉への復讐を期す燕王のために活動しており、斉王に対しては、斉のために活動すると見せかけつつ、燕に対する攻撃を阻止すべく尽力する一方で、水面下では斉・趙両国の離間をはかるなど反斉工作に従事していたことが述べられている。この当時、燕が斉への復讐の機会をうかがっていたことは、かの「隗より始めよ」の故事からも知られる通りであるが、ここに見られるように、発信者の活動はこうした動きに深く関わっていたのであった。

これをさらに他の書簡の内容とも総合して見てみるならば、発信者はひそかに斉への復讐を期する燕王の意を受けて、いわば「二重スパイ」的な外交官として斉王に仕え、燕に警戒の目を向けないようにさせると同時に、燕王に逐一情勢を報告し、さらには魏の薛公（孟嘗君田文）や趙の韓徐為ら諸国の反斉勢力と連携して斉の孤立化をはかっていたこと、一方、斉王に対しては、こうした活動を隠蔽しさらにはより有利に導くべく、表向き斉の覇権獲得に向けての様々な報告・献策を行っていたこと――などが知られるのである。先に紹介した第一〇章の書簡の内容も、このような事情を背景として記されていたのであった。このように『戦国縦横家書』第一部分の書簡群には、燕斉間の関係を中心として、「東西称帝」や「五国攻秦」など、戦国中期終盤における諸国間の情勢が生々しい形で具体的に示されている。先にも述べたように、これらの内容は『史記』や『戦国策』など従来の史料にはほとんど見られなかったものであり、その点からも当時における外交関係などについてうかがう上で、貴重な手がかりを提供するものといえるであろう。

このような第一部分の、章ごとの大まかな内容は以下の通りである。

まず、第一・第二・第三の三つの章は、いずれも趙で拘留状態にあった発信者から燕王に宛てた書簡である。各章に付された説明文によるとさらに、第二章の書簡は韓山、第三章は盛慶なる人物によってそれぞれ伝達されたという。このとき発信者は趙に滞在してひそかに斉趙関係を険悪化させるべく活動していたが、それを警戒した趙の有力者である奉陽君（李兌か）や韓徐為らによって足止めされ、監視下に置かれていた。こうした中、発信者が燕王に情勢を逐一報告するとともに出国のための助力を要請したのが、これら一連の書簡であったと考えられるのである。そこには「死も亦た大物なるのみ。心に快からずして死するは、臣之を甚だ難しとす」（第二章）、「臣、趙に止められ、而して其の魚肉たるを待つ」（第三章）などと見えており、発信者の置かれた緊迫した状況が生々しく伝わってくるとともに、五国による趙攻撃、あるいは秦攻撃の動きなどを背景として、書簡と使者による当時の外交活動の具体的なあり方を垣間見ることができる。なお、各章書簡の前後関係についてはーーたとえば第二章の書簡中に「先だって発信者が慶を使者として燕王に書簡を送った」ことが見えており、それが第三章の書簡のことを指している可能性が考えられるなどーー単純に章の順番の通りではないようであるが、それ以上の正確な先後関係については現在のところ必ずしも定論を見てはいない。

つぎに第四章は発信者が斉から燕王に宛てた書簡であり、燕王から更迭の通告をうけた発信者が釈明を試みる内容となっている。そこでは先にも述べたように、自身のこれまでの活動の経緯や功績が、（前出の趙での発信者の拘留や、五国による攻趙あるいは攻秦などをはじめとする）様々な事件や諸国の動向などとともに、比較的詳細に、かつまとまった形で列挙されており、第一部分に見える様々な事件や出来事を整理・編年する上での何よりの手がかりとして従来より注目されてきた。このような視点のもと、たとえば全一四章中この第四章が最後に書かれたものであるとし、かつそこに見られる様々な事件や出来事が一貫して時系列に沿って記述されているとする見方も唱えられたりもした（馬雍一九七五、一九七八）が、これについては第四章の書簡は最後のものではなく、また全体の内容も五つの段落ごとの複数の時系列による叙述が併存しているとの説得力のある反論がなされている。（七）このように、その正確な理解のためにはなお検討が必要とされてはいるものの、この第四章は第一部分全体を考えてゆく上でも、とりわけ肝要な章であるといえるのである。

つづく第五章は先にも述べたように対話形式からなっており、ある人物が燕王に対して、国のために積極的に活動する「進取」の臣は、「信」や「義」などといった通常の個人的徳目に掣肘されるべきではないことを説く内容となっている。ちなみに、これと同様な話が『史記』や『戦国策』（二カ所）にも見えており、そこでは燕王の不信や疑念を解くために、このような問答がなされたとされている。さらにそこでの燕王の対話の相手が「蘇秦」もしくは「蘇代」となっていること、その背景に斉との厳しい関係があったとされていることなどは注目されよう。対話形式であり、既存の文献資料と重なる内容であるなど、この章は第一部分の中では異色な存在であるが、直前の第四章の書簡の最後に発信者が燕王に面会を求めていることをうけて、ここに本章が置かれている可能性も指摘されている〔朋友本〕(八)ことからすれば、それは第四章の「付録資料」の類として挿入されたものであったと見ることができるかもしれない。

第六章と第七章は、どちらも魏に滞在中の発信者が燕王に送った書簡である。このうちまず第六章では、「斉王が燕の不穏な動きを察知して、宋に侵攻中の軍を引き上げることにした」との情報を伝えた上で、機密保持に細心の注意を払うよう燕王に求めている。かの孟嘗君田文（薛公）も関わってくるそこでの情報伝達のあり方は、当時における外交活動の一面を示すものとして興味深い。

つづく第七章では、斉や（他の諸国の）反斉勢力の動向、発信者の活動について報告し、燕王の助力を要請するとともに、斉の燕に対する警戒心はなお緩んでいないとして自制した対応をとるよう求めている。これらからは、五国攻秦が発動されて以降の、斉と三晋諸国との相互に不信を抱く微妙な関係を読み取ることができるであろう。

以上が、燕王とのやりとりを伝える第一部分前半部各章の大雑把な内容である。これらを通して発信者の活動の「真実の姿」を見てきた読み手は、つぎに斉王に宛てた書簡群からなる後半部の各章において、発信者がいかに本音をひた隠しに隠して斉王を「たぶらかして」いたかを知ることとなる。

まず第八章では、必ずしも信頼を置けない三晋諸国の動向に対応する上でも、燕との同盟関係を堅持することが重要であるとして、とにかく燕を信用し優遇すべきことを斉王に説く。そこでは薛公執政期から斉王親政期にかけての外交の展開が述べられており、とくに後者については東西称帝、五国攻秦、宋攻撃などの重大事件が時系列で示されている点で注目される。

次の第九章は、残欠部分が多いものの、「斉に対する他の諸国の策動」を打破するために、斉燕両国の同盟を固めるべく発信者が万難を排して燕から斉に赴くことを伝える内容の書簡である。直前の第八章の書簡には、「発信者が斉を訪問したのを当時斉相であった韓𣏾が盛大に出迎えて、斉燕両国関係の親密さを誇示する外交的パフォーマンスが行われた」ことが回顧して述べられているのであるが、本章での内容はまさにこれに該当するものと考えられる〔大櫛敦弘二〇〇四、二〇一二〕。その意味で、この第九章も先に見た第五章と同様に、「付録資料」のような存在としてここに加えられた可能性が高いといえよう。

第一〇章についても先にもその全体の内容を示した通りであり、斉王に対し燕を疑うべきではないことをここでもくり返し述べている。見られるように当事者間での自明の事柄は省略された、ごくごく簡単な内容の書簡ではあるが、そこからは五国による秦攻撃が発動されている中、宋への侵攻をめぐり魏、さらには小国である魯などとの関係が問題となっていたことなどがうかがわれる。

つづく第一一、第一二章は、発信者が燕から魏に向かう途次、立ち寄り先の趙より斉王に宛てて送った書簡であり、その内容から両者は前後連続したものであると見ることができる。その「第一便」ともいうべき第一一章では、五国による秦攻撃の進捗状況、および趙の実力者である奉陽君との会見、さらにそれに先立つ燕王との会見について報告した上で、趙に配慮すべきこと、あるいは燕を信頼すべきことなどが進言されている。

次なる「第二便」の第一二章の書簡は、（おそらくは「第一便」での内容をうけて発せられた）斉王からの指示のもとに臨んだ奉陽君との再会談の首尾を報告し、あわせて三晋や燕との良好な関係を維持すべく配慮するよう斉王に進言する内容となっている。ここでは当時における外交活動の具体的なあり方が見られるとともに、五国による秦攻撃が動き出している中で、同盟国内部での確執や（秦の側に寝返るのではないかなどといった）不信感など足並みの乱れが具体的に示されている点で興味深い。

第一三章は、これまでの諸章とは異なり「韓𣏾が」斉王に宛てて送った書簡である。韓𣏾は第九章をはじめとする第一部分のいくつかの章に見えている人物で、それらからは、かつては斉の当局者であり、五国攻秦の時点では斉を退去していたものの、（東西称帝以来の）斉秦再提携の鍵を握る存在としてその動向に注目されていたことがうかがわれる。書簡の内容は、秦がけっして三晋諸国とは手を結ばないことを確言した上で、斉王に秦との再提携と自らの召還とを求めたものである。第一部分の他の諸章とは発信者もその主張も異なる内容の書簡であるが、直前の第一一章には、「斉が韓釁を召還するのではないか」という同盟諸国の懸念に対して、斉王がそれを否定して打ち消すくだりが見えており、おそらくはそれとの関係から「付録資料」として、ここに挿入されたものではなかろうか。

最後に第一四章の書簡では、斉王に対していくつかの具体的な献策を行った上で、燕を信用して敵視しないことを条件に、秦や三晋との関係、あるいは宋への侵攻などの問題も有利にさばいて「天下に王たるの業」を実現してみせる、と説く。秦攻撃の時期における斉と三晋、あるいは秦との微妙な関係、そのころ斉と楚との間で生じていたトラブルの存在、そして斉の外交戦略のあり方等々、興味深い具体例がここには示されている。

以上が第一部分各章の大まかな内容である。先にも述べたように、この部分全体は前二八〇年代前半を中心に、燕と斉との間で「二重スパイ」的な外交官として活動した「ある特定の人物の書簡集」ともいうべき書籍であり、その構成は基本的に前半が燕王宛ての書簡、後半が斉王宛ての書簡であった。その上でさらに各章の配列がいかなる原則によっているかについては、時系列、前半後半双方の対応関係、あるいはここまでにも見てきた「付録資料」的な章の存在、といった点から解釈が試みられてきているが〔青城一九九五、大櫛敦弘二〇一一〕、なお定論を見るには至っていないのが現状である。またこの第一部分について考える場合、この書簡集の主である「ある特定の人物」とはそもそも何者であるのか、あるいはその資料としての性格や位置づけはどのように見なされるのか、などといった重要な問題を避けて通ることはできないが、これらについては後ほどあらためてふれることとしたい。

第二部分〈第一五章〜第一九章〉

この部分の五つの章が「それぞれの末尾に章の文字数、さらに最後の第一九章には五つの章全体の総字数をまとめて挙げている」という際だった形式上の特徴を有し、それ自身で完結した一つのまとまりをなしていることは先にも述べた通りである。また前掲の表にも見られるように、これら各章の年代はちょうど第一部分のそれに続く比較的まとまった時期のものであり、さらにそこに在来文献と共通する内容の章が多く見られることは、第一部分と対照的な傾向であるといえよう。また文字数以外のそれぞれの章の形式や内容についても、第一部分各章のような緊密な関連が見られるわけではない。以下に、こうした第二部分各章の大まかな内容について見てゆくこととしよう。

まず第一五章は、華陽の戦い（前二七三年）の後、勢いに乗じた秦軍が魏都大梁を包囲したのに対して、（『史記』では「梁の大夫」とされる）須賈《しゅか》が秦の相である穣侯（魏冉《ぎぜん》）を説得して撤退させたことを伝えている。そこで大部分を占めるのは須賈による説得の辞であり、魏国中枢部における対秦強硬論の存在を紹介した上で、大梁の防衛能力、（魏の同盟国である）楚や趙などの動向を分析し、魏から得られる領土はわずかであっても、早いうちに和を結ぶのが穣侯にとって得策であると説く。

つぎに第一六章は、ある人物が魏王に対して秦とともに韓を攻撃することを諫めたもので、秦は恩徳を顧みない貪婪好利の国であること、このまま韓が滅んだあかつきには必ずや魏が新たな標的とされるであろうこと、それは魏の存亡に関わるほどの脅威であること等を指摘して、むしろ韓をたすけて諸国とともに秦に対抗すべきことを説く。ちなみにここでの「ある人物」は、『史記』では信陵君魏無忌《ぎむき》（『戦国策』では朱己）であるとしている。

第一七章は第一部分の諸章と同様、「起賈に申し上げた（宛てた）」ものであるというごくごく簡単な説明のあとに、書簡文本体がおそらくはそのままの形で引かれているという形式の章であり、それが在来文献に見られない内容の記事であること前述した通りである。全体の内容からは、それは斉が秦・趙・魏・韓・燕五国の攻撃をうけて壊滅的な敗北を喫する直前の状況のものであると思われ、またここで「宛先」とされている起賈は、諸国とともに斉を攻撃すべく秦から派遣されている人物であるらしい。その起賈に対してここでは、秦と晋（魏あるいは三晋諸国）とはけっして利害が一致してはいないこと、斉を打ち破った後に想定される「国際」情勢は、必ずしも秦が重きをなすような状況にはないこと、それは秦が目論む周や韓への攻撃にも不利であること、などを指摘した上で、秦としてはここは迷うことなく斉からの和議の申し入れを受けるべきであることを述べている。このような本章の形式や内容は、第一部分各章のそれと多くの点で共通している。一方で文中に「武安君」なる人物について第三者的に言及されていることからするならば――さらに後述するように第一部分各章書簡の「発信者」が武安君（蘇秦）であるとするならば――本章での書簡は第一部分の「発信者」と近い立場ながら別個の人物の手になるもの、ということになるであろう。

つづく第一八章は、趙が秦の攻撃を受けて斉に救援を求めたところ、王弟の長安君を人質として出すことを要求されるが、趙の政務をとっていた太后は、我が子かわいさのあまり頑としてこれに応じようとはしない。こうしたなか、太后に目通りを願い出た左師の触龍が巧みな問答によって「王族といえども功績がなければその地位を受け継いでゆくことはできない」ことを説き、長安君を人質に送ることを承知させ、援軍を引き出すことに成功する――という『史記』や『戦国策』にも見える、よく知られた内容の故事である。そこでは対話文を主体としながらも背景や結末、あるいは対話の場の様子を示す記述のほか、末尾には子義なる人物の評語を付すなど、他の章と比べてかなり複雑な編集の過程を経ていることがうかがわれるであろう。なお『史記』では、この話を孝成王元（前二六五）年のこととしている。

最後に第一九章の内容は、第一部分の諸章あるいは第一七章に見られる状況からさらに下って、最終的に斉が五国の攻撃をうけて衰亡し、また諸国の垂涎の的であった（宋の旧領の）陶が秦の穰侯の手に帰していた時代を背景としている。そこではある人物（『戦国策』では「秦の客卿造」）が穰侯に対して、（秦による）斉攻撃がうまく運ぶかどうかは陶の存亡にも関わる重大事であり、これを成功させるためにも、燕の相国に人をやって「今こそ長らく敵対関係にある斉を根絶やしにするまたとない好機である」など利害を交えつつ説得し、全力を挙げて燕にも斉を討たせるよう進言する内容となっている。なお、『戦国策』に見られる同内容の記事との比較からは、本章に二十字近くの脱落のあったことが知られる。

以上のような第二部分の五つの章は、その形式について見てみると、第一部分各章のように宛先のみ示して、それ以外は書簡（あるいは言説？）の本文をそのまま引くだけのもの（第一六、一七、一九章）のほかに、対話形式の本文の前後に背景説明や結末の記述を加えるもの（第一五章）、それに加えてさらには対話の間に説明的な地の文が入り、末尾にはそれについての第三者の評語を置くもの（第一八章）など様々であり、必ずしも統一性は見られないようである。また内容面においても、いずれも秦の進出が本格化してくる時期における東方諸国の対応を内容としている、という点で共通することが指摘されてはいるものの（藤田勝久一九九三）、各章相互の間で（第一部分のような）一貫した緊密な関連性を見出すことはできない。このような五つの章からなる第二部分については、文字数表記の形式からすれば、それがそもそも一つの完結したまとまり（書籍？）であったことは間違いないものの、現在のところその詳細な性格はいまひとつ不明であるとせざるをえない。ちなみに、このうちただ一つ在来文献には見られない内容をもつ第一七章の書簡文は、（発信者はおそらく異なるものの）その形式、内容ともに第一部分の諸章との関連が深いものと思われるのであり、あるいはその関係から他の（無関係な内容の）章も含めた一まとまりとして、これらが第一部分に続いて丸ごとここに置かれたのであるのかもしれない。また、その大まかな時代や内容の傾向から、この五つの章のまとまりが第一部分の後日譚的な存在としてその後に置かれた可能性を考えることもできるであろう。

第三部分（第二〇章～第二七章）

以上二つの部分に続く第三部分の各章は、以下に示すように、形式に統一性はなく内容もたがいに関連してはいない。さらにそこで背景となる時代や国もそれぞれで大きく異なっているなど、全体としてのまとまりがほとんどみとめられないのである。こうした第三部分各章の大まかな内容について、ここでも順次見てゆくこととしよう。

まず第二〇章では、ある人物が燕王に対して、心ならずも斉に従ってこれを強大化させている現状は燕にとって屈辱であり、かつ自らを危うくするものであるが、むしろここはそれを逆手にとって、表向き斉を尊び反秦連合の盟主に祭り上げるべきであり、それによって危機感を深めた秦を西帝（秦）・北帝（燕）・中帝（趙）の三国の連合に引き込んで斉を破ることができる、と説く。ここでの「謂燕王曰」という簡単な説明文のあとに、書簡（おそらくは）の本文がそのままの形で引かれているという形式は、第一部分各章のそれと同様であり、また燕が表向きは従順をよそおいながらも、ひそかに斉への復讐をはかっている、という背景となる状況も第一部分と共通している。ただし一方では本章での立場が第一部分各章の発信者のそれとずれていることも指摘されており（馬雍一九七五、一九七八）、また本章を「戦国末の縦横家の擬作」とする見方もある（唐蘭一九七六）。なお、『戦国策』や『史記』に見られる同内容の記事では、ここで燕王に説いている人物を「蘇代」としている。

第二一章は、ある人物が趙王に対して、秦と結んで斉を伐つべきではないことを説いたもので、秦の本当のねらいは韓を攻撃することであり、斉攻撃は口実でしかないこと、それによって秦の東方への進出が本格化すれば趙にとって深刻な脅威となること、さらに斉には諸国による趙攻撃を阻止してくれた旧恩があること、などが述べられている。そこでは第一部分の諸章（や前の第二〇章）と同様に、「献書趙王」との簡単な説明文に続いて書簡の本文がそのまま引かれる形式がとられており、その内容も第一部分に見られる状況の直後の、斉が諸国による攻撃をうける直前の時期を背景としているなど、第一部分と深く関連している可能性も考えられるであろう。なお、『戦国策』では書簡の発信者を蘇秦とするのに対して、『史記』では蘇厲《それい》であるとし、かつこれを恵文王十六（前二八三）年のこととしている。

つづく第二二章は対話形式の記事で、斉が魏を攻撃している状況下、ある人物が当時楚の有力者であった陳軫《ちんしん》に対して、楚が（魏の同盟国である）秦と韓とに土地の割譲をちらつかせることによって、両国が魏を救援するしないにかかわらず、どちらに転んでも楚が土地を与えることなく優位に立ち、かつ陳軫の政敵である張儀を窮地に追い込むことができると説く。ここでの「ある人物」については、文中の「今者秦立於門」とある「秦」がその自称であるとも見られており、後述する第一部分の書簡群の発信者の問題とも関わって注目される。ちなみに『史記』の対応する記事では、それは「蘇代」のことであるとされている。

つぎの第二三章も対話形式の記事であり、ある人物が楚の相である春申君（黄歇《こうけつ》）に対して、将来の安泰をはかるならば封地は国都より離れたところに求めるべきであること、そのための布石として、当時燕を攻撃していた趙に肩入れして楚も燕に出兵し、恩を売っておくべきことを説く。ただしそのためには楚と関係のよくない斉か魏に道を借りなければならないことから、この人物がさらに魏王に「遠い燕への出兵は、結果として楚の国力を削ぐ」と説いて楚軍の通過を認めるよう求める――という内容である。この「ある人物」について、『戦国策』の同内容の記事では「虞卿《ぐけい》」となっている。

第二四章は、秦との戦いに敗れた韓が、秦と和を結んでともに楚を伐つことで窮地を脱しようとするものの、それを恐れた楚の援軍の申し出を真に受けて、ふたたび秦と戦い大敗を喫してしまう、という話である。韓の公仲倗《こうちゅうほう》、楚の陳軫、そして（間接的にではあるが）秦の張儀が関わってくるという点では第二三章と共通するが、対話のみならず背景や合間の経過、結末を記す地の文に加えて末尾に評語を付するという形式は、第一八章と同様に複雑な構成となっている。『戦国策』や『史記』、さらには『韓非子』にもこれと同内容の記事が見られるが、地名や評語などそれぞれ異なっている部分があり、本章での記事は概して『韓非子』とは異なる一方で、『戦国策』のそれに近い。ただし、最後の「故曰、計聴知順逆、唯王可」の句は、本章に独自のものである。

残る三つの章はこれまで知られていなかった佚文であるが、このうちの第二五章は、秦が辛梧《しんご》という人物を魏に派遣し両国の軍で楚を攻めようとしたのに対して、楚の実権を握っていた李園が性急に楚を攻撃しないように説得する話である。李園の辛梧に対する説得の辞（おそらくは書簡文）が中心となるが、そこでは楚は追い詰められたら全力で秦と和を結ぼうとするであろうし、そうなると秦と魏との提携は崩れ、間に立っている辛梧の立場は非常に危険になることを、かつて（秦から趙に派遣されて燕を攻めていたものの、秦と燕が和を結んで趙を攻撃するようになると、趙を逐われて秦で誅殺されてしまった井忌）の例も引きながら指摘して、そうならないためにも楚の攻撃はゆるやかに進めるべきであり、それによって楚の和議への動きを鈍くさせ、かつ秦・魏関係は密接となり辛梧も両国から重んぜられることになる、と説く。このような本章での内容は、これまで知られていなかった春申君殺害後の李園の活動について示す記事としても注目される。

つぎの第二六章は、ある人物が魏の当局者である田倴（字音不明）に対して、魏が秦の攻勢により危急存亡の瀬戸際に立たされている現在、魏王を首都・大梁から東地の単父《ぜんぽ》に退去させ、万全の体制で秦に抗するべきである、と説く対話形式の記事である。最後にかけての部分の残欠がひどく、またその年代についての見解も大きく分かれてはいるものの、様々な角度から秦の軍事行動の可能性を想定し、あるいは指揮系統や士気、諸国の動向などの側面から魏王が単父に退去して抗戦する場合の有利な点、それに反して大梁にとどまって戦った場合の不利な点を詳細に分析して列挙するなど、具体的な戦略論が展開されている点で、本章の記事はきわめて注目すべき史料であるといえよう。

最後の第二七章は、全体の中でももっとも早い時期の故事を記したものであり、それによると、趙が魏によって都の邯鄲を包囲され、靡皮《べいひ》なる人物が援軍を求める使者として楚に派遣される。応対した楚の相である江君奚恤《けいじゅつ》（昭奚恤）は要請を快諾し、ただちに出兵することを言明するが、その反応の早さや応対の物腰から救援の約束は口先だけで、魏と趙とを徹底的に争わせて疲弊したところに乗じようというのが楚の真意であると喝破した靡皮は、復命してそのことを述べ、すみやかに魏と和を結ぶよう進言する。しかし趙王はそれを聴かず、結局は靡皮の予見したように楚の救援が来ないまま邯鄲は失陥し、それをうけて満を持した楚が両国に出兵する――という内容である。第二四章と同様に、背景、対話、結末の記事に加えて評語も含む複雑な構成となっている。

以上が第三部分各章の大まかな内容であるが、見られるようにこれらは互いにまったく関連していない。それぞれの形式も、第一部分のように簡単な説明文のあとに書簡（おそらくは）の本文が続くのみのシンプルな形式（第二〇、二二章。第二五章はそれに事後の記述が加わる）から、対話形式（第二一・二三章。末尾部分が不明なものの第二六章もこれに近いか）、さらには対話、背景や合間の経過、結末を記す地の文に加えて末尾に評語を付すような複雑な構成の故事形式（第二四・二七）など、明らかに不統一である。なお、第一・第二部分各章のそれと比べると、ここでは後二者の割合が大きい。さらに前掲一覧表の「編年」の欄からは、この部分の各章には年代のうえでもかなりの開きのあることがわかるであろう。

このような第三部分の各章について、さらに「在来文献」との関係から見てみると、その有無によって、第二〇章から第二四章までの五つの章と第二五章から第二七章までの三つの章とではっきりわかれており、後者については、唐蘭氏のように「最後の三章は最後に増入したもの」とする見方も出されている〔唐蘭一九七六〕。一方前者のうち、第二〇章から第二二章までの三つの章は在来文献との関連から蘇秦や蘇代など蘇氏関連資料であることが注目されている。また鄭良樹氏は人名や用字傾向の分析から、第三部分はさらに第二〇から二四、二七章と第二五、二六章との二つに大別されると指摘する〔鄭良樹一九八二B〕。

以上に見られるように、この第三部分の八つの章は、第一部分はもちろんのこと、第二部分と比べても一貫した全体のまとまりはほとんどみとめられないのであり、それが基本的に「一種の戦国遊説故事を輯録した書物からのもの」〔楊寛一九七五A〕であることは疑いないものの、馬雍氏の指摘するように、そもそもが「零散的篇章」であった可能性も否定できない。こうした中で、楚に関する記事がこの第三部分に集中していることを、『戦国縦横家書』それ自体の出土地が他ならぬ旧楚の地域であったこととの関連において指摘する見解は注目されよう〔朋友本〕。さらに第二部分のところでも述べたように、第一部分の諸章との関連が深いと思われる章〔第二〇～二二章〕との関係から、これらが丸ごとここに引かれた可能性をここでも指摘することができるかもしれない。

蘇秦との関係

ここまでに見てきたように、『戦国縦横家書』のうちでも第一部分の分量は全体の半ばを占めている上に、そこでの各章の内容・形式も緊密なまとまりを有している。さらにその内容は第二部分、第三部分とも部分的ながら関連していることが予想されるなど、第一部分の資料としての性格や位置づけは『戦国縦横家書』全体について考える上でもとくに重要な問題であるといえるであろう。前述のごとく、この部分はそもそもは「ある特定の人物の書簡集」とも言うべき性格の書籍であったと考えられるのであるが、それではこの「ある特定の人物」とは何者であるのか――先に保留しておいた〔おそらくは『戦国縦横家書』最大の〕この問題について、以下に述べてゆくこととしたい。

先にもふれたように、この「書簡集」では発信者の名前は明記されていない。とはいえ、そこでの内容を総合するならば、問題となるこの人物は、前二八〇年代前半を中心に主として燕・斉間の外交に従事する立場にあり、ひそかに斉への復讐を期する燕王の意を受けて、いわば「二重スパイ」的な外交官として斉王に仕え、燕に警戒の目を向けないようにさせると同時に、燕王に逐一情勢を報告し、さらには魏の薛公（孟嘗君田文）や趙の韓徐為ら諸国の反斉勢力と連携して斉の孤立化をはかっていたこと、一方、斉王に対しては、こうした活動を隠蔽しさらにはより有利に導くべく、表向き斉の覇権獲得に向けての様々な報告・献策を行っていたこと――などが知られるのであった。

こうした発信者の「正体」について、関連する文献資料では、（燕王との対話形式をとる）第五章とほぼ同様の記事が見られる『史記』蘇秦列伝、『戦国策』燕策一「人有悪蘇秦於燕王者」章のいずれにおいてもこの人物を「蘇秦」としている一方で、『戦国策』燕策一の「蘇代謂燕昭王」章ではそれが「蘇代」のこととなっている。また第四章の書簡の一部とほぼ同様の記事が見えている『戦国策』燕策二「蘇代自齊獻書於燕王」章でも、書簡の発信者を「蘇代」としている。ここで蘇秦、蘇代兄弟の名前が挙がっていることは注目されるものの、このように史料によって人名に混乱がみられるこれらの文献資料から決定的な手がかりを求めるのには、なお問題があるといえよう。

こうした中で従来注目されてきたのが、第一部分の書簡の文中で発信者自身について言及している（と思われる）いくつかの例である。それぞれの詳細については本書訳注をご参照いただきたいが、たとえば第八章の書簡では、かつて斉相であった韓䝰に対して、発信者が斉燕関係を緊密にするべく「子、齊の大を以て秦を重んぜよ。秦、將に燕を以て齊に事《つか》えしめん」と提案したことが回顧されている。ここでの「子」が韓䝰に対する二人称であるのに対して、「秦」は発信者の自称であったと考えられるのであり、とするならば発信者は「秦」という名の人物であったということになる。

これは発信者が書簡中で自らの名を自称として使っている場合であるが、このほかにも明らかに発信者自身のことを名指ししていると思われる例が見えている。すなわち第一章の「秦を封じ、秦を任ずるや、燕を趙に比《なら》べ、秦と兌《たい》（趙の執政者である奉陽君李兌《りたい》のこと）をして」や、第一二章の「若し楚遇せざれば、將に梁王と復た圍の地に遇し、秦等を収め、遂に攻秦を盟わん」などとある「秦」がそれであり、さらに第三章の「奉陽君、周納を使わして寡人（斉王）に告げて曰く、『燕王、蘇秦に任ずるに事を以てする毋きを請う』と」の「蘇秦」は、そのすぐ後の「周納言う。『燕・趙は循善たり。皆子に任ずるに事を以てせず』と」の句を含む前後の文脈などから見て、発信者のことを指しているものと思われる。また、第九章の「王（斉王）誠に重く臣を訝《むか》うれば、則ち天下必ず曰ん。『燕、天下に應ずるに師を以てせず、又た蘇……をして」の「蘇」某もここに加えてよいであろう（九）。

こうしたことから、これらの書簡の発信者たる「ある特定の人物」とは蘇秦のことである——すなわち『戦国縦横家書』第一部分はそもそもは「蘇秦の書簡集」ともいうべき書籍である、と考えられてきた。もっともこれについては、後述するように異論も見られる。なお、第二二章の「今者、秦門に立つに、客に言える有りて曰く」の「秦」も蘇秦の自称であるとされているなど（一〇）、蘇秦をめぐるこの問題は、第一部分のみならず、『戦国縦横家書』の他の部分にも及ぶものといえるのである。

さてこの蘇秦という人物は、ここでことさらに紹介するまでもないほどの「超大物」であり、『史記』巻六九蘇秦列伝にはその生涯についておおよそ

> 蘇秦は東周洛陽の人で、鬼谷先生について学ぶ（張儀列伝によれば、そこでは「連衡」策によって彼の「ライバル」となる張儀と同門の間柄であった）。窮迫して帰郷するが、家族の冷たい態度に発憤して刻苦し研鑽を積み、その結果、周顕王、秦恵王への遊説は失敗するものの、東方六国の王（燕文侯、趙粛侯、韓宣王、魏襄王、斉宣王、楚威王）に対して「むしろ鶏口となるとも牛後となるなかれ」などその弁舌を駆使して、六国が同盟を結び強大な秦に対抗する「合縦」をまとめ上げることに成功した。これによって、さしもの強勢をほこった秦も「あえて函谷関を窺わざること十五年」とされるほど逼塞し、自身も六国の宰相を兼ねて、見事故郷に錦を飾る。やがて諸国の利害の対立で合従が崩壊すると燕に去り、さらには斉に赴いて燕のために暗躍するものの、最後は彼を妬む者の手によって暗殺された。

と伝えている。また、それに続けて

蘇秦の弟が蘇代で、さらにその下が蘇厲であったが、兄の成功を見てともにそれに倣い、蘇秦の死後、燕王噲《かい》や昭王、斉湣《びん》王などに仕え、斉の宋攻撃や燕による斉への復讐などで暗躍した。

と「弟」である蘇代、蘇厲の事績についても記している。

このような『史記』の記事以外にも、蘇秦（や蘇代、蘇厲）についての記録は『戦国策』中の言説・故事などに多数存在しており、そこには右に紹介した『史記』のそれとほぼ同様な記事も見えている。もっともそれらと『史記』とでは、前述したような「蘇秦」と「蘇代」との混乱など異同が少なからず存在しており、さらに『史記』には記されていない異聞も多数見えているが、それらの中にはかなり現実離れした物語の類も含まれているなど、その資料の信頼性には注意すべき点が少なくない。なお、『荀子』や『呂氏春秋』などの諸子にも、蘇秦についての断片的な言及が見えている。（一一）

これら蘇秦をめぐる記録について、『史記』蘇秦列伝の「太史公曰」には「世の蘇秦を言うこと多く異なり、異時の事の之に類する者あれば、皆な之を蘇秦に附す」とあり、司馬遷の時代にはすでに蘇秦に仮託・付会された虚偽の資料が多く存在し流布していたことがうかがわれる。『戦国策』中の蘇秦をめぐる記事の混乱なども、こうした状況の反映といえるであろう。

以上のように、蘇秦の事績に関わる資料は虚実が混在していて矛盾も多く、それゆえその実態についても従来何かと疑問視されてきた。古くは南宋末の人、黄震が「蘇秦の約従、秦の十五年の逼塞」を「游子の誇談」であり「本より是の事なし」と断じているところであるが、（一二）銭穆氏も歴史状況や関係者、用語の問題などから、蘇秦の事績とされる六国合縦は「当時（前三三〇、二〇年代）の列強の大勢」から見て事実ではありえない（一方で燕斉間での反間活動は事実）ことを詳細に論じている。（一三）さらにマスペロ氏は蘇秦記事の年代や事実の様々な矛盾を指摘し、「十五年にわたる合縦」も「六国の宰相」も事実ではなく、蘇秦の伝記は一種の「理想的小説」、すなわち虚構であるとしたのであった。（一四）

一方、唐蘭氏は蘇秦の活動の年代を半世紀近く繰り下げて（前二八〇年代ころに）想定することで、秦に対する合縦は事実であり、むしろ燕斉間での反間活動に関わる事績の方が誤りであるとする。（一五）楊寛氏も蘇秦はそのころの、すなわち斉湣王や孟嘗君田文、奉陽君李兌と同時代の人であるとした上で、斉湣王の大臣として秦に対する合縦を発動したという。[一六] 徐中舒氏も蘇秦は張儀よりも後の人で、斉の宣王・湣王に仕えたとする点では同様であるが、「合縦抗秦の立役者」というのはむしろその死後に秦の脅威が増大してくる中で作り上げられた虚像であり、実際の蘇秦は終始一貫して燕の反間として活動し、前二八五年に燕が斉に侵攻するとそれが露見して処刑された、としている（徐中舒一九六四、一九九八）。

以上のように、多くの矛盾が指摘される蘇秦の事績をめぐっては――その存在を全面的に否定するのではない限り――関連資料を取捨選択した上でその実際の活動について整合的な理解が求められてきたのであるが、見られるように、そこでは依拠する前提によって、年代（前三三〇、二〇年代であるか前二八〇年代ころか）、活動の内容（秦に対する合縦か燕斉間での反間活動か）、あるいは張儀や蘇代、蘇厲との先後関係など、それぞれの理解には大きな隔たりが見られるのであり、その実態についてはなお充分に明らかにされてきたとはいえないのである。

こうした中で、『戦国縦横家書』中の「蘇秦の書簡集」とされる資料の出現は画期的な出来事であった。「前漢前期以前の」「まとまった」しかも「これまでほとんど知られてこなかった」これらの記事は、主として伝世の文献資料の間での解釈のあり方が問題とされてきたそれまでの蘇秦研究に対して、いわば真正の蘇秦資料として、拠るべきひとつの基準を提示するものと考えられたのである。唐蘭氏の

> 本書の重要な歴史的価値は、二千年にわたって埋もれていた、蘇秦に関する信頼すべき書信と言説十四章を保存している点にあり、これによって蘇秦に関する多くの根本的な誤りを正し、また当時の歴史的事実を正し補充することができるのである。

という指摘（唐蘭一九七六）などは、こうした見方を代表するものであろう。

このようなことから、蘇秦の事績については『戦国縦横家書』での内容をふまえつつ、それと整合する既存の文献資料とを照らし合わせながら、「ひそかに斉への復讐を期する燕王の意を受けて、いわば『二重スパイ』的な外交官として斉王に仕えて活動しており、その一環として魏の孟嘗君田文や趙の奉陽君李兌などと接触しながら、斉・秦両国による『東

西称帝』や『五国攻秦』といった前二八〇年代の出来事に関与していた」という大枠において理解した上で、さらにその結果として、前三三〇、二〇年代の活躍や張儀との関係を誤りであるとしてしりぞけ、かの「六国合縦」もそのままの形では事実としては認められない——とする見方が注目されるようになってきた。その比較的早い時期における唐蘭、楊寛、馬雍各氏による蘇秦の事績を復原するこうした試みは、[一七]この分野での基礎的な研究として重要である。

もっとも、第一部分各章の書簡をはじめとする『戦国縦横家書』の記事にはその年代や日付など背景とされる事柄が多く省略されているために、そこから復原される蘇秦の事績は——その大枠はともかくとして——（第四章の例でもふれたように）個々の活動の時系列など、具体的な部分については論者によって必ずしも理解が一致しているわけではない。こうしたことから、たとえば『戦国縦横家書』それ自身に即して、その背景となる事情や各章間の関係を明らかにしてゆくなどの基礎的な作業も進められている[一八]。また蘇秦の活動そのものについても、さらに掘り下げた考察が展開されつつある[一九]。

こうした『戦国縦横家書』中のいわゆる蘇秦記事が、以上のような蘇秦本人の事績のみならず、張儀や蘇代・蘇厲との関係などといった問題にも関わってくるものであることは言うまでもないが[二〇]、それらはさらに外交のあり方をはじめとする、この時代の歴史的状況についての貴重な事例をも提供してくれる[二一]。このほかにもたとえばそれは、虚実が混在していて矛盾も多い文献資料中の蘇秦関連記事について、その史料としての信頼性を判別し、あるいは校訂を加える上での、さらにはどのようにして「六国合縦」などの蘇秦をめぐる説話が形成されていったのかなどといった問題を考える上での、重要な基準や手がかりであるともされてきた[二二]。なお、これら『戦国縦横家書』中の蘇秦記事がそもそもどのような性格の資料であったのかという問題については、のちほどふれることとしたい[二三]。

以上のように、『戦国縦横家書』第一部分各章を中心とする記事は、拠るべき蘇秦資料として蘇秦の事績のみならず、戦国時代史の研究にも貴重な価値をもつものであると考えられるのであるが、ただしこうした見方については以下のような異論や問題点のあることも、ここで紹介しておかなければならない。

まずその一つは、『戦国縦横家書』中のこれらの記事を、はたして蘇秦に関わる史料であると見なすことができるのか、という問題である。これについては平勢隆郎氏が、『史記』の春秋・戦国紀年を再構成する体系的な研究において、その一環として簡単に論じているが、そこでは先にもあげた『戦国縦横家書』中の蘇秦を指すと思われる事例のうち、第一、八、二二章の三つの事例について、そこに見られる「秦」は「蘇秦」の「秦」ではなく、国名の「秦」と解すべきであるとして、『戦国縦横家書』の内容が蘇秦に関わるとするのは根拠薄弱であるとした。その上でさらに各自の活動時期の幅などから、「蘇秦死亡（前三一七年）後」における蘇秦のものとされる記事は、蘇代を蘇秦に誤ったものであるとしている。[二四] もっともそこでの解釈には異論もあり、[二五] また前述したように第三章には「蘇秦」と明記された例が存在していることなどは看過できない問題であろう。

いま一つは、『戦国縦横家書』中の蘇秦関連記事の「史料としての性格もしくは信頼性」を問題とする議論である。こうした立場からの研究は多岐にわたるのであるが、それらの論点を簡単にまとめるならば、まず『戦国縦横家書』は、後人の手が入っていないという点では貴重な資料であるものの、その中には脱簡や錯簡もあり、基本的には前漢時代の一輯録本（いうなれば前出の蘇秦列伝「太史公曰」に見える「異時の事の之に類する者」の一つ）であるに過ぎないのであり、この資料を重視する論者が前提とするような「司馬遷も見たことのない貴重な史料」であるとは断定できない。司馬遷も劉向も当時の多くの資料を見た上で慎重に取捨選択して判断を下しているのであり、『戦国縦横家書』によって『史記』（や『戦国策』）の蘇秦記事を一概に否定することはできず、むしろそれらの記述の方にこそ従うべきである。そうであるならば蘇秦の死は張儀より前であり、それゆえ張儀の死後に蘇秦が燕の反間として活動した（それは蘇代の事績とするべき）などとする『戦国縦横家書』の記事は後人の仮託したもので信じることはできない――というものである。[二六] こうした見方に対しては反論もなされているが（周書燦二〇一四）、『戦国縦横家書』を無条件に特別な史料として扱うことへの批判には、たしかに一定の説得力があるといえよう。趙鵬団氏はこうした状況を整理した上で、蘇秦の事績や戦国時代の合従連衡の真相の考証については、更に多くの地下文献の出土、先秦諸子文献の真相の復原が必要であるとしている（趙鵬団二〇一三）。

このように『戦国縦横家書』と蘇秦との関係をめぐっては、その基本的な部分において、いまなお理解が分かれているのであるが、これについて本訳注では――たとえば上述の「秦」字の解釈においては、これらをいずれも「蘇秦」のことであるとしている点で、『戦国縦横家書』の該当部分は蘇秦に関わる資料であるとの立場をとっているとはいえるものの――基本的には性急に何らかの結論を求めるのではなく、むしろ様々な解釈の可能性を示しつつ、各自がこの資料を理解するための基礎的な材料を提供することを心がける、という姿勢で臨んでいる。読者の皆様にはこの点を諒とされた上で、これらの問題の存在も念頭に置きながら、この謎の多い書物の世界に分け入っていただければ幸いである。

『戦国縦横家書』の性格と史料的価値

①性格

ここで視点を『戦国縦横家書』全体にもどして、その性格や史料としての価値（文字と言葉を含む）について見てみることとしよう。

『戦国縦横家書』は一般に「遊説辞の学習資料」（楊寛一九七五A）のようなものとして理解されているが、さらなるその性格について、これまでの研究ではもっぱら『戦国策』（の前身）もしくは『蘇子』という書物との関係が指摘されてきた。（一七）周知のように『戦国策』は戦国時代における遊説家たちの言説や故事をまとめた書物であり、その点で『戦国縦横家書』と体裁や性格が類似している。実際そこには現行の『戦国策』と共通する内容の章も見られることは前述した通りであり、その意味ではこの資料が一時期『帛書戦国策』と呼称されていたことも不思議ではない。もっとも『戦国策』という書物は前漢末の劉向が編纂したものであることからするならば、それに先行する『戦国縦横家書』は『戦国策』そのものでなく、その原型に当たる書物との関連が考えられることとなる。また劉向の「書録」によれば、『戦国策』は宮中の秘府の所蔵にかかる錯乱した「餘巻」を整理する中で、国別に編集されていた八篇の書籍をベースとして、それらをさらに時代順に排列し、重複を去りつつ補充することで三十三篇にまとめて編纂されたものであるとされており、かつこうした宮中所蔵の書物として『国策』、『国事』、『短長』、『事語』、『長書』、『脩書』などのあったことが知られるのであるが、(一八)こうしたことから『戦国縦横家書』とこれら『戦国策』のもととなった諸書との関連についても言及がなされてきた。ただし、それらの書籍についての性格や内容については明らかではなく、それゆえ『戦国縦横家書』との関係についても推測の域を出ない。また見られるように『戦国縦横家書』は必ずしも明確に国別に構成されているわけではなく、しかもそこでの記事が現行『戦国策』――劉向の『戦国策』とは異なるとされるが――と対応するものも全体の四割ほどにすぎない、などの問題点も指摘されている。

一方、『漢書』巻三〇芸文志の縦横家に「蘇子三十一篇」とあり、原注に「名は秦、列傳あり」とされていることから、『戦国縦横家書』は蘇秦についての資料であるとする前述の議論と関連して、『戦国縦横家書』はこの『蘇子』と関係があるのではないかとの見方もなされてきた。ただしこの場合も、『蘇子』の具体的な内容は不明であり、『戦国縦横家書』との関係についての確証は存在しないこと、あるいは『戦国縦横家書』には「蘇秦」とは関わりのない記事も一定数存在すること、さらには『戦国縦横家書』の記事が蘇秦と関連するのかについても（先に述べたように）異論があること、などがその問題点とされている。このように『戦国縦横家書』の性格をめぐっては、『戦国策』（の前身）や『蘇子』との関係がうかがわれはするものの、そこからただちにこの資料全体の性格を論ずるにはそれぞれに問題をはらんでいるのである。

そもそも『戦国縦横家書』は少なくとも三種類の（おそらくは性格・出所を異にする）書籍――すなわち第一、第二、第三部分――をまとめて編集された書物であり、さらにそれらはまた戦国時代の外交に関わる二十七の記事（章）からなっていたわけでもあるから、その全体の性格を考える場合にも、この書物を構成するこれら各部分、各章のあり方について無視することはできない。もっともこのうち第一部分については、その内容から『蘇子』との関係の可能性も取り沙汰されてはいるものの、(一九)第二、第三部分については「(「発信者」を含む遊説家たちによる)戦国時代の外交に関わる言説や故事をまとめたもの」という程度の言及にとどまっているようである。たとえば楊寛氏は『戦国縦横家書』を異なる三種の戦国遊説故事の書籍より輯録して成立したものとした上で、第一部分は『蘇子』の類の書より集録した蘇秦遊説資料、第二部分は戦国遊説故事を記した別の書籍より輯録したもの、第三部分は一種の戦国遊説故事を輯録した書籍からのものとしている（なお、その成立年代は秦漢の際であるという）〔楊寛一九七五A〕。

それではこれら各部分（の書籍）は、そうした言説や故事など各章の記事をそれぞれどのようにまとめて編集されたものなのであろうか。この点について工藤元男氏は、もともと篇ごとに単独で流布していた戦国の遊説故事が、戦国末から秦漢の間にかけて内容別に一定の集成が行われ、『戦国縦横家書』をはじめ『韓非子』、『史記』、『戦国策』、『呂氏春秋』など諸文献の原資料となっていったとの理解のもと、『戦国縦横家書』はこうした戦国故事のテキストを種々寄せ集めて帛書に転写したものであり、そのもととなったテキストのうち、第一部分、第二部分の資料群は一定の集成をへた段階のものであるが、第三部分の資料はまだ一定の集成をへていない篇簡を寄せ集めたものであるとし、また蘇秦に関する系統的な資料である第一部分の資料が司馬遷のころにはすでに散佚していたのに対して、第二、第三部分の資料はその大半が『史記』や『戦国策』の共通の資料となり、それぞれの中に編入されていったとしている〔工藤元男一九八四〕。また、呉昌廉氏も各章記事のこうした抄写、彙集の過程、あるいは『史記』や『戦国策』との関係などについて論じている〔呉昌廉一九八九〕。

一方、藤田勝久氏は書簡の受信国、事件の年代、故事の形式の検討などから、『戦国縦横家書』は国別でおおまかな年代順に編集された第一・第二部分と、ふたたび国別に輯録された第三部分のグループから構成された、戦国諸国の外交・国策に関する資料を集めた書籍であるとする。さらにその史料的性格について、実際の外交関係の情勢に応じて提出された書信・奏言などの記録をもとにして受信国別に編集し、また歴史背景・人名などを付加して教訓として伝えられるなど、戦国末までに異なるグループの故事として伝えられた資料が、少なくとも秦代から楚漢の際以降に一書としてまとめられた戦国故事の輯本であるとした〔藤田勝久一九九三〕。このようにそこでは従来の「遊説家のテキスト」とする説に加えて、実際の外交資料が『戦国縦横家書』のもととなっているとの理解が示されているのであるが、それらが「受信国側の」書信・奏言などの記録をもとにしているという点については、ここまでに見てきたように、書簡の発信者が何者であったかについては自明のこととして省略してふれることのない一方で、受信者については「齊王に謂いて曰く」（第一〇章）などと必ず明記しているその形式のあり方からするならば、それはむしろ発信者を主体として編集されたものであった——すなわち発信者側の手控えのようなものをもととして編集された——と見るべきなのではなかろうか。とくに第一部分の各章書簡の冒頭に付された「韓山を使わして書を燕王に獻ぜしめて曰く」（第二章）や「趙より書を齊王に獻じて曰く」（第一一、一二章）などといった説明文の書きぶりは、まさに「ある特定の人物（それが蘇秦であるかどうかは措くとして）の書簡集」のそれと考えてこそ、よりふさわしいものと思われる。

以上のように『戦国縦横家書』全体、あるいは各部分の性格については、現在のところなお充分に明らかにされているとはいいがたい。それが『戦国策』（の前身）であるのか『蘇子』であるのか、という議論からもうかがわれるように、大まかに言って、その「遊説家たちの言説・故事集」としての側面に注目するのか、あるいは「ある特定の個人の資料」としてのそれを重視するのかによってそこでの理解は分かれてくるようである。ちなみにこの点については、各章紹介のところでも言及してきたように、あるいはそれは基本的に発信者（である人物）の記録という要素を核としてまとめられた書物であったと見ることができるかもしれない。すなわちこの書の編集者は何らかの事情で発信者の事績に興味を有していたことから、発信者の「書簡集」ともいうべき資料を第一部分としてまずここに収めたのに続けて、発信者に関連する記事を含むそれとは別の（遊説家の言説・故事集のたぐいの）書籍を第二部分、第三部分として合体させたのであるが、その際には第二部分（の字数表記の例）に見られるように、発信者以外の遊説家たちの記事も含めた体裁のまま、それらを丸ごと収録したのではないか——このようにも考えられるのである。もとよりこれはいまの時点では確証のない憶測の一つであるにすぎないが、こうした『戦国縦横家書』の性格をめぐる問題は、当時における書籍の形成や流通について考える上でも、興味深い一事例を提供するものといえるであろう。

②史料的価値

つぎにその史料としての価値について見てみると、本解題の冒頭でも述べたように、『戦国縦横家書』には『史記』や『戦国策』など既存の文献資料と同内容の記事のほかに、それまで知られることのなかった記事も多く含まれているのであるが、こうした新たな知見がこの時代の状況をうかがう上での重要な史料であることは、あらためて指摘するまでもないであろう。それらの大部分は先に述べた蘇秦に関連するともされる資料（第五章以外の第一部分各章と〔佚文資料としては〕第一七章）によって占められており、その価値や重要性については前項ですでに詳しく紹介してきた通りであるが、これら以外にもなお、第二五章の記事からは春申君殺害後の李園の動向や秦・趙・燕をめぐる井忌と蔡鳥、文信侯呂不韋の故事、また第二六章からは魏都大梁や各地の城邑の状況をふまえた具体的な戦略論、さらに第二七章では戦国早期の邯鄲包囲をめぐる麛皮の故事等々、これまで目にすることのできなかった様々な知見をえることができるのである。(三〇) もとよりそれらの史料としての信頼性についてはなお検証が必要とされるものの、それがいわゆる「故事」のたぐいであった場合をも含めて、これら未知の戦国史料の有する価値は大きいといえるであろう。

一方、『史記』や『戦国策』などの既存の文献資料と重複する内容の記事については、まずもって相互の文字や内容の比較・校訂を通じてより正確な理解をもとめることができる、という点があげられる。たとえば第一八章の記事の内容は『史記』趙世家や『戦国策』趙策四とほぼ同じものであるが、そこで太后に意見する左師の名が『史記』では「触龍」、『戦国策』では「触讋」となっており、これに対して第一八章の該当部分は『史記』と同じであることから、この部分は「触龍」が正しく、『戦国策』では（『史記』や『戦国縦横家書』がそうなっているように）本来「触龍言」となっていたのが、「龍」とその後の「言」の字が誤って合体してしまったという清・王念孫『読書雑志』の説の正しさがあらためて確認された。また第二一章の趙王への書簡の記事と同じ内容が『史記』趙世家と『戦国策』趙策一に見えているが、多くの箇所で『史記』には「齊」となっている部分が『戦国策』では「韓」となっているのも、『戦国縦横家書』によってやはり「齊」字が正しいことを確認することができる。これら『戦国縦横家書』と既存文献との異同については本書の訳注において逐一言及していいるので、こうした点にも注目しつつお読みいただければ幸いである。

ちなみに第二四章の戦国故事は、『史記』韓世家、『戦国策』韓策一に加えて『韓非子』十過篇にも同内容の記事が見られるという点で、こうした校勘を行う上でも格好の素材であるといえるが、それのみならず、『史記』をのぞくそこでの三者において末尾にそれぞれ異なる評語が付されていることからは、戦国故事がどのようにして異なる立場の著作にそれぞれ取り込まれていったのかをうかがうこともできるのである。[三] このほかにも、たとえば楊寛氏は第五章の記事と『戦国策』燕策一（二章）、『史記』蘇秦列伝との比較から、『戦国策』や『史記』の該当部分の関係について論じている（楊寛一九七五A）。また王靖宇氏は『戦国縦横家書』第一八章と『史記』趙世家、『戦国策』趙策の記事との詳細な比較から、『史記』、『戦国策』は『戦国縦横家書』と充分相似しており、そこでの変改は個別の文字、句に簡単な修飾を加え、文の通りをよくする程度にとどまっていることや、『戦国策』が文字を修飾する際には『史記』を参照しているであろうことを指摘した（王靖宇一九九九）。さらに藤田勝久氏は第一五章の記事と『史記』穰侯列伝や『戦国策』魏策三との字句の異同の比較から、『戦国縦横家書』と『史記』、『戦国策』との関係について論じるとともに、穰侯列伝が戦国故事をどのように組み込んで構成されていったのかを論じ（藤田勝久一九八六）、姚福申氏は『戦国縦横家書』と『戦国策』との比較から、劉向がどのように編集校訂を進めたのか検討を加えている（姚福申一九八七）。このように『戦国縦横家書』との比較・検討からは、単なる校勘作業というのにとどまらず、『史記』や『戦国策』（さらには『韓非子』）など既存資料間の関係、あるいはその形成の過程などについて考える上でも重要な手がかりを得ることができるのである。

以上に見てきたように、『戦国縦横家書』に見られる内容は、それまで知られることのなかった記事にせよ、既存の文献資料と同内容の記事にせよ、それぞれともに史料としての重要な価値を有しているのであるが、さらにこれらとは別の見逃すことのできない側面として、そこでの「文字と言葉」の問題についても最後に一言しておきたい。

③文字と言葉

『戦国縦横家書』が抄写された漢代初期（高祖治世期頃）は、秦の文字統一を継承した漢王朝の文字政策により、公文書の用字や用語の統一と整備が強力に推し進められた時期であった。睡虎地秦簡、里耶秦簡、張家山漢簡等、戦国末期から秦を経て漢代初期に至る出土資料に含まれるオフィシャルな文書は、その文字遣いと用語において高度な一致を呈する一方、それらは決して不変であったわけではなく、政府によって徐々に変更と改良が加えられていった様を見て取ることができる。このような秦漢の標準的な文書と比較することによって、『戦国縦横家書』の文字と言葉の特徴を位置づけることができよう。

『戦国縦横家書』は古隷、即ち方正な結構と波磔の筆法を備えた典型的な漢隷が成熟する以前の隷書で書写されている。(三二)文字遣いは概ね秦漢時代の公文書に見られる標準的な用字法に一致するが、「胃」字で「謂」を表し、「成」字で「城」を表し、「長」字で「張」を表し、「静」字で「争」を表し、「勺」字で「趙」を表し、「唯」字で「雖」を表し、「亓」字で「其」を表し、「魚」字で「吾」を表すなど、秦漢の用字の規範に合わない例が散見する。これらはテキストが文字統一以前の東方地域に由来することを示す刻印と考えられる。中でも第三章と第四章に見られる「吾」を表す「魚」字は、三晋（中原）系の用字の名残である。春秋後期の晋の資料である侯馬盟書では一人称の「吾」を表すのに「䲆」という字を主に使用した。この字は「虎」と「魚」を組み合わせて構成されているが、両者とも「吾」と発音が近い。この字が省略されたものが一人称の「魚」字と考えられ、侯馬盟書にも一例使用されている。陳昭容氏はこれらを東方や三晋の用字と考えている。(三三)

上述のように、『戦国縦横家書』は異なる三つの原資料を一つにまとめたものであり、特に第一部分は、発信者側の手控えのようなものをもととして編集されたと考えられる。この三つの部分の文字遣いにもそれぞれ異なる特徴が見られることも、楊寛氏、鄭良樹氏らによって指摘されている。(三四)既に紹介したように、第一部分では「趙」を多く「勺」字で表わし、「韓」を多く「乾」字で表わすのに対し、第三部分の第二〇章から第二二章は第一部分と同じく蘇秦の資料と見られるにも関わらず用字は第一部分とは異なっており、「趙」には「勺」字を用いず、「韓」には「乾」字を用いず、張儀の「儀」を「羛」

に作るという。ただし子細に観察すれば、第一部分でも第一章は「趙」を全て「趙」字で表記し、第二章以下も「勺」字に交じって「趙」字が散見する。このことは、本テキストが原資料の表記を忠実に継承しているのではなく、漢代の通常の表記に次第に書き換えられる途上にあったことを示す一例と見られる。

このように漢代の影響を受けつつも、①の「性格」に述べた本書の成り立ちや、縦横家たちが活動した舞台をふまえるなら、本書の言語は戦国時代の中原を中心とする東方地域の特徴を色濃く帯びていると考えられる。ここでは西方の秦の言語を反映する睡虎地秦簡と比較する形で、具体的な現象を一つ紹介したい〔大西克也二〇〇六〕。

第一一章にある次の例文を見て頂きたい。

願王之以母遇喜奉陽君也。

願わくは王の遇せざるを以て奉陽君を喜ばしめんことを。

どうか王様には会合をなさらないことで、奉陽君を喜ばしておやりになりますようお願い申し上げます。

「願」という動詞が、「王之以母遇喜奉陽君」という文形式の目的語を取っているのだが、その主語「王」と述語「以母遇喜奉陽君」の間に「之」が挿入されている。このように動詞が文形式の目的語を取る時、『戦国縦横家書』では「之」が非常に高い頻度で挿入される。これに対して秦の言語資料に、文形式の目的語に「之」を用いることはない。

妻知夫盜錢而匿之，當以三百論。（睡虎地秦簡『法律答問』一四號簡）

妻、夫の錢を盜むを知りて之を匿さば、當に三百を以て論ずべし。

妻が、夫が銭を盗んだことを知らずにそれを隠匿していた場合、三百銭を盗んだ罪で処罰する。

動詞「知」は「夫盜錢」という文形式の目的語を取っているが、ここでは「之」は挿入されていない。文目的語に「之」を使う表現は、『論語』学而「不患人之不己知」（人の己を知らざるを患えず）のように、伝世文献においてもよく見られるが、『戦国縦横家書』や秦簡のような出土資料を分析することにより、その分布に地域的な偏りが見られることが明らかになっている。

この他にも、「今王以衆口與造言罪臣」（今王様は注進やデマでわたくしに罪を着せられ）のように等位接続詞に「與」を用いること（秦では「及」を用いる）、将来を表す時間副詞に「將」を用いること（秦では「且」を用いる）等、秦から前漢にかけての標準的な文章語と異なった特徴が見うけられる。戦国時代の簡牘の出土が秦と楚に限られ、東方や中原地域の言語状況を映し出す言語資料が不足する中、極めて貴重な研究資料であると言える。しかし大量の用例を必要とする言語研究においては分量の不足は否めず、『戦国縦横家書』単独で明らかにし得ることには自ずと限界がある。本書と共通する記事の見られる『史記』や『戦国策』などに比べて後世の書き換えが少ないという出土資料の「同時資料」[三五]としての一般的特性を活用した研究が多いのが現状であるが、[三六]今後の資料の増加によってはそれらと合わせて研究することにより、戦国後期の中原の言語の様相がより明らかになることが期待されよう。

おわりに——本書の基本方針

以上に『戦国縦横家書』という書物についていささか詳しく紹介してきたが、ここで本書に先行する主要な注釈、訳注の成果について簡単に言及しておくならば、まず挙げるべきは馬王堆漢墓帛書整理小組『馬王堆漢墓帛書戦国縦横家書』（同一九七六年、以下「簡装本」）であろう。そこでは各章に簡体字のテキストと、人名、地名、語句、背景などについての簡潔な注のほか、『史記』、『戦国策』、『韓非子』中の関連記事を付し、さらに巻末には唐蘭、楊寛、馬雍氏の論文を参考として収めている。出土後の比較的早い時期から公刊され、普及したということもあって、この資料についての基本的な注釈書であるといってよい。

また「図版が収められている」という点で貴重な（馬王堆漢墓帛書整理小組一九八三）は、テキストについては基本的に簡装本と同じであるものの、繁体字であり行数も示されているほか、若干の補訂もなされている（なおそこでの注は簡装本を踏襲している）。

そして『戦国縦横家書』の訳注書としてもっとも重要であるのが、佐藤武敏監修、工藤元男・早苗良雄・藤田勝久訳注『戦国縦横家書』（一九九三、「朋友本」）である。そこでは藤田勝久氏の詳細な解題につづけて、章ごとの釈文、解題、書き下し、注、日本語現代語訳、関連記事から構成されており、巻末には戦国略年表、人名・地名・用語索引、関係文献目録を付す。初の現代語訳であるという点もさることながら、そこでの注釈は詳細を究めており、とくに歴史的背景についてのそれは日中における戦国史研究の成果がほぼ総動員されているといっても過言ではない。

このほかに房立中『縦横家全書』（一九九五）には、「蘇秦」の項に『戦国縦横家書』から十五の章（第一～一二、一四、二一、二二章）の中国語現代語訳が収められている（注は基本的に簡装本を踏襲）。

本訳注ではこれら先行の注釈・訳注、とくに朋友本を踏まえて、近年の研究、発見の成果も取り入れながら、この資料を理解するための基礎的な材料を提供することを基本方針としており、以下、それぞれの章ごとに「本文」を提示した上で、「訓読」、「注釈」、「口語訳」を順次付してゆく体裁をとっている。「本文」、「訓読」においては異体字についても逐一注意を払い、また「注釈」では基本的に本文の内容に即したものに絞り込んではいるものの、一方で字釈や文法的な側面については、つとめて充実をはかった。また巻末の「参考文献」では『戦国縦横家書』の釈文、図版、[三七]研究文献についてまとめているので、さらに詳しく知りたい向きにはぜひとも参照していただきたい。

なお、馬王堆漢墓簡帛全体についての「整理図版」、「釈文注釈」、「原始図版」からなる湖南省博物館、復旦大学出土文献与古文字研究中心編『長沙馬王堆漢墓簡帛集成』全七冊（中華書局、二〇一四年）が近年出版されたとのことである。今後それは『戦国縦横家書』についても一つのスタンダードを提供する存在になると思われるが、本解題を執筆している二〇一四年十二月現在ではなおそれを目にしてはおらず、残念ながら本訳注ではその成果を反映させることができなかった。

以上に縷々述べてきたように、『戦国縦横家書』はきわめて興味深い資料であると同時に、いささか複雑で込み入った事情を抱える資料でもある。そのため背景説明にもいささかの紙数を費やしてしまったが、この魅力的な書物を充分に理解してお読みいただくための長い長い前置きもここまでである。ここから先は、めいめいの関心のおもむくままに『戦国縦横家書』の世界を楽しんでいただければ幸いである。

【注】

（一）これらのうちでもとくに『戦国縦横家書』全体を紹介したものとしては、楊寛一九七五A、馬雍一九七五、唐蘭一九七六、藤田勝久一九九三、于兵二〇一三などがあり、本解題の以下の記述においてもこれらを多く参考にしている。同様に逐一注記はしないが、個々の論点において大櫛敦弘二〇〇一、二〇〇二、二〇〇四、二〇〇五、二〇一一などに拠っている。

（二）『太平御覧』巻六〇六所引風俗通に「劉向爲孝成皇帝典校書籍二十餘年、皆先書竹、改易刊定、可繕寫者以上素也」とある。

（三）編年はそれぞれ馬雍一九七五、唐蘭一九七六、平勢隆郎一九九五、青城一九九五、楊寛二〇〇一、近藤浩之二〇〇七。

（四）ここでは戦国時代の区分について、秦の咸陽遷都と商鞅変法まで（前四五三、四〇三～前三五〇年）を戦国前期、合縦連横の時代から斉臨淄の陥落まで（前三五〇～前二八四年）を戦国中期、秦の東方進出から天下統一まで（前二八四～前二二一年）を戦国後期とする藤田勝久氏の見解に従っている。朋友本・戦国略年表「戦国史の時代区分について」参照。

（五）第五章は、直前の第四章において更迭を通告してきた燕王に対して、発信者が面会を求める文章で締めくくられていることに対する、また第一三章は、やはり直前の第一二章で韓貴の動向をめぐる言及が見られることについての、それぞれ「付録資料」的な章として挿入されたのではないかと考えられる。大櫛敦弘二〇一一参照。

（六）楊寛一九五五、一九九七など。

（七）曾鳴一九七五。なお第四章については、ほかに近藤浩之二〇〇四などがある。

（八）佐藤武敏、工藤元男・早苗良雄・藤田勝久一九九三。書名や論文の略称については「論著目録」を参照。

（九）このほかに第四章の「臣秦拲辭事」の句をもって発信者の自称を示す例であるとされてきたが、これは削除された誤字の可能性が強い。本書第四章の注（一〇）参照。

（一〇）『史記』巻四六田敬仲完世家湣王十二年条にもこれと同内容の記事が見えているが、該当部分は「今者臣立於門、客有言曰」となっており、またそれは「蘇代」の発言であるとしている。

（一一）『荀子』臣道篇、『呂氏春秋』知度篇。ほかにも『新書』や『淮南子』などにも見える。なお、出土資料の例として銀雀山漢簡『孫子兵法』用間篇に「燕之興也，蘇秦在齊」がある。
（一二）『黄氏日抄』巻五二読雑史、戦国策「前輩謂蘇秦約從、秦兵十五年不敢窺山東、乃游子誇談本無是事。」
（一三）銭穆『先秦諸子繫年』考弁、巻三蘇秦攷（一九三五年初版。香港大学出版社、増訂本、一九五六年）参照。
（一四）アンリ・マスペロ「蘇秦は史的人物なりや、小説的人物なりや」（『史学雑誌』第四十編第五号、一九二九年）、「蘇秦的小説」（馮承鈞訳：『国立北平図書館館刊』第七巻第六号、一九三三年）参照。
（一五）唐蘭「蘇秦考」（『文史雑誌』第一巻第十二期、一九四一年）参照。
（一六）楊寛一九五五第八章注一五参照。
（一七）前注（一一）掲、諸氏論文参照。
（一八）曾鳴一九七五、馬雍一九七八、青城一九九五、秦丙坤二〇〇二、近藤浩之二〇〇七、大櫛敦弘二〇一一など。
（一九）たとえば近藤浩之二〇〇四では、第四章の分析を中心に蘇秦の活動をより掘り下げて再構成する。また鄭傑文二〇〇〇では、蘇秦の事績の動態的な分析から、蘇秦は終始一貫して燕の反間として活動していたわけではなく、途中から斉のために活動するように転向し、最後は燕昭王の反間の計によって殺害されたとする新見解を提示する。
（二〇）鄧廷爵一九八一、周鵬飛一九八五A、B参照。
（二一）藤田勝久一九九二〔二〇一一〕、工藤元男一九九四、大櫛敦弘二〇〇一、二〇〇二、二〇〇四、二〇〇五、孫瑞・李可欣二〇一〇など。
（二二）楊昶一九八二、馬振方二〇〇九や、車新亭一九九〇、藤田勝久一九九二〔二〇一一〕など参照。
（二三）楊艶華二〇一一では、『戦国縦横家書』による蘇秦事績をめぐる研究を整理している。
（二四）平勢隆郎一九九五、二〇〇〇。なお、当初は第四章の記事中に「臣秦」の語が見られるとして、蘇秦の自称を示す一例とされてきたが、そこではこの釈読についての批判もなされている。詳細については、本書第四章の注釈（一〇）を参照。また趙生群一九九四では第一二章の「収秦」の「秦」を国名であるとする。
（二五）たとえば大櫛敦弘二〇〇四注（一七）など。
（二六）諸祖耿一九七八、徐朔方一九八四、張烈一九八六、趙生群一九九四、二〇〇七、高雲海一九九五、潘定武二〇〇九など参照。

（二七）工藤元男一九八四、藤田勝久一九九三など参照。

（二八）「所校中戰國策書、中書餘卷、錯亂相糅莒。又有國別者八篇、少不足。臣向因國別者、略以時次之、分別不以序者、以相補、除復重、得三十三篇。……中書本號、或曰國策、或曰國事、或曰短長、或曰事語、或曰長書、或曰脩書。」

（二九）楊寛一九七五、呉昌廉一九八九など。これに対して工藤元男一九八四などは否定的な立場をとる。

（三〇）たとえば王菡一九九〇はこれらの記事から三晋史について論証を加える。

（三一）第二四章の記事と既存文献との比較は、藤田勝久一九九三などでもなされている。

（三二）『戦国縦横家書』の書体的特徴については陳松長一九九六を参照。

（三三）陳昭容一九九二。陳氏は『戦国縦横家書』の「魚」を戦国時代の長沙における用字の可能性があるとするが、戦国楚簡や秦簡が増加した現在から見て、その可能性は極めて低い。

（三四）楊寛一九七六、鄭良樹一九八二B。但し鄭氏は、第三部分のうち第二五章及び第二六章を別の由来を持つ第四部分とする。

（三五）太田辰夫『中国語歴史文法』（江南書院、一九五八年）「あとがき」を参照。

（三六）例えば否定詞「不」と「弗」の使い分けについては数多くの研究があるが、漢代に昭帝劉弗に対する避諱によって「弗」から「不」への書き換えが行われたため、伝世文献によってこの問題を解決するのはほぼ不可能に近い。漢初の写本である『戦国縦横家書』には「弗」が数多く残されており、この問題を論じる際にしばしば利用される。大西克也一九八八、魏培泉二〇〇一等を参照。

（三七）ここで『戦国縦横家書』の図版について簡単に付言しておくと、図版全体が最初に公表されたのは簡体字・線装本で出版された馬王堆漢墓帛書整理小組一九七八である。馬王堆漢墓帛書整理小組一九八三も同じ写真を用いているように思われるが、図版は一九七八年版に比べてやや暗く、文字の見え方も異なる場合がある。両者とも鮮明度に少し難があり、鮮明な拡大図版は、部分的な公表に止まるが陳松長一九九六、陳松長二〇〇〇、西林昭一二〇〇三等で見ることができる。

戦国縦横家書

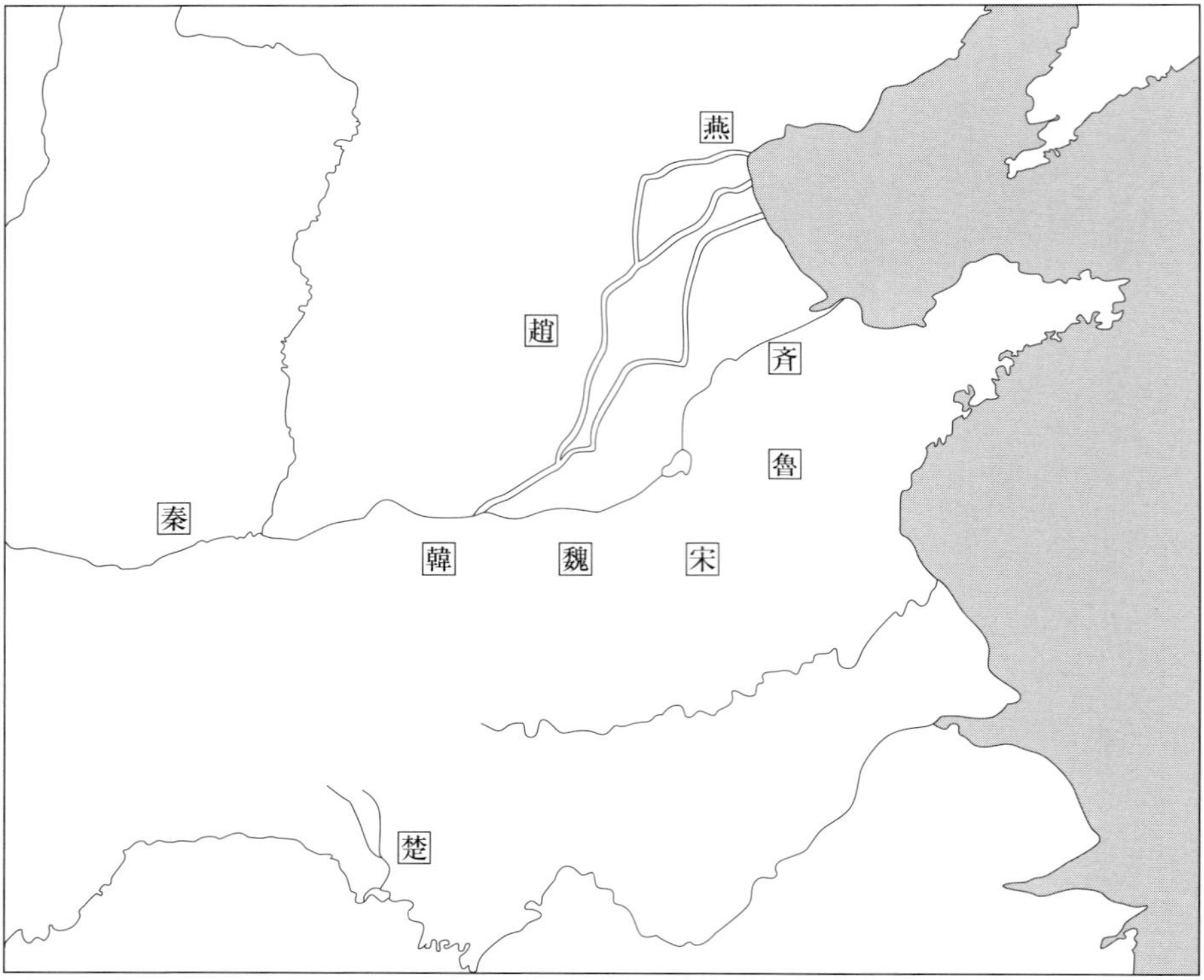

戦国時代略図（譚其驤一九九二をもとに作成）

第一章　自趙獻書燕王章

自趙獻書燕王曰(一)、始臣甚惡事(二)、恐趙足(三)□□□□□□□□□□□□□□□□□□□□□□□□臣之所惡也、故冒趙而欲説丹與得(四)、事非□□□□□臣也。今奉陽〔君〕(五)之使與(六)□□□□□□□□□封秦也、任秦也、比燕於趙(七)、令秦與兗□□□□□□宋不可信、若□□□持我其從徐□□□□□□制事、齊必不信趙矣。王毋夏事、務自樂也。臣聞王之不安、臣甚顲□□□□□之中重齊欲如□□□齊、秦毋惡燕粱以自持也(八)。今與臣約五和入秦(九)、使使齊韓粱〔燕〕(一〇)□□□□□□約御軍之日無伐齊、外齊焉(一一)。事之上、齊趙大惡。中、五和、不外燕。下、趙循合齊秦以謀燕。今臣欲以齊大〔惡〕(一二)而去趙、胃齊王(一三)、趙之禾也、陰外齊、謀齊。齊趙必大惡矣。奉陽君、徐爲(一四)不信臣、甚不欲臣之之齊也、有不欲臣之之韓粱也(一五)。燕事小大之諍、必且美矣。臣甚患趙之不出臣也(一六)。知能免國、未能免身(一七)。顲王之爲臣故(一八)、此也。使田伐若使使孫疾召臣(一九)、因辭於臣也(二〇)。爲予趙甲因在粱者。

趙より書を燕王に獻じて曰く。「始め臣甚だ事を惡《にく》み、趙足《ちょうそく》の……を恐る。……臣の惡む所なり。故に趙を冒《おか》して丹《たん》と得を説かんと欲す。事は……に非ず、臣を……。今、奉陽君之使與……秦を封じ、秦を任ずるや、燕を趙に比《なら》べ、秦と兗（兌《たい》）をして……宋は信ず可からず。若し……持我其從徐……事を制すれば、齊必ず趙を信ぜざらん。王、事を夏〈憂〉えず、務めて自樂せよ。臣、王の安からざるを聞き、臣甚だ……之中重齊欲如……齊を……秦、燕・粱（梁）を惡むこと毋《な》く、以て自持せんことを顲（願）う。今臣と約すに、五和して秦に入り、使を齊・韓・粱（梁）・燕に使わして……、御（却）軍の日に齊を伐ち、齊を外す無きを約す。事の上は、齊・趙大いに惡む。中は、五和して燕を外さず。下は、趙、齊・秦に循合して以て燕を謀る。今臣齊を以て大いに惡ましめ、而して趙を去りて齊王に胃（謂）わんと欲す。「趙の禾（和）

するや、陰かに齊を外し、齊を謀らんとす」と。齊・趙必ず大いに惡まん。奉陽君・徐爲、臣を信ぜず、甚だ臣の齊に之《ゆ》くを欲せず、有（又）た臣の韓・梁（梁）に之くを欲せざるなり。燕事小大の諍（爭）い、必ず且《まさ》に美ならんとす。臣甚だ趙の臣を出さざるを患《うれ》うるなり。知（智）は國を免れしむるも、未だ身を免れしむる能わず。王の臣が爲《ため》にするを顚（願）う故は、此れなり。田伐《でんばつ》を使わし若しくは使孫《しそん》を使わして疾《と》く臣を召し、因りて臣に於いて辭せよ。爲予趙甲因在梁（梁）者。

【注釈】

（一）自趙獻書燕王――この書信の発信者は蘇秦と考えられる。「燕王」は昭王（在位は前三一一年～前二七九年）。本章及び第二章、第三章はほぼ同一時期に書かれたもので、楊寛『輯証』はその時期を前二八九年とする。

（二）惡事――事態を憂慮すること。『戦国策』韓策二・楚圍雍氏章に「公戰不勝楚、塞三川而守之、公不能救也。臣甚惡其事」（公は楚に破れ、三川の守りを固めたが救うことができず、臣は事態を憂慮しております）という一節があり、『史記』韓世家は「公戰不勝楚、楚塞三川而守之、公不能救也。竊爲公患之」に作る。

（三）趙足――趙臣。第二章にもその名が見える。なお図版では「足」字には見えないが、一九九八年夏に大西が湖南省博物館蔵の原本について確認したところ、精装本の釈文通り「足」で問題はないようである。

（四）冒趙而欲説丹與得――「丹」「得」は斉臣公玉丹と強得。公玉丹は趙の実力者奉陽君に蒙の地を献上するために派遣されたことが、第四章に見える。得は、小組注によると、第一四章に見える強得ではないかと言う。また第三章には奉陽君が斉に対し、蘇秦を任用しないよう丹と得を通じて要請したことが記されている。奉陽君は斉から封地を得ることを望んでおり（第三章を参照）、斉趙関係の悪化を目論む蘇秦が斉の使者と接触すれば奉陽君を刺激することになり、大変危険な行動であったことは想像に難くない。「冒」は『史記』司馬相如列伝・告巴蜀太守檄「觸白刃、冒流矢、義不反顧」（白刃に触れ、流矢に立ち向い、義として後ろを振り向かない）のように、危険を顧みず事を行う場合に使われる。ここでは「趙の怒りや妨害を顧みず」と解しておく。

（五）奉陽〔君〕――「君」は精装本に従い補う。奉陽君は、趙の実力者李兌。従来、奉陽君と李兌との関係については諸説あったが、本書第一二章で奉陽君が「兌」と自称しており、両者が同一人物であることが明かになった。朋友本第一章注に詳しい。『史記』趙世家によれば、李兌は趙の恵文王の時代の人で、公子章の乱に際して主父（恵文王の父武霊王）を殺し（前二九五年）、恵文王が若年であることに乗じて公子成とともに専政した。

（六）之使與――整理者は「之使與」三字の記された帛片をここに貼り付けているが、図版を見る限り、その根拠は明かではない。

（七）封秦也、任秦也、比燕於趙――「秦」は蘇秦の自称。帛書原文は主語が欠落しており、蘇秦を封じ、任用したのが誰かは不明である。唐蘭「史料」に付す「蘇秦事跡簡表」は、趙が斉、韓、魏、趙、燕の五国同盟を図るために、燕国なみの待遇で蘇秦を封じ、任用したと解釈する。しかし『戦国策』燕策二・蘇代為奉陽君説燕於趙章に「齊王使公王丹命説（兌）曰、『必不反韓珉』、今召之矣、『必不任蘇子以事』、今封而相之」（斉王は公王丹を使わして私兌に「決して韓珉を召喚しない」と言われたのに召喚し、「決して蘇秦を任用しない」と言われたのに封地を与えて宰相としている）とあり、主語を斉と解することも可能である。この場合「比燕於趙」は、斉王が蘇秦を重用することは、斉が燕を趙と同等に扱うことになるのだと解釈される。平勢隆郎『年表』はこの「秦」を蘇秦ではなく、秦国と解釈する。しかしこの解釈では「任秦」はともかく、「封秦」が問題になる。「封」の目的語（または後置成分）は（一）通常は封を受ける人物、例えば帛書第一二章「以陶封君」（陶を以て君を封じる）、或いは（二）封地、例えば帛書第一三章「太公望封齊、召公奭封於燕、欲遠王室也」（太公望は斉に封じられ、召公奭は燕に封じられた）である。但し後者の場合前置詞「於」を伴うことが多い。しかも地名や国名が目的語となる場合は、上引「太公望封齊」や『戦国策』宋衛策「因封之中山」（そこで之を中山に封じ）の如く、封地そのものであって、齊や中山に属する某地に封地を与えられたという意味にはならないのである。また封を授ける側が「封」の後ろに直接置かれることはない。従って「秦」を国名と解するならば、誰かが秦国そのものを封地として授けられた上に、秦国の政治を取り仕切ったと読む他はなく、この時代の話としては通じない。

（八）臣甚顚（願）□□□□□之中重齊欲如□□□齊、秦毋惡燕粱（梁）以自持也――残缺が多く、正確な文意は不明。朋友本は、本章では齊、趙の問題が論点となっており、後文に趙が斉、秦と連合することを述べていることを根拠に、精装本が「齊、秦」の間に句読を入れることに反対している。しかしこの句読は帛書原文に付けられているものであって、それを無視することはできない。「粱」は、魏。魏は前四世紀中頃に都を大梁に遷したので梁と呼ばれる。遷都の年代は史料や魏の紀年解釈によって異なり、前三四〇年、前三六五年、前三六一年等諸説あり、朋友本第一二章注に詳しい。平勢隆郎『年表』は恵成王七年（前三六四年）とする。本帛書第一部分（第一～一四章）では全て「粱」と称し、「魏」は用いないが、第一五章以降は両者を併用する。繆文遠一九八七は、魏が大梁に遷都した後、古籍は「粱」と称したり「魏」と称したりするが、銅器銘文ではみな「粱」と称していると指摘している。本帛書第一部分が専ら「梁」を用いることは、その原始性を物語る一つの現象であると見なすことができる。「秦毋惡燕梁以自持」は否定詞が「不」ではなく「毋」であることを根拠に、動詞「願」の目的語の一部分であると解釈した。「自持」は通常自制することを意味するが、ここでは自国を維持することと解釈する。『戦国策』魏策一・張子儀以秦相魏章に「魏必事秦以持其國」（魏は必ず秦に仕えて国を維持しようとします）。なお、「持」字を精装本は「待」と釈すが、この字の偏は「彳」には見えない。また『戦国縦横家書』では「待」は常に「侍」で表記され、「待」字の用例はない。残画から判断すると、恐らく「持」ではないか。

（九）今與臣約五和入秦——「五和」は斉、韓、魏、趙、燕の五国連合を指す。「入」は軍隊を入れること。『春秋公羊伝』隠公二年に「莒人入向」とあり、何休の注に「入者以兵入也」と言う。なお小組釈文は「入秦使」と読むが、「入秦」で切る近藤浩之二〇〇七の句読が良い。本章の五国連合は、『戦国策』趙策四・斉欲攻宋章の「李兌約五國以伐秦、無功、留天下之兵於成皋、而陰構於秦」という故事がこれに相当すると見られる。五国連合軍が秦を攻めようとして功無くして戻るという記事は、他に『同書』秦策三・五国罷成睪章、魏策二・五国伐秦章、趙策四・五国伐秦無功章にもある。またこれに関連する故事を収める帛書第一二章には「梁、韓無變、三晉與燕爲（齊）王攻秦」という表現があり、五国が確定される。本章には臣（蘇秦）と五国攻秦の約を交わした相手は記されていないが、上引趙策四から奉陽君李兌と考えて間違いないだろう。魏策二・五国伐秦章には、五国連合形成に携わった人物として奉陽君、孟嘗君、韓珉（帛書は韓夤《かんいん》に作る）、周冣《しゅうしゅ》、韓徐為らの名が挙げられているが、彼らは帛書第一部分の主要な登場人物である。そして魏策二では「臣」としか記されていない五国連合を画策した主要人物が、帛書と対照させることにより、蘇秦であることが分かるのである。

（一〇）使使齊韓梁（燕）——精装本に従い、「燕」字を補う。

（一一）外齊焉——「焉」は意味的に「於是」に等しい。和から斉を外すという意味。同盟から斉を排除するという計略は第三章にも見える。

（一二）以齊大（惡）——「惡」は精装本により補う。斉に大いに（趙を）憎ませるという意味。「以」には使役の用法がある。例えば、『孟子』公孫丑上に「管仲以其君霸、晏子以其君顯」（管仲はその君を覇たらしめ、晏子はその君を顕たらしめた）。

（一三）齊王——斉の湣王。在位年数には諸説あるが、楊寛『戦国史』によれば前三〇〇年～前二八四年。なお平勢隆郎『年表』によれば、時の王は湣宣王（在位前三一九年～前二八四年）である。

（一四）徐爲——趙の将軍韓徐為。帛書第二、三、四章に魏の薛公や燕王と攻斉を謀ったことが見える。趙では親斉派の奉陽君と対立していた。

（一五）甚不欲臣之之齊也、有（又）不欲臣之之韓粱（梁）也——帛書第三章に「齊之任臣、以不攻宋、欲從韓・粱取秦以謹趙」という斉の動きが記されている。奉陽君や韓徐為が蘇秦の出国を許さないのは、このような自国に不利な状況が強化される恐れがあるからと考えられる。

（一六）趙之不出臣——この書信は蘇秦が趙に拘留されていた時に出したものである。帛書第二、三章も趙に拘留中の蘇秦が燕王に宛てたものであり、そこに記されている斉趙をめぐる外交情勢や、奉陽君、韓徐為らの蘇秦に対する態度から、ほぼ同時期に書かれたものと推測される。

（一七）知能免國、未能免身——「免國」「免身」は自国や自身を災厄から免れさせること。『戦国策』魏策二・五国伐秦章に「如是人者、鬻王以爲資者也、而焉能免國於患」（このような人間は、王を売ってかてとする者で、どうして国を災いから免れさせることができましょうか）。

（一八）顒（願）王之爲臣——「爲」は助ける。『広韻』寘韻に「爲、助也」。蘇秦の身に危険が迫り、燕王に援助を要請することは、第二、三章にも見える。また第四章は燕王の口添えによって趙からの出国が叶い、そのことに対する謝意を記す。

（一九）使田伐若使使孫——「田伐」「使孫」はともに燕臣。田伐は第四章に見え、燕王に攻斉を進言している。第二章には燕王が趙に使孫を使わした記事があるが、蘇秦の要請に応えたものか。

（二〇）因辭於臣也——「因」は「～を機会に」という意味を表す介詞。ここでは目的語が省略されているが、「田伐、使孫が蘇秦召還のために趙に来るのを機会に」と解される。「辭於臣」は臣のために口を利くこと。受益者を表す「於」の用例は、『史記』斉太公世家に「齊桓公使管仲平戎於周」（斉の桓公は管仲を派遣して周のために戎を平定した）。なお、「因」を精装本は「自」とするが、裘錫圭「札記」に従い改めた。

【口語訳】

趙より書信を燕王に献じて、次のように述べた。

「そもそも、わたくしは甚だ事の成り行きを憂慮しておりました。（というのも）趙足が……［文脈から見て『奉陽君が斉から封邑を受けることによって、趙・斉が結んで燕の脅威となる』といったことか」……する恐れがあり、（これこそ）わたくしの憂慮したところであります。それゆえ趙（の怒り）を顧みず、（斉の公玉）丹と（強）得の説得に当たろうとしたのでありまして、事は……でなく、わたくしを……でございました。

いま奉陽君（李兌）は之使與（不詳）……（斉が）蘇秦《あなた》に封地を与え、蘇秦を任用するのは、燕を趙と同等に見なして、蘇秦と兌《わたくし》とに……させようとするものであり、宋を……のは信用できない。もし……持我其従與（不詳）……といってきております。……事に当たれば、斉は必ずや趙を信用しなくなるでしょう。（ですから）王様には事態をご案じにはなりませず、つとめてお気持ちを楽になされますよう。わたくしは王様が心安らかではないとうかがい、何とか……之中重斉（不詳）……斉……のようにして、秦が燕や梁（魏）を憎むことなく自制するようになれば、と念願しております。

いま（奉陽君は）わたくしと、「五国同盟が秦に攻め込んだら、（同盟国である）斉・韓・梁・燕に使者を派遣して……」よう約しておりますが、（そこでは）撤収のあかつきにも、斉を伐ったり、同盟から排除したりせぬことが確認されております。（こうした状況において）最良の展開としては、斉趙関係が大いに悪化することであり、さもなければ五国同盟の中で燕だけが排除されたりしないこと、そして最悪なのが趙が斉・秦と組んで燕を謀ること、でございましょう。

そこでわたくしは、斉の（趙に対する）不信感をかき立てるべく趙を去って（斉に赴き）、斉王に『趙はこの講和のウラで、ひそかに斉を排除し、斉にたくらみを抱いております』と吹き込みたく存じております。（されば）斉趙関係はさだめし大いに悪化することでございましょう。（しかし）奉陽君や（韓）徐為はわたくしのことを警戒し、どうしても斉に行かせようとはせず、また韓や梁にも行かせようともいたしません。燕にとって事態は大小となく必ずや有利に運ぼうとしておりますのに、趙がわたくしを出国させないことは非常に憂慮されることであります。わが知略は国を救うことはできますものの、自身を救うことはできません。王様にわたくしを助けていただきたくお願いいたしますのは、まさにこのためなのでございます。田伐を遣わすか使孫を遣わすかして、速やかにわたくしを召還していただき、わたくしのことで一言お口添えいただければと存じます。爲予趙甲因在梁者（不詳）」

第二章　使韓山獻書燕王章

●使韓山(一)獻書燕王曰、臣使慶(二)報之後、徐爲之與臣言甚惡(三)、死亦大物已(四)、不快於心而死、臣甚難之。故臣使辛(五)謁大(六)之。王使慶謂臣、不利於國、且我夏之(七)。臣爲此未(八)敢去之。王之賜使使孫與弘(九)來、甚善已。言臣(一〇)之後、奉陽君、徐爲之視臣益善、有遺臣之語矣(一一)。今齊王使李終(一二)之勺(一三)、怒於勺之止臣也。且告奉陽君、相橋於宋、與宋通闗(一四)。奉陽君甚怒於齊(一五)、使勺足(一六)問之臣、臣對以弗知也(一七)。臣之所患、齊勺之惡日益、奉陽君盡以爲臣罪、恐久而後不可□救也。齊王之言臣、反不如巳。顚王之使人反復言臣、必毋使臣久於勺也。

●韓山《かんざん》を使わして書を燕王に獻ぜしめて曰く。臣、慶《けい》を使わして報ぜしむるの後、徐爲《じょい》の臣と言うこと甚だ惡《わろ》し。死も亦た大物なるのみ。心に快からずして死するは、臣之を甚だ難《かた》しとす。故に臣、辛《しん》をして之《ここ》を大〈去〉らんことを謁《こ》う。王、慶を使わして臣に謂う。「國に利あらず。且つ我之を夏〈憂〉う」と。臣此れが爲に未だ敢て之《ここ》を去らず。王の使を賜り、使孫《しそん》と弘《こう》を來らしむるは、甚だ善し。臣を言うの後、奉陽君《ほうようくん》、徐爲の臣を視ること益《ますま》す善し。臣を遣《や》るの語有り。今齊王、李終《りしゅう》を使わして勺（趙）に之《ゆ》かしめ、勺（趙）の臣を止むるに怒る。且つ奉陽君に、橋《きょう》を宋に相たらしめ、宋と闗を通ずるを告ぐ。奉陽君甚だ齊に怒り、勺（趙）足《ちょうそく》をして之を臣に問わしむ。臣對《こた》うるに知らざるを以てす。臣の患《うれ》うる所は、齊・勺（趙）の惡《にく》むこと日びに益し、奉陽君盡《ことごと》く以て臣の罪と爲さん。久しくして後は□救う可からざらんことを恐る。齊王の臣を言うは、反りて巳（已）《や》むるに如かず。顚（願）わくは王の人を使わして反復して臣を言い、必ず臣をして勺（趙）に久しからしむること毋きを。

【注釈】

（一）韓山——人名。蘇秦が燕王に派遣した使者。

（二）慶——人名。盛慶。蘇秦と燕王との間を往復した使者。帛書第三章、四章にも見える。馬雍「背景」は、盛慶のもたらした書信が第三章に当ると考えている。

（三）徐爲之與臣言甚惡——『戦国策』燕策二・蘇代為奉陽君説燕於趙章に韓徐為が蘇子に与えた言葉がある。その内容は、奉陽君が、諸般の斉趙関係の悪化、斉による伐宋の中止などの原因は全て蘇秦（戦国策では蘇子に作る）の仕業であると信じ込み、もし斉が趙の人質を武装兵で監視することになれば、趙では蘇秦を武装兵で監視するつもりであることを告げている。

（四）死亦大物巳（已）——精装本は直接「已」と釈すが、字は「巳」に作る。以下同じ。帛書では語気詞「已」は常に「巳」で表記される。「巳」は羊母之部（*ljɨʔ）、「已」は邪母之部（*zljɨʔ）、羊母と邪母との間には諧声符の通用が多い。「已」は話者の強い確信の語気を表す。なお上古再構音は、ウィリアム・H・バクスター（William H. Baxter: A Handbook of Old Chinese Phonology. Mouton de Gruyter, 1992）の体系による。

（五）辛——人名。蘇秦が燕王に派遣した使者。

（六）大〈去〉——小組注によれば、「大」は「去」の誤写。

（七）且我夏〈憂〉之——帛書では「夏」と「憂」はしばしば混用される。

（八）未——この字を精装本が「無」とするのは、「无」の誤植。裘錫圭「札記」に従い、「未」に改める。

（九）弘——人名。燕臣。鄭良樹「校釈」は、帛書第七章に見える燕の使者趙弘と同一人物であるという。

（一〇）言臣——帛書第四章に、「臣止於趙、王謂韓徐爲、『止某不道、猶免寡人之冠也。』以振臣之死」とあるが、小組注はこの時の言葉であるとする。

（一一）有遺臣之語矣——「矣」は新たな状況の出現を表す語気詞。直訳すると、「臣を放免してよいという言葉を言うようになった」という意味。

（一二）李終——人名。斉の使者。

（一三）勺（趙）——「勺」（上古音は常母宵部 *ɦtjewk）は「趙」（澄母宵部 *drjewʔ）の仮借。帛書第一部分（第一章～第一四章）では、

第一章を除き、「趙」は「勺」で表記されることが多い。

（一四）通關――断絶していた外交関係を恢復すること。逆に外交を絶つことを「閉關」という。関所については朋友本に詳しい。帛書第三章に斉が蘇秦を任用して伐宋を中止したことが見える。本章に見える斉宋関係はそこから一層改善の様相を呈している。

（一五）奉陽君甚怒於齊――帛書第三、四、一二、一四章等にあるように、奉陽君の目的は宋国内の蒙や陶を斉から安堵されることであるから、斉が宋を伐たなければそのめどは立たない。奉陽君が怒るのは当然であろう。なお本章注（三）を合わせて参照されたい。

（一六）勺（趙）足――人名。趙臣。『戦国策』燕策二・蘇代為奉陽君説燕於趙章は、奉陽君の蘇秦や斉王に対する怒りを記すが、ここに趙足の名もその聞き手として見える。

（一七）弗知也――「弗」は目的語のない他動詞の否定に多く用いられ、「不之」の合音であると考えられる。大西克也「上古中国語の否定詞『弗』『不』の使い分けについて」（『日本中国学会報』第四〇集、一九八八年）を参照。「弗知」は単に知らないのではなくて、「そんなことは知らない」の意。

【口語訳】

●韓山を使いとして書信を燕王に献じて、次のように述べた。

「（さきに盛）慶を使いとして御報告申し上げましたが、その後、（韓）徐為がわたくしに告げた内容は、はなはだ憂慮すべきものでありました。死ぬともなれば大事でありまして、（ましてや）本懐を遂げぬうちに死んでしまうのでは、わたくしとしても死んでも死にきれないものがございます。そこで辛を使いとして、趙を退去させていただくようお願い申し上げたわけですが、王様には（盛）慶を使いとして（趙とのしこりを残したままでの出国は）わが国に不利であり、わたしにとっても不都合であるとの思し召しを伝えてこられたため、わたくしといたしましては、あえて退去せずにおりました。

王様が（その後さらに）使孫と弘とを（趙に）使いとしてよこして下さいましたのは、本当にありがたいことでした。彼らがわたくしの事で口添えをしてくれましたおかげで、奉陽君や徐為のわたくしへの態度も好転し、わたくしを（円満に）出国させてくれるとの話まで出てきたのです。

（ところが）いま斉王は、李終を趙によこして、趙がわたくしを拘留していることに抗議をしてまいりました。さらに奉陽君に対して、橋を宋の宰相にすえ、宋との間に関所を通じ（て国交を再開す）る旨、伝えてきたのです。（宋に食指を動かしている）奉陽君は斉のこのような態度に激怒、趙足をつかわして、わたくしに事情の釈明を求めてまいりました。わたくしは関知していない旨、答えたのですが、心配なのは、斉と趙との関係が日々こじれてゆく中で、奉陽君がこれをすべてわたくしの仕業であると考えてしまうことでありまして、こうした状況が長引けば、事態はどうしようもなく悪化してしまうでしょう。斉王がわたくしのために口添えしてくれたのは、かえってしないでいてくれた方がましでした。どうか王様には、使いをよこして再びお口添えくださいまして、必ずやわたくしが長く趙に拘留される羽目にならぬよう、おはからいいただきたく存じます。」

第三章　使盛慶獻書於燕王章

●使盛慶(一)獻書於〔燕王曰〕□□□□雖未功齊(二)、事必美者、以齊之任臣、以不功宋、欲從韓粱取秦以謹勺(三)、勺以用薛公(四)徐爲之謀(五)謹齊、故齊〔趙〕(六)□相倍也(七)。今齊王使宋竅(八)謂臣曰、奉陽君使周納(九)告寡人曰、燕王請毋任(一〇)蘇秦以事(一一)、信□□奉陽君使周納言之、曰、欲謀齊、寡人弗信也、周納言、燕勺循善矣、皆不任子以事(一二)。奉陽〔君〕□丹若得也(一三)、曰、笥毋任子(一四)、講、請以齊爲上交(一五)。天下有謀齊者請功之(一六)。蘇脩(一七)在齊、使□□□□□□□□予齊□矣(一八)。今〔齊〕王使(一九)宋竅詔臣曰、魚(二〇)(二一)將與子□有謀也。臣之所□□□□□□□□不功齊、全於介(二二)、所見於薛公徐爲、其功齊益疾。王必勺之功齊(二三)、若以天下□□□□□□□焉(二四)、外齊於禾、必不合齊秦以謀燕、則臣請爲免於齊而歸矣(二五)。爲趙擇□□□□□□必趙之不合齊秦以謀燕也(二六)、齊王雖歸臣、臣將不歸。諸可以惡齊勺〔者〕(二七)將□□之。以□可〔也〕(二八)、以薵可也、以與勺爲大讎可也(二九)。今王曰、必善勺、利於國。臣與不知其故(三〇)。奉陽君(三一)之所欲、循〔善〕齊秦以定其封(三二)、此其上計也。次循善齊以安其國。齊勺循善、燕之大〔過〕(三三)。□養勺而美之齊乎、害於燕(三四)、惡之齊乎、奉陽君怨臣、臣將何處焉(三五)。臣以齊善勺、必容焉(三六)、以爲不利國故也。勺非可與功齊也、無所用。勺毋惡於齊爲上。齊勺不惡、國不可得而安、功不可得而成也(三七)。齊趙之惡從巳(三八)、顚王之定慮而羽鑽臣也(三九)。勺止臣而它人取齊、必害於燕。臣止於勺而侍其魚肉、臣□不利於身(四〇)。

●盛慶《せいけい》を使わして書を燕王に獻ぜしめて曰く。□□□□未だ齊を功（攻）めずと雖も、事必ず美ならんとは、齊の臣を任じ、以て宋を功（攻）めず、韓・粱（梁）に從《よ》りて秦を取り、以て勺（趙）に謹《つつし》み、勺（趙）は以（已）に薛公《せっこう》・徐爲《じょい》の謀を用いて齊に謹むを以て、故に齊・〔趙〕□相倍（背《そむ》）くなり。今齊王、宋竅《そうきょう》を使わして臣に謂わしめて曰く。「奉陽君《ほうようくん》、周納《しゅうのう》を使わして寡人に告げて曰く。『燕王、蘇秦に任ずるに事を以てする毋きを請う』と。信□□奉陽君、周納を使わして之を言いて、『齊を謀らんと欲す』と曰うも、寡人信ぜざるなり。周納言う。『燕・勺（趙）は循善たり。皆子に任ずるに事を以てせず』と。奉陽〔君〕、丹と得を□して曰く。『笱〈苟《いやし》〉くも子に任ぜず、講すれば、請うらくは齊を以て上交と爲さん。天下に齊を謀る者有れば、請うらくは之を功（攻）めん』と。蘇脩《そしゅう》、齊に在り、……を使わして……予齊□矣。今齊王、宋竅を使わして臣に詔して曰く。『魚（吾）將に子と□謀有らんとす』と。臣の……する所……齊を功（攻）めざるも、介（界）に全（詮《ふ》）す。薛公・徐爲に見る所、其の齊を功（攻）むること益《ますま》す疾《はや》し。王、勺（趙）の功（攻）齊を必し、若し天下を以て……焉、齊を禾（和）より外し、齊・秦を合して以て燕を謀らざるを必せば、則ち臣、齊より免ぜられて歸らんことを請う。爲趙擇……趙の齊・秦を合して以て燕を謀らざるを必せ〔ざれば〕、齊王、臣を歸すと雖も、臣將に歸らざらん。諸《もろ》ろの以て齊・勺（趙）を惡《にく》ましむるべき者は、將に之を□□せん。□を以てするも可なり。蓐（辱）を以てするも可なり。勺（趙）と大讎《だいしゅう》と爲るも可なり。今王曰わく。『必ず勺（趙）に善くせよ。國に利あり』と。臣與（擧《あ》）げて其の故を知らず。奉陽君の欲する所、齊・秦に循善して以て其の封を定むるは、此れ其の上計なり。次は齊に循善して以て其の國を安んず。齊・勺（趙）循善たるは、燕の大過（禍）なり。□勺（趙）を養いて、而して之を齊に美するや、燕に害あり。之を齊に惡するや、奉陽君、臣を怨み、臣將に何《いず》くにか焉《ここ》に處《お》らん。臣、齊を以て勺（趙）に善からしむれば、必ず焉《ここ》に容れられん。以て國に利あらずと爲すが故なり。勺（趙）は與《とも》に齊を功（攻）むるべきに非ざれば、用いる所無し。勺（趙）、齊に惡《にく》まる毋《な》きを上と爲す。齊・勺（趙）惡まざれば、國は得て安んずべからず、功は得て成すべからず。齊趙の惡は從《ほしいまま》なるのみ。顚（願）わくは王の慮を定めて臣を羽鑽《うさん》せんことを。勺（趙）臣を止め、而して它（他）人齊を取れば、必ず燕に害あり。臣、〔趙〕に止《とど》められ、而して其の魚肉たるを侍（待）つ。臣……身に利あらず。

【注釈】

（一）盛慶――人名。蘇秦と燕王との間を往復した使者。帛書第二、四章にも見える。

（二）〔燕王曰〕□□□□雖未功齊――精装本に従い「燕王曰」三字を補う。また郭永秉「瑣記」は「雖」の上の欠字を「胃（謂）」ではないかと推測する。

（三）以齊之任臣、以不功宋、欲從韓粱（梁）取秦以謹勺（趙）――斉が蘇秦を任用して暫時攻宋を中止し、秦や韓、梁と結んで趙を伐とうとしたことをいう。前二八九年一〇月（秦では翌年年頭、詳細は第四章注（一二）を参照）、秦、斉両国が帝号を称し趙を伐とうとしたが、ここで述べられている事実は、その直前の情勢を反映していると見られる。この時中止された「攻宋」（いわゆる斉の第一次伐宋）の年代には異説が多く、唐蘭「史料」は前二九三年、曾鳴「商榷」は前二九三年或いは前二九二年、楊寛『輯証』は前二八九年、馬雍「背景」は前二八八年とする。「取」は味方にする、自分の側に取り込むこと。なお、本句冒頭の「以」は原因・理由を示す前置詞で、「齊之任臣、以不攻宋、欲從韓梁取秦以謹趙、趙已用薛公徐爲之策謹齊」全てを目的語として、本句の後の「故」へと繋いでゆく働きをしている。

（四）薛公――人名、孟嘗君田文。父田嬰を嗣いで薛（現在の山東省棗荘市一帯）を領地とした。斉の宗族で斉相を務めたが、斉王に疎んぜられて魏に逃げ、魏相となった。本章では趙の将軍韓徐為とともに攻斉に向けて動いていることが記されているので、当時魏相であったと考えられる。『史記』孟嘗君列伝は、田文が魏に奔ったのは滅宋後とするが、本章によれば『史記』の記事には誤りがあることが分かる。唐蘭「史料」は、田文が斉を出たのは『史記』六国年表に従い前二九四年、そのまま領地の薛に留まり、前二九一年頃魏に行ったとする。田文が魏相となった年代について、曾鳴「商榷」は遅くとも前二九〇年であると言い、馬雍「背景」は斉による第一次伐宋（馬氏編年では前二八八年）後とし、平勢隆郎『年表』も前二八八年に置く。

（五）謀――疑問の余地もあるが、暫時精装本に従い「謀」と釈す。

（六）〔趙〕□――「趙」は精装本に従い補う。台湾本はさらに一字の欠字を認めるが、従うべきである。文意から「必」を補えるかもしれない。

（七）相倍（背）也――精装本に従い「倍」を「背」と読む。「倍」（上古音並母之部 *bɨʔ）は「背」（並母之部 *ɦpɨks）の仮借で「そむく」の意。

（八）宋竅――人名、斉王の使者。帛書第六章にもその名が見える。

（九）周納――人名、奉陽君が斉に使わした使者。

（一〇）毋――「請」のような能願動詞に支配される語句に否定詞が使われる場合、「不」「弗」等ではなく「毋」「勿」等鼻音系の語が使われる。否定詞の使い分けは『戦国策』などのような伝世の文献ではあまり明確ではないが、出土資料では非常に鮮明に現れることが多い。

（一一）燕王請毋任蘇秦以事――注（三）に述べたように、本章で言及される攻宋の年代は前二九〇年前後である。その時点で燕王が蘇秦を任用しないよう求めているのであるから、蘇秦の活躍年代が前三世紀前半に降ることは明らかである。『史記』燕召公世家には燕王噲の時代に蘇秦が殺害されたという記事があるが、本帛書と矛盾する。

（一二）周納言、燕勺（趙）循善矣、皆不任子以事――周納が斉王に述べた言葉であるが、斉王がそれを宋竅を使者として本章の書簡の書き手に知らせている。二人称「子」を使っているのはそのためである。下文「苟毋任子、講、請以齊爲上交」同様「燕王請毋任蘇秦以事」を受けており、「子」は蘇秦を指す。この一段によって書簡の書き手が蘇秦であることが明かになるのである。「矣」は状況の変化を表す語気詞。

（一三）奉陽〈君〉□丹若得也――「君」は精装本により補う。「丹若得」は斉臣公玉丹と強得。第一章注（四）を参照。これ以下は奉陽君が公玉丹と強得を介して斉王に蘇秦を任用しないよう要請している。「若」は並列を表す接続詞。「丹」の前の欠字は「使」か。

（一四）笱〈苟〉毋任子――「苟」は普通仮定条件を表す接続詞と説かれる。本帛書では、主語が現れる場合は「是故事苟成、臣雖死不醜」（第一四章）のように必ず主語と述語との間に置かれ、副詞的な性質を残しているのが特徴である。意味的にも副詞「苟」（かりそめに、ちょっと）に近く、「～しさえすれば」（現代語の「只要」に相当）というような文脈で使われることが多い。また、仮定を表す従属節では、否定詞は「毋」が用いられることが多い。

（一五）請以齊爲上交――「請」は本来相手に許可や同意を求める動詞であるが、このように自分の行為を表す語句の前に付けて、謙譲の語気を表すことも多い。

（一六）天下有謀齊者請功（攻）之――小組注はここまでが宋竅が斉王の言葉を伝えた部分であるとするが、以下残缺が激しく文意不明。斉王の言葉はまだ続いている可能性もある。

（一七）蘇脩――小組注は楚国の使者とするが、これは帛書第一二章「梁氏不恃寡人、樹寡人曰、齊道楚取秦、蘇脩在齊矣」からの推測であろう。蘇脩は『戦国策』魏策二・五国伐秦章に見え、蘇秦の使者として行動している。鮑注が「三晉之吏」とする他、何建章一九九〇は、于《う》鬯《ちょう》『戦国策注』に「横人」（縦横家）とするのが良いという。

（一八）予齊□矣――精装本は「齊」の下の字を「勹」と釈すが、図版ではほとんど見えない。

（一九）今〔齊〕王――精装本に従い「齊」を補う。

（二〇）魚――「魚」（上古音疑母魚部、*ng(r)jɑ）は、一人称代名詞「吾」（疑母魚部、*ngɑ）の仮借。一人称代名詞を「魚」を諧声符とする「盧」で表記する例は、斉の『鈴鎛』、晋の『欒書缶』や『侯馬盟書』（「吾」と同音の「吳」も使用）、燕の『杕氏壺』など六国系文字資料に見える。「吾」字は放馬灘秦簡をはじめ秦系の資料に用いられる。『戦国縦横家書』では一人称の「魚」は原始性が高いとされる第一部分に四例ある。「吾」は第一部分では一例、後世の手が加わったとされる第三部分では第二七章に集中的に七例使われている。一人称の「魚」は帛書第一部分が六国時代の古い表記法を留めていることを示している。

（二一）將――精装本は未釈だが、文物本、裘錫圭「札記」に従い、「將」と釈す。

（二二）全於介（界）――小組注に「全」は「跧」に通じ、「伏」の意味であるとする。

（二三）王必勹（趙）之功（攻）齊――「必」は「確定的であると思う、確信する」という意味の他動詞として使われている。下の「必」も同じ。

（二四）若以天下□□□□□□□焉――精装本はここで句。欠字が多く意味不明だが、「若」以下を下の「則」までかかる条件節と見ておく。

（二五）爲免於齊――「為V於N」は受動構文。『戦国策』秦策二・陘山之事章「(秦)多出兵、則晋楚爲制於秦」（秦が多く兵を出せば、晋楚は秦に制せられる）と同じ句型である。「免」は「罷免」の意味で、小組注が「離去」とするのは誤り。

（二六）□必趙之不合齊、秦以謀燕也――小組注は「必」の上に「不」を補い大意を訳しているが、これに従う。

（二七）諸可以惡齊勹（趙）〔者〕――精装本に従い「者」字を補う。

（二八）以□可（也）――欠字を精装本は「惡」とするが、図版では欠落して読めない。「也」字は精装本に従い補う。

（二九）以與勹（趙）爲大讎可也――蘇秦が斉王に信任され、燕と斉の関係が良好であるから、燕趙関係が悪化すれば、斉は燕に味方して趙と敵対するという論理であろう。なお精装本が「讎」を「仇」に作るのは誤り。

（三〇）臣與不知其故――「與」（上古音以母魚部、*g-rjɑʔ）は「擧」（見母魚部、*k(r/l)ɑʔ）の仮借と考えられる。「すべて」「まったく」という意味を表す。『荀子』正論に「將以爲有益於人、則與無益於人也」（人に役立つと考えようとしても、まったく無益である）とあり、王念孫『讀書雜志』荀子六は「與」を「擧」の仮借として、「擧、皆也」という解説を施している。『左伝』哀公六年に「君擧不信群臣乎」（君は群臣をまったくお信じにならないのか）というのがここでの用例に近い。

（三一）奉陽君——この三字分の帛片は、筆画の太さが上下と異なる。ここに貼り付けるのが妥当か疑問があるが、かりに精装本に従う。

（三二）奉陽君之所欲、循〔善〕齊秦以定其封——斉が蒙を奉陽君に与えようとしたことが帛書第四章に、奉陽君に陶を与えることに斉王が同意したと聞いて奉陽君が喜んだ話が第一二章に見える。また蘇秦が陶を餌に奉陽君を働かせることを斉王に進言したことが第一四章にあり、同様の話は『戦国策』趙策四・斉将攻宋章にも見える。自国の安全と自らの利益から、斉との提携を基本方針とするのが、奉陽君の立場であった。なお、「善」字は精装本に従って補った。

（三三）燕之大□——欠字を精装本は「過」と釈すが、図版では見えない。

（三四）□養勺（趙）而美之齊乎、害於燕——ここでの「美」や下文の「惡」は外交関係の良し悪しをいう。帛書第四章に「齊趙之交、壹美壹惡」とある。「乎」は句中にポーズのある位置に用いられ、相手の注意を喚起する語気を帯びる場合がある。その働きは現代中国語の「嘛」「呢」に近い。「養」の上の欠字は、諸本「將」を補うが、構文から考えれば「若」でもよい。第一四章に「三晉若不愿乎、王收秦而劑其後、三晉豈敢爲王驕」のように条件節で「若」と「乎」が呼応する例がある。「養」は「かしづく、御機嫌を取る、懐柔する」のような意味。

（三五）臣將何處焉——「焉」は意味的に「於是」に相当する。「何處焉」はここでは「何處於趙」と同じで、「趙国内でどこにも身の置き処がない」という意。

（三六）必容焉——「容」は受け入れる。小組注が「趙に受け入れられる」と訳しているように、ここでは受動構文である。即ち「必容於趙」と理解される。

（三七）國不可得而安、功不可得而成也——古代中国語の可能を表す助動詞には「可」「能」「得」等があるが、「可」は客観的情勢による可能、「能」は自身の能力による可能、「得」は「可」「能」両義を合わせ持つとされる（呂叔湘「与動詞後得与不有関詞序問題」『漢語語法論文集』、科学出版社、一九五五年）。ここでは「可」と連用されていることから分かるように、斉趙関係の悪化という客観的情勢が醸し出されることで、燕国の安泰は初めて可能になることを言う。「得」と動詞の間に「而」が置かれるときは、「可」など他の助動詞と併用されたり、否定文、疑問文に使われることが多い（周法高「中国語法札記三」『中国語言学論文集』、聯経出版事業公司、一九七五年）。「功」は事業。具体的には伐斉を指す。

（三八）従巳（已）――「従」は「思いどおりにゆく、順調である」。『漢語大詞典』に『儀礼』の鄭注「従者、求吉得吉之言」（従とは、吉を求めて吉を得たという語）を引き、「如意、順遂」という説解をつけている。「巳（已）」は話し手の確信の語気を表す。

（三九）顚（願）王之定慮而羽鑽臣也――「羽鑽」は翼賛と同義。

（四〇）臣□不利於身――鄭良樹「校釈」は欠字を「甚」と推定する。

【口語訳】

●盛慶を使いとして書信を〔燕王に〕献じて、次のように述べた。

「……〔趙は？〕いまだ斉を攻めてはおりませんものの、事態が順調に推移している［と申します］のは、斉がわたくしを信任した上、宋を攻めず、韓・梁をつてに秦と結んで趙に対抗しようとしており、趙もすでに薛公・韓徐為［の主張］を用いて斉に対抗することを謀っているのでありまして、したがって、斉・〔趙〕両国は双方ともに離反しつつあるからです。

いま斉王は宋竅を使いとして、わたくしに次のように伝えてまいりました。

奉陽君が周納を使いとして寡人《わたし》に『燕王は蘇秦を信任しないよう要請してきている……』といってきており、また同様に『〔蘇秦は〕斉にたくらみを抱いている』といっているが、寡人はこれを信じはしない。周納は〔また〕『燕・趙の関係は良好であり、いずれもあなた〔発信者＝蘇秦〕を信任している』と申し立てている。奉陽〔君〕は丹もしくは得……『もし〔斉が〕あなたを信任せず、〔趙と〕和解してくれるならば、斉を最友好国として遇し、天下で斉にたくらみを抱く者などがあれば、これを攻めさせていただく。蘇脩が斉に滞在している……』……。

いま〔斉〕王は（また同様に）宋竅を使いとして、

わたしはあなたと相談がある

と命じてきております。

わたくしの……ところ……〔趙軍は〕斉を攻撃してこそおりませんが、国境に埋伏しており、薛公や徐為の様子では、斉攻撃はますます差し迫っている模様です。もし王様が趙は斉を攻めると確信され、あるいは天下……をもって……斉を同盟から除外して、ゆめゆめ斉・秦が手を結んで燕にたくらみを抱くことなどありえないと確信なさるのであれば、わたくしは斉での使命は御役御免として、戻らせていただきたく存じます。爲趙擇〔不詳〕……〔一方〕趙が斉・秦と手を組んで燕にたくらみを抱くことなどないと確信〔しきれないのであれば〕、斉王がわたくしを〔燕に〕帰そうとしても、わたくしは帰りません。

およそ斉・趙関係を悪化させることができるのであれば、これを……。……のも結構です。辱めるのもよいでしょう。趙と仇敵の間柄になっても構いません。〔それなのに〕いま王様は

必ず趙との友好につとめよ。それがわが国にとって有利なことである。

との仰せです。わたくしにはその理由がわかりません。奉陽君の目論見としては、斉・秦双方と良好な関係を保って自らの封邑〔獲得〕を確実にすること、これがその上計でありまして、次善の策が、斉との良好な関係を保ってその国〔＝趙国〕を安泰ならしむることでございます。斉・趙関係が良好であるのは、燕にとって大いなる禍でしかございません。趙に手を貸してこれを斉によく言えば、燕に害となりますが、〔といって〕これを斉に悪し様に言うならば、奉陽君は私を恨むこととなるわけで、わたくしはどこに身の置き場がございましょう。わたくしは斉をして趙と良好な関係にもってゆけば、必ずや受け入れられることは承知しておりますが、〔にもかかわらずそうしないのはそれが〕お国に不利であると考えるからでございます。趙はともに斉を攻撃するのでなければ、何の役にも立ちませぬ。趙は斉と関係が悪化しないことを何よりとしておりますが、斉・趙関係が険悪でなければ、お国は安泰ではありえず、〔斉への復讐という〕事業は実現することができません。斉・趙関係の悪化は〔思惑通りに〕進んでおります。王様には腹を据えてわたくしをご支援くださいますよう願い上げます。趙がわたくしを留めている間にほかの誰かが斉を〔趙の側へと〕取り込む仕儀とでもなれば、必ずや燕に害を及ぼします。わたくしは趙に留められて『まな板の鯉』も同然の境遇、わたくしは……身に不利でございます。」

第四章　自齊獻書於燕王章

●自齊獻書於燕王曰、[一]燕齊之惡也久矣。[二]臣處於燕齊之交、固知必將不信。[三]臣之計曰、齊必爲燕大患。臣循用於齊、大者可以使齊毋謀燕、次可以惡齊勺之交、以便王之大事、是王之所與臣期也。臣受教任齊交五年、[四]齊兵數出、未嘗謀燕。齊勺之交、壹美壹惡、壹合壹離。燕非與齊謀勺、則與趙謀齊。[五]齊之信燕也、虚北地[六]□〔行〕其甲。[七]王信田代繰去〔疾〕[八]之言功齊、使齊大戒而不信燕。[九]臣秦拲辭事、[一〇]王怒而不敢強。勺疑燕而不功齊、王使襄安君東、[一一]以便事也、臣豈敢強王戋。[一二]齊勺遇於阿、[一三]王憂之。臣與於遇、約功秦去帝。[一四]雖費、毋齊趙之患、[一五]除羣臣之魄。[一六]齊殺張庫、[一七]臣請屬事辭爲臣於齊。[一八]王使慶謂臣、[一九]不之齊危國。[二〇]臣以死之圍、治齊燕之交。後、薛公乾徐爲與王約功齊、[二一]奉陽君鬻臣、歸罪於燕、[二二]以定其封於齊。[二三]公玉丹之勺致蒙、[二四]奉陽君受之。王憂之、故強臣之齊。臣之齊、惡齊勺之交、使毋予蒙而通宋使。[二五]故王能材之、[二六]臣以死任事。之後、秦受兵矣。[二七]齊勺皆嘗謀、齊勺未嘗謀燕、而俱諍王於天下。[二八]臣雖無大功、自以爲免於罪矣。今齊有過辭、[二九]王不諭齊王多不忠也、而以爲臣罪、臣甚懼。庫之死也、王辱之。襄安君之不歸哭也、[三〇]王苦之。齊改葬其後而召臣、[三一]臣欲毋往、使齊棄臣。王曰、齊王之多不忠也、殺妻逐子不以其罪、何可怨也。[三二]故強臣之齊。二者大物也、[三三]而王以赦臣、臣受賜矣。臣之行也、固知必將有口、故獻御書而行。[三四]曰、臣貴於齊、燕大夫將不信臣。臣賤、將輕臣。臣用、將多望於臣。齊有不善、將歸罪於臣。天下不功齊、將曰善爲齊謀。天下功齊、將與齊兼棄臣。臣之所處者重卵也。王謂臣曰、魚必不聽衆口與造言、魚信若迺齕也。[三五]大、可以得用於齊。次、可以得信。下、笱毋死、若無不爲也。[三六]以奴自信、[三七]可。與言去燕之齊、可。甚者、與謀燕、可。期於成事而巳。臣恃之詔、是故無不以口齊王而得用焉。[三八]今王以衆口與造言罪臣、臣甚懼。王之於臣也、賤而貴之、蓐而顯之、臣未有以報王。以求卿與封、(三九)不中意、王爲臣有之兩、(四〇)臣擧天下使臣之封不塹。(四一)臣止於勺、王謂乾徐爲、止某不道、酒免寡人之冠也。(四二)以振臣之死。臣之徳王、深於骨隋。(四三)臣甘死蓐、可以報王、顚爲之。今王使慶令臣曰、魚欲用所善。王筍有所善而欲用之、臣請爲王事之。王若欲剸舍臣而槫任所善、臣請歸擇事、句得時見、盈顚矣。

●齊より書を燕王に獻じて曰く。燕・齊の惡しきこと久し。臣、燕・齊の交に處《お》り、固より必ず將に信ぜられざらんことを知る。臣の計に曰く。齊必ず燕が大患と爲らん。臣、齊に循用せらるれば、大なる者は以て齊をして燕を謀る毋からしむべし。次は以て齊・勺（趙）の交を惡しからしめ、以て王の大事に便ならしむべし。是れ王の臣と期する所なり。臣教えを受けて齊の交に任ずること五年、齊兵數《しばし》ば出《い》づるも、未だ嘗て燕を謀らず。齊・勺（趙）の交は壹《ひと》たび美《よ》く壹たび惡しく、壹たび合い壹たび離る。燕、齊と勺（趙）を謀るに非ざれば、則ち趙と齊を謀る。齊の燕を信ずるや、北地の□を虛しくして其の甲を行う。王、田代〈伐〉・繰去疾《そうきょしつ》の功（攻）齊を言うを信じ、齊をして大いに戒め燕を信ぜざらしむ。臣摔（拜）して事を辭せんとす。王怒り、而して敢て強いず。勺（趙）、燕を疑いて而して齊を功（攻）めず、王、襄安《じょうあん》君《くん》をして束せしめ、以て事に便ならしむ。臣豈に敢て王に強いん戋（哉《や》）。齊・勺（趙）、阿《あ》に遇し、王之を憂う。臣、遇に與《あずか》り、秦を功（攻）め帝を去るを約す。費《つい》ゆと雖も、齊・趙の患毋《な》く、羣臣の醜《はじ》を除く。齊、張庫《ちょうたい》を殺し、臣、事を屬《ゆだ》ね齊に臣爲るを辭するを請う。王、慶《けい》を使わして臣に謂う。「齊に之かざれば國を危うくす」と。臣、死を以て圍《い》に之き、齊・燕の交を治む。後、薛公《せっこう》・乾（韓《かん》）徐爲《じょい》、王と齊を功（攻）むるを約す。奉陽君《ほうようくん》、臣を鬻《ひさ》ぎ、罪を燕に歸し、以て其の封を齊に定めんとす。公玉丹《こうぎょくたん》、勺（趙）に之きて蒙《もう》を致し、奉陽君之を受く。王、之を憂え、故に臣に強いて齊に之かしむ。臣、齊に之き、齊・勺（趙）の交を惡しからしめ、蒙を予《あた》うる毋くして宋使を通ぜしむ。故に王能く之を材（裁《た》）ち、臣、死を以て事に任ず。之《こ》の後、秦、兵を受く。齊・勺（趙）皆嘗て謀るも、齊・勺（趙）未だ嘗て燕を謀らず、而して倶に王を天下に諍（争）う。臣、大功無しと雖も、自ら以て罪より免《まぬか》れりと爲す。今齊に過辭有り、王、齊王の不忠多きを諭《さと》らず、而して以て臣の罪と爲し、臣甚だ懼る。庳《たい》の死するや、王之を辱《は》ず。襄安君の哭〈喪《なきがら》〉を歸されざるや、王之に苦しむ。齊、改めて其の後を葬り、而して臣を召すも、臣往く毋く、齊をして臣を棄てしめんと欲す。王曰く。「齊王の不忠多きや、妻を殺し子を逐うに其の罪を以てせず。何ぞ怨むべけんや」と。故に臣に強いて齊に之《ゆ》かしむ。二者は大物なり。而れども王以て臣を赦す。臣賜を受けり。臣の行くや、固より必ず將に口有らんことを知る。故に御書を獻じ、而して行く。曰く。「臣、齊に貴たれば、燕の大夫將に臣を信ぜざらん。臣賤しければ、將に臣を輕んぜん。臣用いられれば、將に臣に望むこと多からん。齊に不善有れば、將に罪を臣に歸さん。天下、齊を功（攻）めざれば、將に『善く齊の爲に謀る』と曰わん。天下、齊を功（攻）むれば、將に齊と兼ねて臣を棄てん。臣の處る所の者は、重卵なり」と。王、臣に謂いて曰く。「魚（吾）必ず衆口と造言とを聽かず。魚（吾）、若《なんじ》を信ずること迺（猶）お齕《かみき》るがごとし。大は以て齊に用いらるを得べし。次は以て信を得べし。下は、笱（苟《いやし》）くも死する毋ければ、若《なんじ》爲さざる無し。奴（孥《ど》）を以て自ら信ならしむるも可なり。與《とも》に燕を去りて齊に之くと言うも可なり。甚だしき者は、與《とも》に燕を謀るも可なり。事を成すを期するのみ」と。臣、之れが詔を恃《たの》み、是の故に以て齊王に口せざる無く、而して用いらるを得《う》。今王、衆口と造言とを以て臣を罪せんとし、臣甚だ懼る。王の臣に於けるや、賤なるも之を貴とし、蓐（辱）なるも之を顯とす。臣未だ以て王に報ゆる有らず。以て卿と封を求むるは、意に中《あた》らざるも、王、臣が爲に之が兩を有らしむ。臣、天下の使臣の封に塹（慙《は》）じず。臣、勺（趙）に止められ、王、乾（韓）徐爲に謂う。「某を止むるは不道なり。迺（猶）お寡人の冠を免ずるがごときなり」と。以て臣の死を振《すく》う。臣の王を徳とすること、骨隋（髓）より湥（深）し。臣、死・蓐（辱）に甘んずるも、以て王に報ゆべければ、之を爲さんことを顚（願）う。今王、慶を使わして臣に令して曰わく。「魚（吾）、善しとする所を用いんと欲す」と。王笱（苟《いやし》）くも善しとする所有りて、而して之を用いんと欲すれば、臣、王の爲に之に事《つか》うるを請う。王若し臣を剸《き》り舍《す》て、而して槫（専）ら善しとする所に任ぜんと欲すれば、臣歸りて事を擇（釋《と》）くを請わん。句（苟）くも時を得て見《まみ》ゆれば、顚（願）盈てり。

【注釈】

（一）自齊獻書於燕王曰――この手紙は、燕斉関係が悪化したことから、燕王の信任を失った蘇秦が自らの立場を弁解するために書いたものである。前半部分には蘇秦が燕斉外交に従事した五年間の事蹟が記され編年の手がかりとなる。しかし執筆の目的が自己の業績を強調し、弁解するためであるから、必ずしも事柄を時間的に順序立てて述べておらず（特に後段）、そこに解読の難しさがある。

（二）燕齊之悪也久矣――蘇秦が燕王の命を受けて斉臣となったのは前二九二年頃と考えられるが（注（四）を参照）、前三一四年の斉による燕都攻略から既に二〇年を経過している。それでこのように言うのである。

（三）固知必將不信――燕において蘇秦の立場が悪化したことは、後半部分に詳細に述べられる。「固」はもとより。燕斉外交に従事した当初よりということ。

（四）臣受教任齊交五年――ここで言う「五年」が、いつからいつまでを指すのか解釈が分かれている。唐蘭「史料」は、張庫殺害後（唐氏編年では前二九二年）、蘇秦が再び斉に行ってからのこととする。曾鳴「商榷」も、蘇秦が対斉外交に従事するのは、「事実上」斉が張庫を殺害して以後のことであるとする。これに対し馬雍「背景」は、斉・燕が戦った「権の難」から遡ること五年間、即ち前三〇〇年から前二九六年のこととする。但し「権の難」が何時いかなる戦であったかは異論があるうえ、馬氏は本章の書簡が書かれた年代を前二八六年と考えている。すると馬氏の解釈では、自分が対斉外交に従事した十数年の内当初五年間だけは無事だったことを述べていることになり、燕王に対する弁明としては大変不自然である。この「五年」は、書簡が書かれた時点（前二八八年頃、注（二七）を参照）から起算するのがよいのではないか。前二九二年頃、蘇秦は燕王の命で燕斉外交に従事することになり、それから一度も燕は斉兵を受けることがなかったことを、自己の功績として強調しているのだと考えられる。本章の八行から九行にかけて「齊趙が未だ嘗て燕を謀らなかった」ことを取り立てて、「大きな功績ではないが罪を免れるだけのものはある」と述べているのは、このことを再度アピールしているのである。

（五）齊勺（趙）之交……則與趙謀齊――これは蘇秦が斉燕外交に従事した五年間を総合的に述べたもので、時には斉に組みし、時には趙に組みして斉趙関係の悪化を図ったことを言う。

（六）北地――小組注に『戦国策』燕策一・蘇秦死章を引いて、「斉国北部の燕に隣接する地域であり、黄河北岸にあったので河北ともいう」とする。『同書』燕策一・蘇秦死章では「河北不師、所以備燕也」（河北を動員しないのは、燕に備えるためである）と言い、この地域は本来燕に対する防衛線であった。『同書』燕策一・燕王噲既立章には、斉王が北地の軍を率いて燕を伐ったことが記されている。

（七）〔行〕其甲――精装本に従い「行」字を補う。

（八）繰去〔疾〕――精装本に従い「疾」字を補う。

（九）王信田代〈伐〉……而不信燕――「田伐、繰去疾」は人名、ともに燕臣。田伐は帛書第一章で蘇秦が燕王に派遣を要請した人物。繰去疾は『戦国策』燕策二・蘇代自斉献書於燕王章では「參去疾」につくり、鮑注は参、去疾の二人の人物とする。唐蘭「史料」、曾鳴「商権」はこの事件を本章第七行の「薛公、韓徐爲與王約功齊」と同時期（前二九〇年）と見ている。この攻斉計画が、斉が北地の防備をおろそかにして軍事行動を行った隙を衝いたものであること、帛書第六章に言うように斉の伐宋は燕の支持が不可欠であることを考えると、楊寛『輯証』が指摘するように、斉による第一次伐宋および燕の援軍の将張庫殺害事件と密接に関係している可能性がある。

（一〇）臣秦捧（拝）辭事――「秦」は蘇秦の自称とされるが、削除された誤字の可能性が強い。文字は滲んでおり、極めて不鮮明だが、かろうじて「秦」字のように見える。帛に字を書いて実験してみたところ、墨のついていない新しい筆に水をつけて上からなぞると、このような滲んだ字になる。おそらく書き手は「秦」らしき字を書いた後、誤写に気づいて水で消し、「捧」を小さく書き付けたのではないか。第二一章に「當」を消して「嘗」と書いてあるのも同様である。なお、平勢隆郎二〇〇〇に、氏の模写を示した上で「秦捧」は「捧拝」と釈すべきであるという説があるが、原字は消えかかっており、その可否は判断しがたい。「臣」の後に名前を付す自称形式は大変改まった言い方であり、この箇所だけに使うのはいかにも唐突で不自然である。「辭事」は職務を辞任若しくは辞退すること。「拝」は相手に対する敬意を表す言葉。

（一一）王使襄安君東――小組注に「襄安君は燕の王族で、恐らく燕の昭王の弟であろう。『東』とは斉に行くことを指す」と言う。襄安君の名は『戦国策』趙策四・斉将攻宋章に見え、李兌（蘇秦の誤りか）が斉王に対し、伐宋を果たすには奉陽君と襄安君を領地で釣って、斉と燕を味方に付けるのがよいと進言している。また黄盛璋「試論戦国秦漢銘刻中従『酉』諸奇字及其相関問題」（『古文字研究』第一〇輯、一九八三年）によれば、燕器に襄安君鈚（『三代吉金文存』18.15.1所収）があり、襄安は燕地であるという。燕が人質を斉に差し出し、斉の伐宋を助けたことは、帛書第一一章及び第二〇章にも記されている。『戦国策』燕策一・蘇秦死章には、斉王に宋を伐たせるために、燕王の子供や弟を斉に人質に遣ることを蘇代が勧めたとある。『同書』初蘇秦弟厲因燕質子而求見斉王章及び『史記』蘇秦列伝には、蘇秦の弟蘇厲が燕の人質をつてに斉王に謁見を求めたこと、燕王が蘇代を斉に派遣して人質を支援させたことが記されている。なお、『戦国策』燕策二・陳翠合斉燕章に、燕臣陳翠が斉燕の和合を図るために、燕王の弟を斉に人質に出した故事が載せられているが、徐中舒一九六四は、これを燕が斉に大敗した権の難（前二九五年）と関連させ、再び存亡の危機に瀕した燕王が弟を斉に人質に出して和平を図らざるを得なかったとする。小組注が襄安君を燕王の弟とするのはこの説を踏まえてのことだと考えられる。唐蘭、馬雍両氏も基本的には徐中舒の説を踏襲している。しかし『戦国策』燕策一・権之難燕再戦不勝章ではこの事件を噲子に懸けており、しかも「趙聞之、遂出兵救燕」とあって、本章の「趙疑燕而不攻齊」と合わない。徐氏は噲子を誤りとするが、なお疑義が残る。平勢隆郎『年表』では権の難を前三一四年燕都陥落時に系年する。本章の文脈から考えると、襄安君が斉に行ったのは、張庫事件の後始末のためではなかろうか。

（一二）臣豈敢強王𢦏（哉）——「豈」は反語を表す副詞。「敢」は恐れ多くも。燕王に対して、身内である襄安君を斉に遣ることを強いることは、とても恐れ多くてできなかったという語気を表す。本章によれば襄安君は斉で客死し、燕王が苦悩したことが見える。蘇秦はその責任を問われることを恐れ、襄安君が斉に行ったのは王自身の発案であって、自分が燕王に強いたのではないことを強調しているのである。

（一三）齊勺（趙）遇於阿——小組注によれば、「遇」は諸侯の臨時の会合のことで、『礼記』曲礼に「諸侯未及期相見曰遇」（諸侯が約束の期日にならないのに会うのを遇という）とある。また「阿」は斉国内の東阿で、現在の山東省陽穀県の東北に位置するという。斉趙国境に近い。

（一四）約功（攻）秦去帝——『史記』六国年表の秦昭王一九年、斉湣王三六年に、斉秦両国が一〇月に帝号を称し、二か月で取り消したことが見える。これは従来前二八八年に起こった事件として取り扱われている。しかし秦は恵文王称王改元（前三二四年）と同時に一〇月を歳首とする顓頊暦《せんぎょく》を採用していたらしいこと（平勢隆郎『年表』を参照）、この称帝が秦の主導によるものであったこと（『戦国策』斉策四・蘇秦自燕之斉章を参照）、『史記』趙世家がこの事件を恵文王一〇年（前二八九年）に置くことを考え合わせると（これについては藤田勝久一九九七に議論がある）、藤田、平勢両氏に従い、前二八九年一〇月（秦では翌前二八八年年頭になる）に系年するのが妥当である（秦暦と斉暦、趙暦との関係については平勢隆郎一九九六表Ⅱ戦国四分暦の大小月配置と朔日干支を参照）。従って帝号取り消しを約した阿の遇は、前二八九年の押し詰まった頃に行われ、五国攻秦軍の出兵は前二八八年に行われたことになり、楊寛『戦国史』、唐蘭「史料」等従来の編年と一年のずれが生じる。斉秦称帝事件の年代は、帛書編年の基準となるので、このずれは重要である。攻秦をめぐる同盟については第一章注（九）を参照。

（一五）毋齊趙之患――第三章で蘇秦は「齊趙循善、燕之大（過（禍））」と言い、第一章でも「下、趙循合齊秦以謀燕」と言っているが、そのような心配がなくなったことをいう。「毋」は「ない」という意味の動詞。この意味では本帛書は「無」「无」（ともに上古音明母魚部、*m(r)ja）を使うことが多く、「毋」（明母之部、*m(r)jə）は希れ。両者は上古では発音が異なる。

（一六）除羣臣之醜――斉秦が帝号を取り消すことにより、燕が臣と称する恥辱を除くことができる。「醜」は、精装本は「耻」（「恥」）（上古音透母之部、*hnrjiʔ）の仮借とする。根拠は帛書第一九章の「報惠王之醜」を『戦国策』秦策三・秦客卿造謂穰侯章が「報惠王之恥」に作ることと推測されるが、異文は必ずしも同語ではない。「醜」は空海『篆隷万象名義』耳部に「倶位反、慙、恥」（見母微部、*kʷrjij）とある。文字を変える必要はなく（強いて通用字というなら「愧」）、音も「恥」とは通用しない。

（一七）齊殺張⿸广隼――小組注によれば、「張⿸广隼《ちょうたい》」は『呂氏春秋』恃君覧・行論に見える張魁《ちょうかい》。燕王は将軍張魁に援軍を率いて斉の伐宋を援助させるが、斉は張魁を殺す。悲しんだ燕王は復讐を企てるが、臣下に諫められ、偽って斉王に人選の誤りを詫びる。これが斉の油断を誘い、後の斉の敗北の原因になったのであるという内容である。「⿸广隼」字を小組注は「音頽《たい》」（上古音定母微部、*d/luj）とするが、これは「⿸广隼」を「⿸广隹」の異体字と見てのことである。「隼」「隹」はしばしば字形が混用したらしい。帛書第二四章「不穀將以楚隹韓」の「隹」は本来「隼」（殉）に作るべき字である。一方「魁」は溪母微部（*khuj）で「⿸广隼」とは声母が異なる。もし両者が同一人物を表すとすれば、「魁」は「⿸广隹」と同音の「魋」に由来するのかも知れない。張魁が援軍として関わったいわゆる齊の第一次伐宋の年代には異説が多い。唐蘭「史料」は伐宋を前二九三年、張⿸广隼殺害を前二九二年とする。また『戦国策』燕策二・客謂燕王章を引いて、この時の伐宋自体、燕王によって斉に送り込まれた蘇秦が画策したのであるという。楊寛『戦国史』は伐宋の年代を前二九五年としていたが、『輯証』では前二九〇年に改めている。下文で蘇秦が張⿸广隼殺害を機に辞任を申し出ていることを考えると、『輯証』の説が良いようである。馬雍「背景」は前二八八年、阿の遇の後、斉の攻宋が始まり、蘇秦が五国攻秦実現に奔走している間に、張⿸广隼殺害が起こったとするが、従い難い。

（一八）臣請屬事辭爲臣於齊――「屬事」は職務を（人に）委ね放棄すること。本章の「辭事」に近い表現。張⿸广隼殺害で身の危険を感じた蘇秦が齊に仕えることを拒否したのである。小組注は「屬事」は「屬吏」ではないかと言う。しかし「屬事」を名詞と解釈することは、動詞「請」の句型に照らして問題がある。李運富「『左伝』謂語〝請〟字句的結構変換」（『第一届国際先秦語法研討会論文集』、岳麓書社、一九九四年）によると、「請」が自分の行為について許可を求めるという意味に用いられるとき、『左伝』に於いては「N請V」（Nは名詞、Vは動詞）若しくは「N請」という句型だけであり、この文のような「N_1請N_2V」という句型はない。また殷国光「古漢語中的〝請〟字句」（『語文論集（二）』、外語教学与研究出版社、一九八六年）によれば、「N_1請N_2V」という句型では、Vの動作主は必ずN_2である。従って小組の解釈に従えば、この文は「屬吏」が「辭爲臣於齊」するように「臣」が願い出たと読まざるを得ず、文意が通じない。

（一九）慶――燕臣、盛慶。燕王と蘇秦の間の使者に立ったことが、第二、三章に見える。

（二〇）臣以死之國圍――「以死」は決死の覚悟で。「圍」は地名。河南省滑県付近。ここに黄河の渡し場があり、白馬口とも呼ばれた。第一二章に斉と魏が圍で遇することが見える。燕を出発した蘇秦は、現在の京広鉄道に沿ったルートで南下し、圍津から渡河して斉に入ったと推測される。「國」は削除された文字として読まない精装本に従う。「圍」字は「國」の右下に小字で書き加えられ、「國」字は後から消されたようにも見える。精装本は「圍」字のみを取り、芸術本は「國」字のみを取る。なお、楊寛『輯証』は、「圍」を「國」の誤りとし、斉の国都である臨淄へ行ったと解釈している。

（二一）薛公乾（韓）徐爲與王約功（攻）齊――趙が魏相薛公、将軍韓徐為の計略を採用して斉を攻めようとしたこと、またそのような動きに燕王や蘇秦が深く関わっていたことは、第三章を参照。なお薛公、徐為の攻斉は第七章にも見えるが、五国攻秦以降のことである。

（二二）奉陽君鬻臣、歸罪於燕――奉陽君が斉趙関係の悪化の原因が蘇秦にあると考えていたことは、帛書第二、三章にも見える。

（二三）以定其封於齊――斉から封邑を得ることは奉陽君の宿願であるが、帛書第三章「奉陽君之所欲、循〔善〕齊秦以定其封、此其上計也」も同様の事を述べる。

（二四）公玉丹之勺（趙）致蒙――「公玉丹」は斉の使者。「蒙」は現在の河南省商丘市付近、当時は宋の領域にあった。蒙を奉陽君に与えるのは、斉の伐宋に協力することへの見返りであり、今すぐ与えられるというのではない。

（二五）使毋予蒙而通宋使――帛書第二章に、斉が蘇秦を任用して伐宋を取り止め、斉宋外交が復活して奉陽君が怒ったことが見える。「使」は使役を表す動詞だが、ここでの使い方は現代中国語の結果を表す接続詞「使得」に近いものがある。

（二六）故王能材（裁）之――精装本は「材」を「裁」（さばく、処理する）の仮借とする。或いは「能材」は名詞の意動用法で、燕王が蘇秦の働きを才能ありと評価したということか。

（二七）之後、秦受兵矣――斉燕韓魏趙五国攻秦軍が出兵したことを指すと見られる。注（一四）に述べたように、攻秦を約した阿の遇が前二八九年末（秦暦翌年初）に行われたことから見て、出兵は前二八八年前半であろう。楊寛『戦国史』、唐蘭「史料」、馬雍「背景」はともに前二八七年と見る。本章前段には「後」「之後」など時間の経過を示す語とともにいくつかの事件が言及されているが、この事件はその最後に位置している。本章の書簡はそれから間もない頃に書かれたものと推測される。近藤浩之二〇〇四は前二八五年とするが、だとすると本章が五国攻秦以後のいかなる事件にも言及していないのは理解しがたい。「之後」は「其後」に同じ。指示詞「之」が修飾語になるのは、甲骨金文や『毛詩』に見られる他、先秦時代では『墨子』『荘子』等特定の文献以外には余り見られない。

（二八）而倶諍（争）王於天下――（燕）王を味方にしようと争うこと。第一四章「攻秦之事敗、三晉之約散、而争秦」、第一五章「今王循楚趙而講、楚趙怒而與王爭秦、秦必受之」の「爭秦」と同様の表現。

（二九）今齊有過辭――小組注は「今」をこの手紙が書かれた時、「過辭」を過度に無礼な言葉とする。「過辭」の具体的な内容は不明だが、帛書第六、一〇章に燕王が斉王に立腹し、蘇秦がそれに苦慮する様子が記されており、状況は本章の内容に近いものがある。

（三〇）襄安君之不歸哭〈喪〉也――裘錫圭「札記」は「哭」字を「喪」の誤りと指摘し、襄安君が斉で死に、その亡骸が燕に返されなかったことを指すのではないかと言う。裘説に従う。「歸喪」の例は、『史記』楚世家「頃襄王三年、懷王卒于秦、秦歸其喪于楚」（秦はその亡骸を楚に帰した）、『同書』越王句踐世家「朱公長男竟持其弟喪歸」（朱公の長男は其の弟の亡骸を持って帰った）等がある。

（三一）齊改葬其後――文意未詳。小組注は、一説として「後」は「后」の誤りで、斉王の后を指すのではないかと言う。

（三二）何可怨也――「何可～也」は反語を表す。例えば『漢書』薛宣伝に「及能不能、自有資材、何可學也」（能不能に関しては自ずと素質で決まるから、学んで得られるものではない）。斉王は無実の罪で妻を殺し子を放逐するほどの人間であるから、張庫や襄安君の件に関しても、斉王を怨んでもしかたがないことをいう。

（三三）二者――後ろに「赦臣」と続くことから見て、蘇秦在任中の二つの大失態。張庫や襄安君の事件を指すと思われる。

（三四）獻御書――「御書」は王に献上する書。『左伝』哀公三年に見え、杜預注に「御書、進於君者也」（御書とは君に奉るものである）

と言う。朋友本は鮑注に従い、「御に書を献じ」と読む。しかし動詞「獻」は「與」や「賜」などとは異なり、間接目的語を直接目的語の前に置く例が極めて希で（牛島徳次『古代漢語文法論（古代編）』大修館書店、一九六七年を参照）、本帛書にもない。鮑注には従えない。

（三五）魚（吾）信若迺（猶）齕也――「齕」は噛み切る。「決」「断」が断ち切る意味からいわゆる決断の意味を派生するように、この「齕」も「決」に通じる。ものを噛み切るかのように決然とお前を信用するとの意。「若」は二人称代名詞。なお精装本が「迺」を「遒」と釈すのは誤り。台湾本に従い「迺」に改める。

（三六）茍（苟）毋死、若無不爲也――「苟」は条件節を導く接続詞で、～さえしなければ。精装本が「死」で句とするのは誤り。文物本が読点とするのに従う。条件節内の否定詞は「毋」がよく使われる。「若」は二人称代名詞。「無不爲」は為さないものはない、即ち何でもする。

（三七）以奴（孥）自信――小組は「奴」を「孥」（妻女）の仮借として、「家族を連れて行き、それによって信任を得る」と注する。「自信」は自らの信用を明かにすること。『三国志』武帝紀・裴注に引く『魏書』に「呉起貪將、殺妻自信、散金求官、母死不歸」（呉起は将の地位を貪り、妻を殺して身の証を立て、散財して官位を求め、母が死んでも帰らなかった）とあるが、「殺妻自信」とは魯将呉起が斉との戦争に際し、斉から娶った妻を殺して身の証を立てたことを言う。なお「奴」字の下部に筆画があり、通常の「奴」と異なる。「怒」の「心」を書こうとして書き留まったものか。

（三八）無不以口齊王――小組注は「口」を「語」と同義とする。「無不」は注（三六）を参照。

（三九）以求卿與封――朋友本の指摘によると、『戰国策』燕策一・蘇代謂燕昭王章に、蘇代が帛書第五章と同じ内容を述べた後、燕王が上卿に任じ、車百乗を与えて斉に遊説することを要請する記事がある。

（四〇）王爲臣有之兩――「之兩」は卿と封を指す。「之」は領格の指示代名詞。小組注は一説として「有之兩」は「兩有之」の誤写ではないかと言う。

（四一）臣擧（與）天下使臣之封不墊（塹）――「擧」は「與」の仮借。「～に対して」の意味。小組注は列挙の意とし、一説に「與」の仮借とする。

（四二）迺（猶）免寡人之冠也――小組注は「免冠」を一種の侮辱であるとする。林巳奈夫『中国古代の生活史』（吉川弘文館、一九九二年）

に、古代中国人にとって髪は人間の生命を活気づけるエネルギーの宿るところと考えられており、そのために冠や裂地で覆っていたのであって、それが露出しているのは、当時の人にとってショッキングなことであったと述べられている。だから他人の冠を剥すのは大変な侮辱になるのだと思われる。

（四三）滐（深）於骨隋（髓）――精装本「寀」は「滐」の誤り。字はさんずいに従う。精装本「随」も誤り。芸術本に従い「隋」に改める。

【口語訳】

●斉より書信を燕王に献じて、次のように述べた。

「燕・斉両国関係の険悪なること、幾久しいものがございます。わたくしはこうした燕・斉両国の外交にたずさわるからには、いずれ必ずや疑われることになるものと、もとより覚悟はしておりました。

（さて、そもそも）わたくしの計画は

斉は必ずや燕にとって災いの元となるであろう。そこでわたくしが斉で信任されることによって、まずは斉が燕に対してたくらみを為すことがないようにさせることができ、さらには斉と趙との関係を険悪化させることができ、それによって（斉への報復という）王様の大事を有利に導くことができる

というものであり、（同時に）これこそが王様とわたくしとの間で取り決めたことなのでありました。わたくしはこうした使命を帯びて斉との外交に従事すること五年、（その間）斉はしばしば出兵しておりますが、いまだかつて燕に対してたくらみを為したことはございません。また斉・趙両国の関係は良くなれば悪くなり、連合すれば離反するという状況で、燕としては斉とともに趙に対してたくらみを為すか、さもなければ趙と組んで斉に対してたくらみを為すかといった具合（に有利な立場を取りえたの）でありました。斉が燕に対して気をゆるすこと、（燕に備えるべき）北部地域の部隊をよそに回すほどであったのです。（それなのに）王様は田伐や繰去疾らの対斉出兵論をお取り上げになり、結果、斉を大いに警戒させ、燕に対して気をゆるさないようにさせてしまいました。（そこで）わたくしは謹んでお役目を返上するむね申

し出ましたところ、王様にはご立腹で、あえて辞任には固執いたしませんでした。（結局この件では）趙が燕を疑って斉への攻撃に踏み切らなかったので、王様は襄安君を東のかた斉につかわし、もって事態を収拾されたのです。（ですから）恐れ多くもわたくしが王様に（襄安君派遣を）強いることなどいたしようがございませぬ。（また）斉と趙とが阿の地で会合することとなると、（両国が連合して燕を攻撃する相談がなされるのではないかと）王様は憂慮なさいました。（そこで）わたくしは会合に参与し、そこでは秦を攻撃し帝号を取り下げることが合意されたのです。（燕にとっては秦攻撃は軍事費などで）物入りにはなるものの、斉・趙両国（による燕攻撃）の懸念はなくなり、（また帝号取り下げにより、帝である斉に対して）臣従するという恥辱も取り除かれたのでありました。

斉が張庫を殺した時には、わたくしは任務をすてて、斉で仕えるのをやめさせてくれるようお願い申し上げました。（しかし）王様は（盛）慶をつかわして

斉に行ってくれなければ国が危うい目にあう

とおっしゃったので、わたくしは決死の覚悟で圄の地におもむき、斉・燕両国の外交に従事したのでございます。

その後、薛公（孟嘗君田文）と韓徐為が王様とともに斉を攻撃するべく謀っていたところ、奉陽君がわたくしを売り、（斉に対する謀議の）罪を燕に押しつけ、（その見返りとして）斉から封地を得ようとしたことがございました。（そのため、斉の公玉丹が趙におもむいて蒙の地を与え（ることを約束し）、奉陽君もこれを受けたのです。王様は憂慮され、それゆえわたくしを強いて斉に行かせたのでした。わたくしは斉に行くと斉と趙との関係を険悪化させ、（斉が）蒙の授与（の約束）を取り消し、宋国と使者を通じ（て国交を回復す）るように仕向けました。このため王様は（以後、わたくしにお任せ下さるとの）御判断を下され、わたくしも命がけで任に当たったのでございます。その後、秦は（五国連合軍の）攻撃を受けました。（その間も）斉と趙とは互いにたくらみを為しましたが、いずれもいまだかつて燕に対してはたくらみを為したことはなく、（それどころか）ともに王様を味方にしようと天下（を舞台）に争っているのです。（ですから）わたくしは大きな功績こそありませんが、（職務怠慢の）罪は免れているものと自らゆるしておりました。（ところが）今、斉がか

なり無礼なことを言ってきたのに対し、王様は斉王がはなはだ非道な（人物である）ことをお悟りにならず、かえってわたくしの罪とされておりまして、わたくしは甚だ恐懼している次第です。

張庫が死んだ（殺された）時、王様はそれを屈辱とされました。（また）襄安君の亡骸が返されなかった時、王様はそれにお苦しみになりました。（そのため）斉がその後（未詳）を改葬してわたくしを召してきても、わたくしとしてはそれに応じず、斉の方からお払い箱にしてもらおうとしたのです。（ところが）王様は

斉王がはなはだ非道であること、罪もない妻を殺し子を放逐するほどであるから、どうして（ことさら今回のことをもって）根にもったりできようものか

とおっしゃって、わたくしを強いて斉へ行かせたのでした。この（張庫と襄安君の件の）二つは重大な問題でありましたのに、しかし王様はわたくしをお赦しになり、わたくしは賜り物さえいただいたのです。

わたくしは出立に当たって、必ずや（わたくしへの）誹謗・中傷が為されるであろうことを覚悟しておりました。それゆえに（以下のような）御書を献上した上で出立したのでございます。

わたくしが斉で栄達すれば、燕の大夫がたは必ずや臣を疑うことでしょう。（かといって）下積みのままでいれば、わたくしを役立たずと見なすことでございましょう。わたくしが任用されればされたでわたくしに過大な期待をかけ、（たとえば）斉の動向に（燕にとって）不都合なことでもあれば、わたくしに罪を着せ、天下（の諸国）が斉を攻めないでいれば『うまく斉のために立ち回っていることよ』といい、（かといって）天下が斉を攻めれば、斉とともにわたくしを見捨ててしまうことでしょう。（かように）わたくしの立場は累卵の危うきにあるのでございます。

と。（これに対して）王様はわたくしに

わしは決して誹謗・中傷に耳を貸したりはせぬ。わしがそなたを信じること、物を噛み切る如く明快である。まずは斉に任用されれば上出来、さもなくば斉に信用されるように。最低でも、生きている限りあらゆる手段を講じてみよ。（たとえば）家族を（斉に）人質として出して自らの信を明かすもよし、『燕を見限って斉に乗り換えた』と言い立て

るもよし、さらには燕に対したくらみを為すのに参与したとて、かまいはせぬ。大事を成し遂げることのみを究極の目標とするのだ。

とおっしゃってくれたのです。わたくしはこのお言葉を頼みとし、だからこそ斉でありとあらゆる言辞を弄して任用されることができたのでございます。（ところが）今、王様は誹謗・中傷によってわたくしに罪ありとされておりまして、わたくしははなはだ懼れている次第です。

　王様はわたくしに対して、賤しい身分を高貴な地位に取り立ててくださり、惨めな境遇から栄えある立場に引き上げてくださいました。（それなのに）わたくしはいまだ王様の御恩に報いてはおりませぬ。（また）卿の地位と封邑とを求めようなどとは、思ってもみなかったのに、王様はわたくしにこの二つとも持たせてくださいました。（おかげで）わたくしは天下の使臣で封ぜられている方々に対しても、恥ずかしい思いをすることはありません。（また）わたくしが趙で拘留された際にも、王様は韓徐為に

　　かの者を拘留するとは言語道断の振舞い、寡人（わたし）の冠を取るも同然の無礼である

とおっしゃって、わたくしを死から救ってくださいました。わたくしが王様を徳とすること、骨髄に徹しております。わたくしは死や恥辱に甘んじようとも、それで王様に報いることができるのであれば本望であると思っております。（ところが）今、王様は（盛）慶を使わしてわたくしに

　　わしは（そなたとは別に）これはと思うものを起用したい

との仰せです。

　王様がこれはと思う方がいて起用されたいのでしたら、わたくしは王様のためにその方に仕えさせていただきましょう。（また）王様がもしわたくしを更迭してもっぱらその方のみを任用されたいとのことでございましたら、わたくしは帰国して事情を釈明させていただきとうございます。拝眉の機会を賜りますれば幸甚に存じます。」

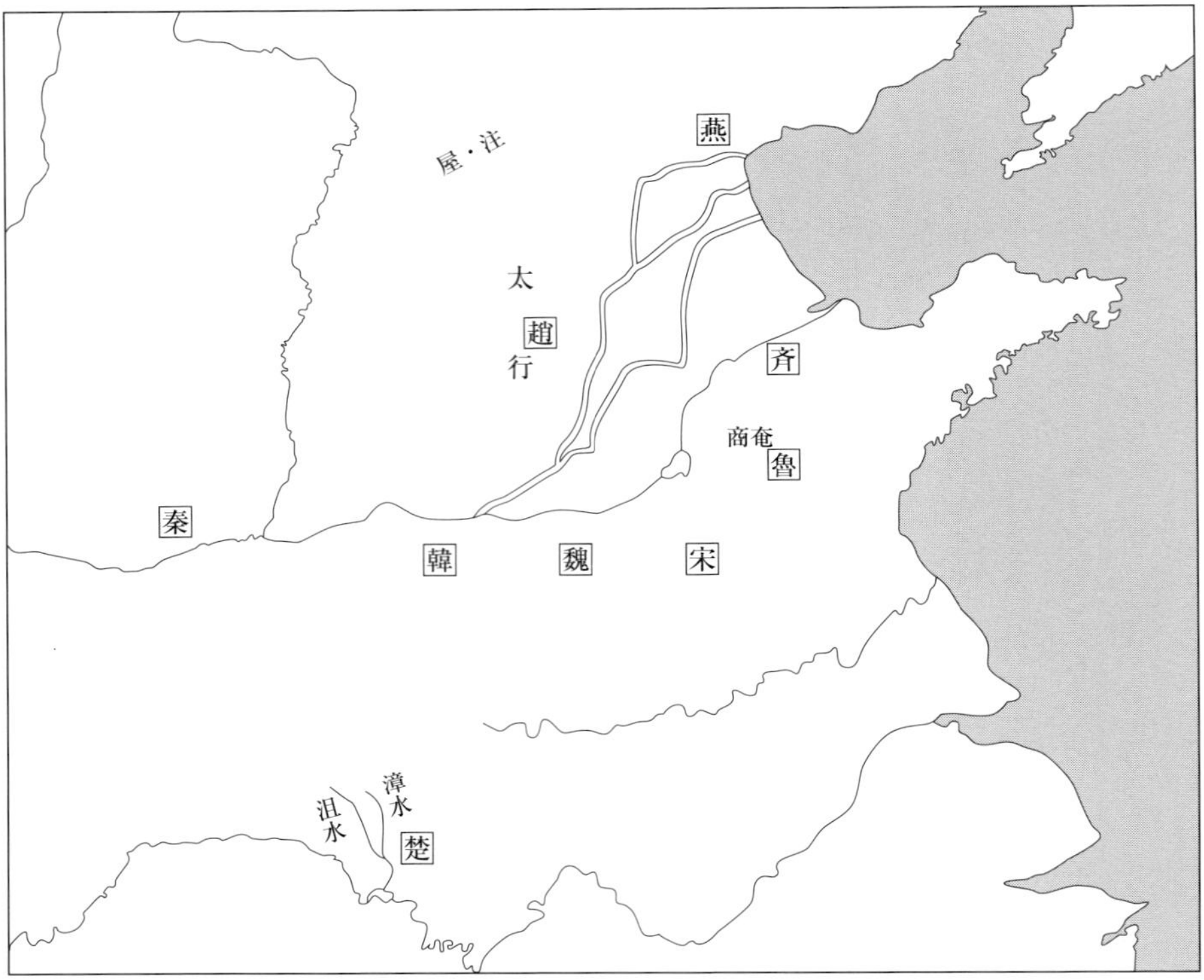

地図１　第五章関連地図（譚其驤一九九二をもとに作成）

第五章　謂燕王章

●謂燕王曰(一)、今日顚耤於王前。叚臣孝如增參(二)、信如犀星(三)、廉如相夷(四)、節有惡臣者、可毋塹乎。王曰、可矣。臣有三資(五)者以事王、足乎。王曰、足矣。王足之、臣不事王矣。孝如增參、乃不離親(六)、不足而益國。信如犀星、乃不延、不足而益國。廉如相夷、乃不竊、不足以益國。臣以信不與仁倶徹(七)、義不與王皆立。王曰、然則仁義(八)不可爲與。對曰、胡爲不可。人無信則不徹、國無義則不王。仁義所以自爲也、非所以爲人也。自復之術(九)、非進取之道也。三王(一〇)代立、五相蛇正(一一)、皆以不復亓掌(一二)。若以復亓掌爲可、王治官之主(一三)、自復之術也、非進取之路也。臣進取之臣也、不事無爲之主。臣顚辭而之周(一四)、負籠操首(一五)、毋辱大王之廷。王曰、自復不足乎。對曰、自復而足、楚將不出雎章(一六)、秦將不出商閹(一七)、齊不出呂旞(一八)、燕將不出屋注(一九)、晉將不蔪泰行(二〇)、此皆以不復亓常爲進者。

●燕王に謂いて曰く、「今日顚（願）わくは王の前に耤（籍《か》）らん。叚（假《も》）し臣孝なること增（曾《そう》）參《しん》の如く、信なること犀（尾《び》）星（生《せい》）の如く、廉なること相〈伯《はく》〉夷《い》の如ければ、節（即《も》）し臣を惡《そし》る者有るも、塹（慚《はず》）ること毋かる可きか」と。王曰く、「可なり」と。「臣、三資なる者有りて以て王につか事《つか》うれば、足らんか」と。王曰く、「足れり」と。「王、之を足れりとせば、臣、王に事えず。孝なること增（曾）參の如ければ、乃ち親を離れず。國を益するに足らざるなり。信なること犀（尾）星（生）の如ければ、乃ち延（誕《いつわ》）らず。國を益するに足らざるなり。廉なること相〈伯〉夷の如ければ、乃ち竊《ぬす》まず。以て國を益するに足らざるなり。臣以《おも》えらく、信は仁〈人〉と倶に徹せず、義は王と皆（偕《とも》）に立たず」と。王曰く、「然らば則ち仁〈信〉義は爲す可からずか」と。對えて曰く、「胡爲《なんすれ》ぞ可ならざらん。人に信無くんば則ち徹せず、國に義無くんば則ち王たらず。仁〈信〉義は自らの爲にする所以なり。人の爲にする所以に非ざるなり。

自復の術にして、進取の道に非ざるなり。三王代り立ち、五相〈伯〉正（政）を蛇（弛《か》）うるは、皆亓（其）の掌（常）に復せざるを以てなり。若し亓（其）の掌（常）に復するを以て可《よ》しと爲せば、王は治官の主、自復の術にして、進取の路に非ざるなり。臣は進取の臣なり。無爲の主に事えず。臣、顚（願）わくは辭して周に之《ゆ》き、籠を負い首〈臿《すき》〉を操《と》り、大王の廷を辱しむること毋からんを」と。王曰く、「自復は足らざるか」と。對えて曰く、「自復にして足らば、楚は將に雎（沮《しょ》）・章（漳《しょう》）を出でず、秦は將に商《しょう》閹（奄《えん》）を出でず、齊は呂《りょ》旞（遂《すい》）を出でず、燕は將に屋《おく》・注《ちゅう》を出でず、晉は將に泰（太）行を蓊（逾《こ》）えざらん。此れ、皆亓（其）の常に復せざるを以て進むと爲す者なり」と。

【注釈】

（一）謂燕王——本章に類似の故事は、『史記』巻六九蘇秦列伝及び『戦国策』燕策一・人有悪蘇秦於燕王者章、『同書』蘇代謂燕昭王章に見える。書簡形式、および佚文が多くを占める第一部分の中において、対話文であることとあわせて本章はいささか異例なものであるといえよう。直前の第四章の書簡が、燕王に謁見を求めて締めくくられていることからすれば、本章は謁見に関する付録的な資料としてここに挿入されたものであるかもしれない。

（二）增（曾）參——春秋時代、魯の人で、孔子の弟子。『孝経』はその著書とされ、戦国時代には孝の人として伝承された。

（三）犀（尾）星（生）——橋の下で女性とデートの約束をしたが相手は来ず、水が来ても立ち去らずに、約束を守って溺死したというエピソードで知られる人物。尾生高《びせいこう》、微生《びせい》ともいう。なお精装本は直接「尾」とするが、文物本が「犀」に作るのがよい。「犀」（上古音心母脂部、sij）は「尾」声（上古音明母脂部、mjij）に従う字で、「尾」と読むのは仮借。

（四）相〈伯〉夷——『史記』巻六一に伝がある。父の孤竹君《こちくくん》は、伯夷の弟の叔斉《しゅくせい》を後継ぎにしようとした。叔斉は兄の伯夷に譲ろうとしたが、伯夷は父の言い付けを守るために逃亡し、叔斉も彼に従い、ともに周に身を寄せた。後、周の武王が殷を討つと、それを不義として周の粟を食むことを潔しとせず、首陽山《しゅようざん》に逃れて薇を取って食べ、終に餓死した、という。

（五）三資——ここでは「孝、信、廉」の三者を指す。「資」はよすが、てだて。

（六）孝如增（曾）參、乃不離親——「A乃B」という構文は、Aという条件のもとで始めてBという状況になるという意味であるが、

Bは時に意外な、もしくは極端な状況を表すことがある。ここでは孝の程度も曾参ほどになると、親に縛られて身動きが取れなくなり、孝の実践に汲々とするだけになってしまうことを言っている。以下の「乃」も同じ。

（七）臣以信不與仁（人）倶徹――小組注は、下文に「人無信則不徹」とあることを根拠に、「仁」は「人」に作るべきではないかと言う。「仁」のままでは文意が不明であり、「義不與王偕立」と対句であることを考慮して、小組に従い「人」に改める。

（八）仁〈信〉義――小組注は前後の文脈から判断して、「信義」に作るべきではないかと言う。戦国文字では「信」は「[illegible]」、「仁」は「忎」と書かれ、ともに「千」を声符とする。「仁」と「信」の書き誤りは十分に考え得ることである。

（九）自復之術――『戦国策』燕策一・人有悪蘇秦於燕王者章、同・蘇代謂燕昭王章ではそれぞれ「自覆之術」、「自完之道」に作る。「復」は繰り返すの意。「自復」は自己循環、自己満足。なお馬雍「背景」は、「自復」とは旧領土の回復、「進取」とは領土の拡大を指すと考えているが、取らない。

（一〇）三王――夏・殷・周三代の王のこと。禹・湯・文王（或いは武王）を指す。

（一一）五相〈伯〉蛇（弛）正（政）――精装本が指摘するように、「五相」は「五伯」の誤写、即ち春秋の五覇。『荀子』王覇篇によると斉の桓公・晋の文公・楚の荘王・呉王闔閭・越王句践を指すが、斉桓・晋文の二人以外は、宋の襄公・秦の穆公・呉王夫差等を数える場合がある。帛書第二〇章には、句践を覇者と認める記述がある。なお「蛇」は、小組注によれば「弛」（変える）の仮借、或いは「改」の誤写。また『論語』憲問篇には、「子曰、晉文公譎而不正、齊桓公正而不譎」（晋の文公は偽って正しくなく、斉の桓公は正しくて偽らなかった）と、斉桓・晋文の覇権のありかたが異っていたことに言及している。

（一二）皆以不復亓（其）掌（常）――「復常」とは通常のやり方を繰り返す、即ち現状に満足して進取の努力を怠ること。

（一三）若以復亓（其）掌（常）爲可、王治官之主――精装本は「王」を上文につけて「可王」で点を切るが、朋友本が指摘するように、「王」は下文につけた方がよい。

（一四）臣顚（願）辭而之周――『史記』蘇秦列伝によれば、蘇秦は東周洛陽の人である。

（一五）負籠操首〈臿〉――精装本は「首」を直接「臿」に作る。文脈からは支持されるが、字は文物本が釈すように「首」である。鄭良樹「校釈」は「首」が「臿」の形誤字であることを考証している。

（一六）睢（沮）、章（漳）――小組注は沮水・漳水と解釈する。沮水・漳水は楚都紀南城の西方を南下し、長江に注いでいる。なお「睢」

を精装本が「雎」とするのは誤り。裘錫圭「札記」により改める。

（一七）商閹（奄）――商奄は山東省曲阜付近にあった古国。「商蓋」とも書かれる。清華大学蔵戦国竹簡『繫年《けいねん》』によれば、周の成王に討たれた飛廉《ひれん》は「商盍（奄）」の地に逃げ、そこで殺される。その後商奄の民を朱圄《しゅぎょ》（甘粛省天水のあたり）に移したのが秦の先人になったと言う。『繫年』に記された秦の先人が商奄を出た経緯は、本章で議論される「自復」とは無関係で、伝承の違いを想定せざるを得ないが、商奄と秦とは『繫年』によって結びつけることができるのである。なお小組注では「商於」（現在の陝西省商県の東）とするが、「閹」は上古音談部で、魚部の「於」とは韻が合わない。

（一八）呂旞（遂）――地名と思われるが、未詳。『戦国策』燕策一・蘇代謂燕昭王章は「營丘」（即ち斉の都臨淄、但し異説もある）に作る。小組注は未詳としながらも、「呂」は「營」と字が近く、「旞」は『春秋』に見える「隧」（現在の山東省肥城県）ではないかという。裘錫圭「札記」は、銀雀山漢簡の佚兵書（『銀雀山漢墓竹簡〔貳〕』選卒）に見える地名「呂遂」であり、「呂」と「旞」とを分けるのは誤りであると言う。

（一九）屋・注――小組注はそれぞれ夏屋《かおく》山、句注《こうちゅう》山（現在の山西省代県、朔県一帯）に擬している。燕から南下して夏屋山、句注山を越えると趙の領域に入る。なお、本章の趣旨は絶えず外を窺う他国の動きを指摘し、自復に傾きそうな燕王を叱咤することにあると考えられるから、ここで燕の対趙侵略に言及するのは不自然である。或いは「燕」は「趙」の誤りかもしれない。

（二〇）泰（太）行――魏と趙の間にある山脈。魏は趙の西方にも領土があった。なお「晉」とは魏を指す。

【口語訳】

燕王に申し上げた。「本日は王様の御前を拝借（して、おうかがい）いたします。かりにわたくしが孝なること曾参《そうしん》の如く、信なること尾生の如く、廉なること伯夷の如くでありましたならば、たとえわたくしのことを悪し様に申す者がおりましたとて、（わたくしは）恥じずともよろしいのでございましょうか。」

王は言った。「構わぬ。」

「わたくしがこの三資（孝・信・廉）を兼ね備えて王様にお仕えするのであれば、充分でございましょうか。」

王は言った。「充分じゃ。」

「王様がそれで充分と思し召しならば、わたくしはもはや王様にはお仕えいたしかねます。孝も曾参ほどになれば親元を離れたりなどいたしませぬから、お国の役には立ちますまい。信も尾生ほどになれば人様を欺いたりなどいたしませぬから、お国の役には立ちますまい。廉も伯夷ほどになれば盗んだりなどいたしませぬから、お国の役には立ちますまい。わたくしが思いますに、信は人様（への献身）とは並び立たず、義は王業とは両立しないのでございます。」

王は言った。「それならば、信や義は行うべきではないのか。」

答えて言った。「どうしていけないことなどございましょう。そもそも人として信がなければ人たり得ませんし、国に義がなければ王たり得ません。（とはいえ）信や義は自分のための手段でありまして、人様のための手段ではないのです。自復（現状維持）の術であって、進取の道ではないのです。三王がかわるがわる立ち、五覇があいついで治めたのは、皆その従来のやり方を踏襲しなかったからでございます。もし従来のやり方を踏襲することを良しとなさるのであれば、王様は役人を治める君主に過ぎず、それは自復の術であって、進取の道ではありません。わたくしは進取の臣でございます。無為の主にはお仕えいたしかねます。どうかお暇を賜りまして（郷里の）周に帰り、籠《かご》を背負い鍬《すき》を取ることとし、（このままお仕えして）大王の朝廷を辱めることのないようにしたいと存じます。」

王は言った。「自復では不足であるのか。」

答えて言った。「自復で十分であるのなら、楚は沮水《しょすい》・漳水《しょうすい》より出ず、秦は商奄《しょうえん》より出ず、斉は呂遂《りょすい》より出ず、燕（趙か？）は屋・注より出ず、晋は太行山を越えることはないでしょう。（しかしながら実際には）これらの国々は皆、通常のやり方を踏襲しないことが進取であると心得ております（から、やがてはこうした積極策を採ることでございましょう。そうなれば、お国は危うくなりますぞ）。」

第六章　自梁獻書於燕王章（一）

●自梁獻書於燕王曰、齊使宋竅（一）侯濤（二）謂臣曰、寡人与子謀功宋、寡人恃燕勺也。（三）今燕王与羣臣謀破齊於宋、（四）而功齊甚急。（五）兵衛有子循（六）而不知寡人得地於宋、亦以八月（七）歸兵、不得地、亦以八月歸兵。今有告薛公（八）之使者田林、薛公以告臣、而不欲亓從己（九）聞也。顚王之陰知之而毋有告也。（一〇）王告人、天下之欲傷燕者与羣臣之欲害臣者將成之。（一一）臣請疾之齊觀之而以報、王毋憂。齊雖欲功燕、未能、未敢。燕南方之交完。（一二）臣將令陣臣許翦以韓梁問之齊。（一三）足下雖怒於齊、請養之（一四）以便事。不然、臣之苦齊王也、不樂生矣。

●梁（梁）より書を燕王に獻じて曰く。齊、宋竅《そうきょう》・侯濤《こうせん》を使わして臣に謂いて曰く。「寡人、子と宋を功（攻）むるを謀るは、寡人、燕・勺（趙）を恃《たの》めばなり。今燕王、羣臣と齊を宋に破らんことを謀り、而して齊を功（攻）むること甚だ急なり。兵衛（帥）に子有りて循《したが》うも、而して知らず、寡人地を宋に得るも、亦た八月を以て兵を歸し、地を得ざるも亦た八月を以て兵を歸さんとするを」と。今有（又）た薛公《せっこう》の使者田林《でんりん》に告げ、薛公以て臣に告ぐるも、而るに亓（其）の己れ從《よ》り聞こゆるを欲せざるなり。顚（願）わくは王の陰《ひそ》かに之を知りて、而して告ぐる有る毋かれ。王、人に告ぐれば、天下の燕を傷つけんと欲する者と、羣臣の臣を害《そこな》わんと欲する者將に之を成さん。臣請うらくは、疾《と》く齊に之《ゆ》きて之を觀、而して以て報ぜん。王憂うる毋かれ。齊、燕を功（攻）めんと欲すと雖も、未だ能わず、未だ敢てせず。燕の南方の交は完《まった》し。臣將に陣（陳）臣・許翦《きょせん》をして韓・梁（梁）を以て之を齊に問わしめん。足下、齊に怒ると雖も、請うらくは之を養いて以て事に便ならしめよ。然らずんば、臣の齊王に苦しむや、生くるを樂しとせず。

【注釈】

（一）宋竅——斉の使者。帛書第三章では趙に抑留中の蘇秦のもとに派遣されている。

（二）侯潏——斉の使者。「潏」は、精装本は「灊」と釈し、「灌」の別体と注するが、この字のつくりは「山」に従わない。文物本が「潏」とするのがよい。『秦漢魏晋篆隷字形表』（四川辞書出版社、一九八五年）付録にも指摘がある。

（三）寡人与（與）子謀功（攻）宋、寡人恃燕勺（趙）也——斉の攻宋には、隣接する燕、趙の諒解が不可欠であった。攻宋の隙に斉本国に攻め込まれる恐れがあるからである。例えば帛書第四章には、斉が北地（燕との国境付近）の防備を手薄にしてまで軍事行動を起こした際に、燕で攻斉の謀議が持ち上がったことが記されているが、これは斉による第一次伐宋（楊寛『輯証』では前二九〇年、唐蘭「史料」では前二九三年）の際の出来事と見られる（第四章注（九）を参照）。一方趙にも斉に協力することで宋国内の封邑を得ようとする奉陽君の他に、攻斉を唱える韓徐為一派の勢力が存在した。また、斉王が五国攻秦軍を利用して宋の平陵を攻めようとし、蘇秦がそれに反対したことが第一四章に見える。なお精装本が「与」を直接「與」と釈すのは誤り。裘錫圭「札記」は、この字は「牙」と釈すべきで、「与」はその変形、「與」は「牙」の仮借であるとする。字源に対する説明としては正しいが、直接「与」と釈しても問題はない。

（四）今燕王与（與）羣臣謀破齊於宋——朋友本は、帛書第四章の田伐、繰去疾の言を斉王が信じたためとする。しかし第四章該当部分は過去の事蹟（第一次伐宋時）を追述しており、本章の年代（後述）とは異なる。

（五）功（攻）齊甚急——燕による攻斉が差し迫っていること。第三章「其攻齊益疾」と同様の表現。

（六）兵衛（帥）有子循——「衛」は「率」（率いる）と同義の字であるが、ここでは同音の「帥」の仮借と解釈する。「兵帥」は軍の将帥。当時蘇秦は、魏に滞在中の五国攻秦連合軍に、将帥の一人として従軍していたと考えられる。この一句については、さまざまな解釈が可能であるが、ここでは試みにこのように解釈した。

（七）八月——五国攻秦軍の出兵は前二八八年前半のことであるが（第四章注（二七）を参照）、程なくして斉王がその兵力を攻宋に振り向けようとしたことが、第一四章に記されている。また第一二章によれば、斉の攻宋は、攻秦の斉兵が滎陽《けいよう》、成皋《せいこう》に数ヶ月間停留した後のことである。従ってこの「八月」は前二八八年八月と推定される。

（八）薛公——孟嘗君田文。斉の王族で斉相もつとめた。この時点では魏相。水面下では反斉活動を展開している。

（九）己——精装本が「已」と釈すのは誤り。裘錫圭「札記」に指摘がある。

（一〇）顚（願）王之陰知之而毋有告也——「之」は斉王や薛公から得た、斉の撤兵に関する情報を指す。「陰知」とは知った内容を隠しておくこと。蘇秦はそれを他言しないよう、燕王に要請しているのである。

（一一）天下之欲傷燕者与（與）羣臣之欲害臣者將成之——「成之」とは斉の八月撤兵が実現するよう、「天下之欲傷燕者」と「羣臣之欲害臣者」が画策すること。斉の撤兵は五国攻秦同盟の崩壊であり、また斉が撤収すれば、燕に対する軍事的圧力は強化されることになる。それは燕国内の、斉との戦争を急ぐ反蘇秦派を勢いづかせることになろう。蘇秦の方略は、第七章の書簡で燕国内で攻斉の議論を押さえるよう燕王に要請しているように、燕が反斉の先頭に立つことを極力抑えつつ、斉の包囲網を形成することにあったようである。

（一二）南方——小組注は「南方」を趙と解釈し、燕国と趙国の関係が良いことを指すと言う。これに対し朋友本は、燕、斉の関係はまだ良好であるから、「南方」は斉を指すことも想定でき、また第九章のようにいくつかの国が想定できる場合もあると言う。

（一三）臣將令陣（陳）臣許翦以韓粱（梁）問之齊——小組注は陳臣・許翦を、蘇秦が韓・梁（魏）両国に派遣した使者であろうと言う。「以韓梁問之齊」は、韓・梁（魏）が八月撤兵計画を斉に問いただすよう仕向けること。「以」には使役の用法がある。なお精装本が「陣」を直接「陳」とするのは誤り。

（一四）養之——斉にへりくだり、かしずくこと。第三章注（三四）を参照。

【口語訳】

●梁（魏）から燕王に書簡を献上して、次のように申し上げた。

「斉（王）は宋竅・侯濤を使者として、わたくしに次のように伝えて参りました。

寡人があなたと宋への攻撃を相談するに際しては、寡人は燕・趙両国（の支援・協力）を恃みとしていたのである。（しかるに）いま燕王は群臣たちと、斉を宋で破れさせ（るように仕向け、その暁には）斉を攻めようとしており、事態ははなはだ切迫している。（梁に滞陣中の）わが将帥たちは、あなたも接触しているであろうが、（その彼らにしても、こうした状況のもと）寡人が地を宋から獲得しても八月には（燕に備えるべく）兵を撤退させ、地を獲得できずとも、やはり八月には兵を撤退させる（つもりでいる）ことを知らないでいる。

（さらに）今また（斉王は）薛公の使者である田林に対しても（同じことを）告げており、薛公はそれをわたくしに教えてくれたのですが、ただしこのことが自分の口から漏れ（たことがわか）るのを欲してはおりません。（ですから）どうか王様にはこのことは胸に秘めておかれて、人に告げたりはなさいませぬよう。（もし）王様が人に告げたりなさるならば、天下の燕を損なおうとする者や、群臣の中でわたくしにあだをなそうとする者が、（われわれが裏で情報を流しているということを言い立てて）その目的を達してしまうことでありましょう。

（とりあえず）わたくしとしては斉に急行し、状況を把握した上で御報告させていただきたく存じます。王様にはどうか御憂慮なされませぬよう。斉は燕を攻めようとしたところで、まだ（すぐには）不可能でしょうし、あえて（実際に）攻めようともしないでしょう。燕の南方の国々との交わりは完璧です。わたくしは陳臣・許翦に、韓・梁両国から斉にこの件で問い合わせるようにさせましょう。

足下には斉にお腹立ちではございましても、どうかここは下手に出ることで、大事の実現をはかられますように。さもなければ、わたくしの斉王に苦しむこと、生きてゆくのも辛いほどでございます。」

第七章　自梁獻書於燕王章（二）

●自梁獻書於燕王曰、薛公未得所欲於晉國（一）、欲齊之先變以謀晉國也。臣故令遂（二）恐齊王曰、天下不能功秦、□道齊以取秦（三）。〔齊王〕（四）甚懼而欲先天下、慮從楚取秦（五）、慮反乾量（六）、有慮從勺取秦。今梁勺韓□（七）□□□□薛公徐爲有辭、言勸晉國變矣（八）。齊先鬻勺以取秦、後賣秦以取勺而功宋（九）、今有鬻天下以取秦（一〇）、如是而薛公徐爲不能以天下爲亓所欲、則天下故不能謀齊矣。顚王之使勺弘急守徐爲、令田賢急□薛公（一一）、非是毋有使於薛公徐之所（一二）、它人將非之以敗臣（一三）。毋与奉陽君言事、非於齊、一言毋舍也（一四）。事必□□南方強（一五）、燕毋首。有愼毋非令羣臣衆義功齊（一六）。齊王以燕爲必侍其斃（一七）而功齊、未可解也（一八）。言者以臣□賤而邈於王矣（一九）。

●梁（梁）より書を燕王に獻じて曰く。薛公、未だ欲する所を晉國に得ず、齊の先に變じて以て晉國を謀らんことを欲す。臣、故に遂《すい》をして齊王を恐れしめて曰く。「天下、秦を功（攻）むる能わずんば、□道齊以て秦を取らん」と。齊王甚だ懼れ、天下に先んぜんと欲し、楚に從《よ》りて秦を取るを慮《おもんぱか》り、乾（韓《かん》）量《いん》を反《かえ》すを慮り、有（又）た勺（趙）に從りて秦を取るを慮る。今、梁（梁）・勺（趙）・韓、□□□□□、薛公《せっこう》・徐爲《じょい》、辭有りて、晉國に變ずるを勸めんと言えり。齊、先に勺（趙）を鬻《ひさ》ぎて以て秦を取り、後に秦を賣りて以て勺（趙）を取りて宋を功（攻）め、今有（又）天下を鬻ぎて以て秦を取らんとす。是《かく》の如くして、薛公・徐爲、天下を以て亓（其）の欲する所と爲す能わずんば、則ち天下故（固）より齊を謀る能はず。顚（願）わくは王の勺（趙）弘をして急ぎ徐爲を〔守〕らしめ、田賢《でんけん》をして急ぎ薛公を守らしめんことを。是に非ずんば、薛公・徐の所に使わす有る毋れ。它（他）の人、將に之を非として以て臣を敗らんとす。奉陽君と事を言う毋れ。齊に於てするに非ざれば、一言すら舍《あた》うる毋れ。事、必ず□□、南方は強く、燕、首《はじめ》にする毋れ。有（又）愼んで羣臣をして功（攻）齊を衆義（議）せしむる毋れ。齊王、燕を以て必ず其の褩（弊）を侍（待）ちて齊を功（攻）むると爲し、未だ解くべからず。言える者、臣を以て賤にして王に遻《あなど》らると〔爲せば〕なり。

【注釈】

（一）薛公未得所欲於晉國――「薛公」は孟嘗君田文、当時魏相であった。第三章注（四）を参照。朋友本注（二）は、薛公が望むことを第三章、第四章の記述から、燕とともに斉を攻撃することと推測する。本章にも「天下」が薛公、徐為の意に靡《なび》かず、斉を謀ることができない情勢が記されている。薛公の「所欲」は「謀斉」であったと考えてよいだろう。「晉國」は、ここでは小組注に従い、魏を指すと解釈する。

（二）遂――小組注は人名ではないかと言い、朋友本は蘇秦の使者とする。

（三）□道齊以取秦――「道齊以取秦」は、「斉をつてに秦を味方につける」という意味になるが、これでは文脈上おかしい。朋友本は「道」は別の可能性があると指摘する。或いは近藤浩之二〇〇七が解釈するように、「道」の前の欠字は「不」で、「齊を通さずに秦と結ぶ」のような意味か。馬雍「背景」は、蘇秦が薛公と結託し、わざと人を使って「梁（魏）、趙等の攻秦が成功しなければ、必ず斉に背いて秦と講和するだろう」と言わせたと述べ、斉王に三晋を裏切らせるための計略であると解釈している。

（四）〔齊王〕――精装本に従い補う。

（五）慮從楚取秦――斉王が楚をつてに秦と結ぼうとしたことは、帛書第一二章にも見え、「梁氏不恃寡人、樹寡人曰、齊道楚取秦、蘇脩在齊矣」とある。

（六）慮返韓䝴――小組注によると、「韓䝴」は、『戦国策』で「韓珉」「韓呡」、『史記』田世家で「韓聶」と表記される人物に当たる。韓䝴は韓の人で、秦王と親交があり、また斉相を務めた。『戦国策』秦策四・薛公入魏而出斉女章には、斉秦連合によって魏を脅し、薛公を困《くる》しめようとしたことが見える。帛書第一三章は韓䝴が斉王に宛てた書簡を収めるが、秦と連合して前二八九年の称帝を再現するよう斉に要請している。ここで「齊秦復合、使䝴返、且復故事」と述べているように、斉が韓䝴を召喚することは斉秦連合を意味するものとして、外交上の関心事であった。斉王が趙の奉陽君に対して、韓䝴召喚の風評を打ち消した記事が、帛書第一二章にある。『戦国策』趙策四・五国伐秦無功章では、秦王が韓䝴を斉に行かせることが趙にとって不利であり、斉王に韓䝴を召喚させないよう、蘇代（恐らく蘇秦の誤り）が奉陽君に説いている。

（七）今梁（梁）勺（趙）韓□——文物本は欠字に「秦」を補うが、精装本に従い欠字のままとする。

（八）薛公徐爲有辭、言勸晉國變矣——小組注は、「有辭」は先秦時代の文献においては訴訟に関する専門用語であり、十分な理由があるという意味であるとする。朋友本は、帛書第四章の「過辭」を引いて、「言葉」を表す用例があると言う。朋友本に従う。なお朋友本は「辭」の内容を不明であるとするが、第二二章に「韓傰之救魏之辭、必不謂鄭王曰…」という表現があり、これと同様に「辭」の内容は「言」以下の「勸晉國變矣」と考えられる。「矣」は状況の変化を表す助詞。薛公らは本章冒頭に言うように、斉が先に五国同盟を破ることを望んでいたが、その態度に変化が生じたことを示している。

（九）齊先鬻勺（趙）以取秦、後賣秦以取勺（趙）而功（攻）宋——斉が先には秦の策を受け入れ、前二八九年に東西両帝を称し、趙の領土分割を目的とする五国同盟を組織したが、急転直下二か月後には帝号を廃し、攻秦五国同盟を結んだことを指す。帛書第二一章では「且五國之主嘗合衡謀伐趙、疎分趙壤、箸之盤盂、屬之祝籍、五國之兵出有日矣、齊乃西師以禁強秦」と言い表している。

（一〇）今鬻天下以取秦——斉が五国同盟を破棄して秦と講和しようとしていることを言う。帛書第一二章に、斉王が秦との講和の意図があることを、趙の奉陽君に対して述べたことばを収める。また『戦国策』魏策二・五国伐秦章に「五國伐秦、無功而還。其後齊欲伐宋、而秦禁之。齊令宋郭之秦、請合而以伐宋、秦王許之」（斉・燕・趙・魏・韓五国が秦を討伐したが、戦果がなく帰還した。その後斉は宋を討とうとしたが、秦に阻止された。斉は宋郭を秦に行かせ、連合して宋を討つことを提案し、秦王は同意した）とあり、攻秦五国同盟が斉にとっては伐宋が目的であったのと同様、秦との講和にも伐宋を有利に進める目的があったようである。なお図版によると「今」字の左下にうっすらとした不鮮明な小字あるが、精装本に従って「有」と釈す。

（一一）顚（願）王之使勺（趙）弘急守徐爲、令田賢急□薛公——勺（趙）弘と田賢は、小組注によると、ともに燕王が魏に派遣した使者。欠字は、文物本は「守」と釈し、精装本は「守」を補うが、残画から見て疑問無しとしない。

（一二）非是毋有使於薛公徐之所——「是」は趙弘、田賢を指す。動詞「有」や「無」が動詞句を目的語とする時、その動詞句の表す対象物や人物の有無を表すことが多い。周法高『中国古代語法・称代編』（中華書局、一九九〇年）は、（「有」「無」等の後ろに）「所」を補うと文意がはっきりすると説明している。「非是毋有使於薛公徐之所」を直訳すると、「彼らの他に、薛公・徐為のもとに遣わす人物があってはならない」となる。

（一三）它（他）人将非之以敗臣――「他人」は趙弘、田賢以外の人物をいう。「非之」の内容は文脈から必ずしも明らかではないが、薛公・韓徐為監視の献策を非難すると考えておく。

（一四）毋与（與）奉陽君言事、非於齊、一言毋舍也――「舍」は与える、発する。奉陽君と国事を相談してはならず、斉に対する他は、一言たりとも発言をしてはならない。蘇秦は親斉派の奉陽君が燕と斉との関係を悪化させることを警戒し、斉王と直接国事を相談するよう要請しているのである。その背景には、本章末尾にあるように、燕が斉王に伐斉の疑惑を懸けられていることがある。この構文は前文と同様「非~毋~」（~でなければ~してはならない）である。否定詞「毋」の使用は禁止若しくは前文「願王~」を受けていることを示しており、「一言毋舍也」の主語は燕王であることが分かる。

（一五）南方強――小組は帛書第六章注に於いて、「南方」とは趙を指すという。これに対し朋友本は、斉などを含めた燕の南方諸国の可能性があるという。しかし本章では蘇秦は攻斉を戒めていること、第八章に「韓、梁有秦患、傷齊者必趙」とあること、また第四章で斉に行くことを「東」と表現しているように（第四章注（一一）を参照）、第一部分では「東」と「南」を使い分けていること等を考えると、小組の解釈の方が正しいと思われる。第六章注（一二）を参照。

（一六）有（又）愼毋非令羣臣衆議功（攻）齊――この一文は文法構造に乱れがあり、何らかの衍字若しくは脱文があると思われる。そもそも「毋非」という結びつきが奇妙である上、かりに「無非」と同義であるとしても（帛書では「毋」「無」はかなり厳密に使い分けされている）、その後ろに置かれるのは通常名詞句であり、意味も肯定になる。小組注は「命令のない時に群臣に攻斉の事を衆議させてはならない」と説明し、朋友本もこれに従って訳している。しかし「非令」を「命令のない時に」と解釈すると、「羣臣」以下がかかる所を失う。そのような意味を表すのであれば、「非~毋~」構文を用いて「非令、愼毋令羣臣衆議攻齊」と言わなければならない。恐らく「非」は衍字であろう。帛書の藍本は簡に書かれており、一簡の文字数は第一一章及び第一二章の錯簡ではそれぞれ四九字と四七字である。そこでこの「非」から遡って数えて行くと、ちょうど四七字目に「非是毋有使於薛公徐之所」の「非」がある。抄者はこれを見誤ったものと思われる。従ってこの文の意味は「愼んで群臣に攻斉の事を衆議させてはならない」となる。

（一七）侍（待）其鰲（弊）――斉が攻宋に疲弊するのを待ってということ。第六章に「今燕王與羣臣謀破齊於宋」という斉王の言葉がある。

（一八）未可解也――「解」は弁明する。帛書第一四章に「臣恐楚王之勤豎之死也。王不可以不故解之」とあるのに同じ。

（一九）言者以臣□賤而邈於王矣――「言者」は斉王の側で発言する者のことか。欠字は意を以て補うなら「爲」が構文上も通りがよい。

正確な文意は未詳だが、斉王の臣下たちが蘇秦を燕王に蔑まれ遠ざけられたと見なし、蘇秦の発言を重視しなくなったことを言うと理解しておく。燕の攻斉の疑惑が解消されないのはそのためであるとして、蘇秦は婉曲に燕王の翻意を促しているのである。郭永秉「瑣記」は、「邈」を「遯」に改めて「逐」の誤字とし、「逐於王」を燕王に棄てられると解釈しているが、文意はそれでも通じる。

【口語訳】

●梁（魏）から書簡を燕王に送って、次のように述べた。

「薛公（孟嘗君田文）は晋（魏）国（の情勢）がいまだ思い通りに動いていないので、斉の方から（これまでの）外交方針を転換して晋国に敵対するようになることを望んでおります。そこでわたくしは遂を使って斉王に

天下（の諸国）は秦攻撃が成就しないようであれば、斉を通（さずに）秦と結ぶつもりです。

と、おどかしてやりましたところ、［斉王は］（そうなるのを）おそれ、天下（の諸国）を出し抜こうと、楚を従えて秦と結ぶか、（親秦派の）韓量を召還し（て秦と復交し）たものか、あるいは趙を従えて秦と結ぼうか、あれこれ思案にふけっております。

いま梁・趙・韓は……であり、薛公や（趙の韓）徐為は言挙げして、晋国が（反斉へと）外交方針を転換すべきことを主張しております。（さらにそもそも）斉はかつては趙を売って秦と結び、その後には秦を売って趙と結んで宋を攻め、さらに此度は天下（の諸国）を売って秦と結ぼうと（するなど背信行為を繰り返）しているのでありまして、このよう（な反斉をはかるに有利な条件）でありながら、薛公や徐為が天下（の諸国）を思い通りに動かすことができないようであるならば、天下（の諸国）が斉と敵対するなど、とうてい無理な話ということになりましょう。

王様には、趙弘を派遣して急ぎ徐為に張りつけさせ、田賢には急ぎ薛公に張りつけさせられますよう。この者たちでなければ、薛公、徐（為）のもとに使いにやってはなりません。他の者ではわたしの計画を非難して台無しにしてしまうことでしょう。（同様に）奉陽君（李兌）とは、接触してはなりません。斉に対してでなければ、一言たりとも口にされて

はなりません。

　この件では必ず……南方（の諸国）が強……燕は先走ったりしませぬよう。またくれぐれも、群臣の皆様方に斉攻撃の議論などをさせたりなさいませぬよう。斉王は、燕が必ずや斉の疲弊を待って攻めてくるであろうとの警戒を、いまだ解いてはおりませぬ。（と申しますのも斉で）とやかく申す輩が、わたくしが賤しいために王様に疎んじられている（ので燕を斉につなぎ止めておくことができない）と言い立てているからでございます。」

第八章　謂齊王章（一）

●謂齊王曰、薛公(一)相脊也、伐楚九歳、功秦三年(二)。欲以殘宋、取進北(三)、宋不殘、進北不得(四)。以齊封奉陽君(五)、使梁乾皆效地(六)、欲以取勺、勺是不得。身衛梁王与成陽君(七)北面而朝奉陽君於邯鄲、而勺氏不得。王棄薛公、身斷事(八)。立帝、帝立(九)。伐秦、秦伐(一〇)。謀取勺、得(一一)。功宋、宋殘(一二)。是則王之明也。雖然、顒王之察之也。是无它故、臣之以燕事王循也(一三)。曩謂臣曰(一四)、傷齊者、必勺也。秦雖強、終不敢出塞流河(一五)、絶中國而功齊。楚越遠、宋魯弱、燕人承、乾梁有秦患、傷齊者必勺。勺氏終不可得已(一六)、爲之若何。臣謂曩曰、請劫之(一七)。子以齊大重秦、秦將以燕事齊(一八)。齊燕爲一、乾梁必從。勺悍則伐之、愿則摯而功宋(一九)。曩以爲善。臣以車百五十乘入齊(二〇)、曩逆於高閭(二一)、身御臣以入。事曲當臣之言(二二)、是則王之教也。然臣亦見亓必可也(二三)。猶曩不知變事以功宋也(二四)、不然、曩之所与臣前約者善矣。今三晉之敢據薛公与不敢據(二五)、臣未之識。雖使據之、臣保燕而事王、三晉必不敢變。齊燕爲一、三晉有變事、乃時爲也。是故當今之時、臣之爲王守燕、百它日之節(二六)。雖然、成臣之事者、在王之循甘燕也(二七)。王雖疑燕、亦甘之。不疑、亦甘之。王明視天下以有燕、而臣不能使王得志於三晉、臣亦不足事也。

●齊王に謂いて曰く。薛公《せつこう》、脊〈齊〉に相《しょう》たるや、楚を伐つこと九歳、秦を功（攻）むること三年なり。以て宋を殘《そこな》い、進〈淮《わい》〉北《ほく》を取らんと欲するも、宋殘われず、進〈淮〉北得られず。齊を以て奉陽君《ほうようくん》を封ぜしめ、梁（梁）、乾（韓）をして皆地を效《いた》さしめ、以て勺（趙）を取らんと欲するも、勺（趙）是（氏）得られず。身《みずか》ら梁（梁）王と成陽君《せいようくん》とを衛（率）いて北面して奉陽君に邯鄲に朝するも、而れども勺（趙）氏得られず。王、薛公を棄て、身《みずか》ら事を斷ず。帝を立つれば、帝立つ。秦を伐てば、秦、伐たる。勺（趙）を取るを謀れば、得らる。宋を功（攻）めれば、宋殘わる。是れ則ち王の明なり。然りと雖も、顚（願）わくは王の之を察するを。是れ它（他）の故无（無）し。臣の燕を以て王に事えしむること循（順）なればなり。員《いん》、臣に謂いて曰く。「齊を傷つくる者は必ずや勺（趙）ならん。秦強しと雖も、終には敢て塞を出で河に流れ、中國を絶して齊を功（攻）めざらん。楚・越遠く、宋・魯弱く、燕人承《う》け、乾（韓）・梁（梁）、秦患有り。齊を傷つくる者は必ずや勺（趙）ならん。勺（趙）氏終に得可からず。之を爲すこと若何せん」と。臣、員に謂いて曰く。「之を劫《おびやか》さんことを請う。子、齊の大を以て秦を重んぜよ。秦、將に燕を以て齊に事えしめん。齊・燕一と爲れば、乾（韓）・梁（梁）必ず從わん。勺（趙）悍《たけだけ》しければ則ち之を伐ち、愿《すなお》なれば則ち摯（質）して宋を功（攻）めん」と。員以て善しと爲す。臣車百五十乘を以て齊に入り、員高閭《こうりょ》に逆《むか》え、身《みずか》ら臣を御して以て入る。事曲《つぶさ》に臣の言に當るは、是れ則ち王の教えなり。然れども臣も亦た亓（其）の必ず可なるを見るなり。猶お員事を變じて以て宋を功（攻）むるを知らざるがごときなり。然らざるも、員の臣と前に約せし所の者善し。今三晉の敢て薛公に據《よ》ると敢て據らざるとは、臣未だ之を識らず。之に據らしむと雖も、臣燕を保ちて王に事《つか》うれば、三晉必ず敢て變ぜず。齊・燕一と爲り、三晉に變事有れば、乃ち時に爲すなり。是の故に當今の時、臣の王の爲に燕を守ること、它（他）日の節に百ばいす。然りと雖も、臣の事を成す者は、王の燕を循（順）甘するに在るなり。王燕を疑うと雖も、亦た之を甘し、疑わざるも亦之を甘せよ。王明らかに天下に視（示）すに燕を有《たも》つを以てして、而して臣王をして志を三晉に得しむ能わざれば、臣亦事うるに足らざるなり。

【注釈】

（一）薛公――孟嘗君田文。第三章注（四）を参照。田文相斉の年代について、『史記』六国年表斉表や田敬仲完世家は、前二九八年に秦から帰国した田文が斉相となったことを記すが、秦に行く前から既に斉相を務めていたらしい。後斉王に疎んぜられ、前二九四年に斉を出奔して領地の薛に戻り、魏相を務めた。

（二）伐楚九歳、功（攻）秦三年――前三〇三年、斉、韓、魏三国は、その前年に楚が合従に背いて秦と会盟したことを理由に攻撃し、さらに前三〇一年（平勢隆郎『年表』では前二九九年）には、この三国に秦も加わって楚を攻撃する。秦を怨んだ田文は、韓、魏とともに秦を攻め、軍は函谷関に至る。斉は前二九六年にも三晋、宋、中山とともに秦を攻撃している。帛書のこの一節は前三〇〇年前後のこうした情勢を踏まえているものと思われる。

ところで「伐楚」の期間について、『史記』孟嘗君列伝や『戦国策』西周策・薛公以斉為韓魏攻楚章は、帛書と同様「九年」とするが、鮑注や梁玉縄『史記志疑』を始めとして「五年」の誤りだとする説が古くからある。唐蘭「史料」附事蹟簡表も「五年」を採用している。『戦国策』燕策一・蘇秦死章は、「今夫齊王、長主也、而自用也。南攻楚五年、稸積散、西困秦三年、民憔瘁、士罷弊也」（かの斉王は優れた君主であるが、自らを恃《たの》み、南方では楚を攻めること五年、蓄えは底を尽き、西方では秦を苦しめること三年、人々は憔悴し、兵士たちは疲れ果てました）とする。小組注は、斉が楚を攻撃し始めた前三〇三年から田文が秦で相となった前二九九年までは足掛け五年であると数えて、帛書の「九」は「五」の誤りだと考えている。楊寛『戦国史』『輯証』も同様である。一方、朋友本は、帛書は明らかに「九歳」であるから、「九歳」の所伝についても検討が必要であると指摘している。平勢隆郎氏の所説は、平勢一九九三では「九」を「七」の誤りと見て前三二二年〜前三一六に系年するが、同氏『年表』（五〇七頁）では「伐楚九歳」を前三一四年以来とする一方、『同書』（五一〇頁）では前二九九年〜二九一年とするなど、年代解釈に混乱がみられる。

（三）進〈淮〉北——「淮北」は、斉に隣接する楚の東方地域で、「東国」「東地」とも呼ばれた。陳偉『楚〝東国〟地理研究』（武漢大学出版社、一九九二年）に詳しい研究がある。

（四）宋不殘、進〈淮〉北不得——前二九九年、楚の懐王が会盟に赴いた先で秦に拘留され、そのまま前二九六年に秦で客死するという事件が起こる。当時楚の太子横は斉の人質となっていたが、斉では太子を抑留し、その代償として楚の淮北を割譲させようという謀議が行われる。斉相薛公は当初この謀議に反対するが、蘇秦らの説得により賛成に回る（『史記』楚世家、『戦国策』斉策三・楚王死章）。この謀議は結局秦の妨害もあって成功せず、淮北（東国）の地は得られなかったことが、『戦国策』楚策二・楚襄王為太子之時章、楚策四・長沙之難章に見える。帛書の記述はこの事件を指していると考えられる。

なお楚の淮北は宋にも奪われている。『戦国策』宋衛策・宋康王之時章に「康王大喜、於是滅滕、伐薛、取淮北之地」（康王は大いに喜び、滕を滅ぼし、薛を討ち、淮北の地を取った）という記事があり、楊寛『戦国史』は、楚の淮北は、斉、魏、韓が連合して楚を攻めた垂沙之役（前三〇一年）前後のことと考えている。所謂淮北は広大な地域であり、宋はその全てを奪ったのではないだろう。帛書第一四章には宋が淮北を割譲して斉と和睦したことが記されており、前二九〇年の第一次伐宋時の事と考えられるが（第四章注

（一七）を参照）、確かに淮北は宋に従属していたのである。以上のように淮北には楚の淮北と宋の淮北があり、ここでは両者を含めての淮北と理解する。唐蘭「史料」は、本章の「淮北」は宋の淮北で、楚とするのは誤りだというが、取らない。

（五）以齊封奉陽君――「以」には使役的な用法がある。『戦国策』秦策一・冷向謂秦王章に「冷向謂秦王曰：向欲以齊事王、使攻宋也」（冷向は秦王に、「私は斉が王様に仕えて宋を攻めさせるようさせたいと存じます」と言った）とあり、高誘は「以猶使也」と注している。斉が奉陽君に封邑を与えるよう、薛公が画策したと解釈される。

（六）使梁（梁）、乾（韓）皆效地――小組注によると、魏王が自ら趙の都邯鄲に赴いて朝見し、陰成、葛薛等の土地を献上した話が『戦国策』趙策四・斉欲攻宋章、魏策四・葉陽君約魏章に見える。但し本章と関連があるのかは必ずしも明らかではない。

（七）成陽君――朋友本に詳しい考証があり、韓と関係の深い人物らしい。楊寛『戦国史』戦国封君表は韓の封君とし、小組注は韓国の相とする。

（八）王棄薛公、身斷事――前二九四年に薛公が斉から出奔し、その後斉王が親政したことをいう。

（九）立帝、帝立――前二八九年十月（秦では前二八八年年頭）の秦。斉称帝を指す。第四章注（一四）を参照。

（一〇）伐秦、秦伐――前二八八年前半の斉・燕・韓・魏・趙五国攻秦軍出兵を指す。第四章注（二七）を参照。

（一一）謀取勺（趙）、得――当時趙では親斉派の奉陽君と攻斉派の韓徐為が対立しており、斉趙関係は必ずしも良好でなかった。帛書第六章に斉王が「寡人與子謀攻宋、寡人恃燕趙也」と言うように、斉の攻宋には趙の協力が不可欠であり、また奉陽君の目的も陶や蒙など宋国内の領地を手に入れることにあったから、両者の利害は一致していた。従って五国攻秦同盟の成立は、趙に於いては奉陽君ら親斉派の勝利であった。「謀取趙、得」はこのことを述べていると解される。

（一二）功（攻）宋、宋殘――斉による所謂第一次攻宋（楊寛『輯証』では前二九〇年）を指すとも、帛書第一四章に「今攻秦之兵方始合、王又欲得兵以攻平陵」と記されている五国攻秦直後の所謂第二次攻宋（前二八八年）を指すとも解釈できる。いずれにせよ前二九四年の薛公解任後、蘇秦在斉中の出来事である。

（一三）臣之以燕事王循（順）也――「以燕事王」は燕を斉王に仕えさせること。「以」に使役的用法があることは本章注（五）を参照。「循」は「順」に通じ、従順の意を表す。

（一四）㬥謂臣曰――㬥は韓㬥。第七章注（六）を参照。以下のやり取りは蘇秦が斉に着任する時のことを追述している。

（一五）流河――精装本は「涑河」と釈すが、裘錫圭「札記」に従い、「流」とする。裘氏によると、流れに順って黄河を下ること。

（一六）勺（趙）氏終不可得巳（已）――「得」は上文「趙氏不得」と同じく、味方につけること。「已」は話し手の確信を表す語気助詞。「可」の主語は意味的には動詞の目的語になるのが一般的である。直前の「斉を傷つける者は必ず趙であろう」という言を受けて、「趙を味方につけることは不可能である」と確言しているのである。

（一七）請劫之――「請」は相手の許可或いは同意を求める言葉。その後ろに来る動詞は、（一）請願者自身の行為、（二）請願する相手側の行為の両方がありうる。ここでは文脈から判断して、燕斉が共同歩調をとって趙を恫喝するという話者の方針に対して、韓𣌭の同意を求めていると考えられる。

（一八）子以齊大重秦、秦將以燕事齊――小組注が指摘するように、「秦」は蘇秦の自称であると考えられる。本章の主旨は、話者（臣）が斉王に対し、対燕関係を重視すべきことを訴える点にあるが、その中で話者は「願王之察之也。是無它故、臣之以燕事王循也」「臣保燕而事王、三晉必不敢變」「臣之爲王守燕、百它日之節」など、自分も燕を斉に仕えさせることに力を注いできたことを繰り返し述べている。「秦將以燕事齊」をこれらの文脈の中で読み解くなら、「秦」は「臣」と同一人物であることが容易に読み取れる。話者が斉に仕える直前に韓𣌭と交わした策略の中で発せられた言葉であるから、ここでは「臣」ではなく、自称の「秦」が使われているのである。なお、平勢隆郎『年表』では、帛書が蘇秦の資料ではないとの論旨の一環として、「秦」を国名とした解釈が示されている。しかし第三章に蘇秦資料としての決定的な論拠がある以上（第三章注（一二）を参照）、無理に国名とする必要はなく、人名とするほうがより整合的な解釈が得られる。当該部分の平勢説の解釈については、大櫛敦弘二〇〇四注（一七）にも反論がある。

（一九）愿則摯（質）而功（攻）宋――この一節の解釈は異同が大きい。「摯」字について、小組注は「執」（執着する）、「質」（趙に人質を要求する）の二説を示している。朋友本は後者を採用。鄭良樹「校釈」は、「趙とともに宋を伐つ」と解釈している。楊寛『戦国史』は、「燕が斉に人質を送って保証とし、派兵してともに宋を攻めることを言う」と説く。「摯」が「質」を表す例は、帛書第一一章に「以燕之事齊也爲盡矣。先爲王絶秦、摯（質）子、宦二萬甲自食以攻宋」とあり、小組に従い趙に人質を要求すると解釈する。なお精装本が「愿」を「願」とするのは誤り。裘錫圭「札記」に指摘がある。

（二〇）臣以車百五十乘入齊――朋友本は、「車百五十乘」は諸侯並みの待遇であると指摘する。この時の入斉は、蘇秦が燕斉外交に従事するため最初に斉に赴いた前二九二年頃ではなく、第一次伐宋後に辞任を申し出て却下され、再び斉に行った前二九〇年頃のことであると考えられる（帛書第九章を参照）。
（二一）高閭——斉の都臨淄の城門。
（二二）事曲當臣之言——「曲」は委細。「當臣之言」とは、事態が韓𪗋と交わした言葉の通りに推移してきたことを言う。第二次攻宋の実現（前二八八年）を指していると思われる。
（二三）見亓（其）必可也——「見」は予見する。「其」は「攻宋」を指す。
（二四）猶𪗋不知變事以功（攻）宋也——「猶」は動詞、～のようである。「變事」は外交方針を変更すること。ここでは五国攻秦の中止を表す。第七章「慮返韓𪗋」や第一三章の韓𪗋の斉王宛の書簡内容から見て、当時韓𪗋は秦に滞在していたと推測される。小組注は、韓𪗋は親秦派で、秦は斉の攻宋に反対していたから、韓𪗋が湣王の考えに迎合して攻宋に方針変更するはずはないと解釈している。
（二五）三晉之敢據薛公与不敢據——「據」は依拠する、支持する。第七章に「薛公徐爲有辭、言勸晉國變矣」とあるように、薛公は謀斉のために三晋に対し五国攻秦からの離脱を口にするようになっている。ここではそれに三晋が従うか否かが焦点になっている。
（二六）百它日之節——小組注は「節」を時間とする。裘錫圭「札記」は節操と理解すべきであると言う。裘説に従う。
（二七）在王之循（順）甘燕也——「甘」は甘言で誘うこと。「循」は「順」に通じ、従う、相手の意向に添うこと。「臣之事」とは韓𪗋との当初の策略、即ち三晋を牽制して宋を伐つことを指すと考えられる。

【口語訳】

●斉王に次のように申し上げた。
「薛公が齊の宰相であった間、楚を伐つこと九年、秦を攻めること三年、それによって宋を破り、淮北の地を獲得しようとしたわけですが、（結局）宋は破られず、淮北も獲得することはできませんでした。（さらに）齊より奉陽君に封地を与え、梁（魏）・韓両国からも土地を差し出させ、それによって趙を味方に取り込もうとしましたが、趙と結ぶことはできませんでした。（そこでさらに）自ら梁王と成陽君を引き連れて、（臣下の礼たる）北面の礼をとり邯鄲で奉陽君に朝見したわけですが、それでも趙国と結ぶことはできませんでした。

（ところが）王様が孟嘗君をお見限りになって自ら政務をお取りになりますと、帝号を立てようとすれば帝号が立ち、秦を伐とうとすれば秦が伐たれ、趙と結ぼうとすれば、趙を取り込むことができ、宋を攻めようとすれば、宋は破られ（るというように、すべて思い通りに運んでまいり）ました。これらはすなわち王様の御英明によるものです。とは申せ、どうか王様に御賢察賜りたい点がございます。それは他でもなく、わたくしが燕を王様に忠実にお仕えさせている（ことも齊の外交が順調にいっている原因である）という点であります。

（かつて）韓graphics韓曇はわたくしに次のように申しました。

齊をそこなう国があるとすれば、それは必ずや趙である。秦は強いとはいえ、敢えて国境を越え河を下り、間にある国々を横切ってまで齊を攻めるようなことはしないであろう。楚や越は遠く、宋・魯は弱体で、燕は従順、韓・梁二国は秦の脅威を抱えていることからすれば、齊をそこなうのは必ずや趙である。（そのような）趙国をどうしても手なづけることができないならば、どうしたらよいであろう。

（これに対して）わたくしが

恫喝することといたしましょう。（まずそのために）強大な齊をもって（わたくし蘇）秦を重用して下さるならば、（それを後ろ盾としてわたくし蘇）秦は燕の国をもって齊にお仕えさせましょう。（かくして）齊・燕両国が一体となれば、韓・梁二国は必ずや服従いたします。（そこで）趙が手向かうようであればこれを伐ち、恭順の意を示すのであれば人質をとった上で宋を攻撃することとすればよいのです。

と申しましたところ、曇はそれを善しとしたのです。（そこで）わたくしが車百五十乗をもって齊に繰り込むと、曇も高閭まで出迎え、自ら御者をつとめて導き入れ（て齊・燕両国の親密ぶりをアピールし）てみせたのでした。（それからの）事態はすべてわたくしの申した通りとなりましたが、これすなわち王様の御教示の賜物であります。もっともわたくしとしてもまた、これは必ずやうまくゆくであろうと見ておりました。もっとも、曇は（その後、齊が）外交方針を転換して宋を攻めるということまでは思い及ばなかったわけではありますが、それを別とするならば、曇と私との以前の（齊と燕とが協調するという）約束も、悪くはないものでありましょう。

現在のところ、三晋諸国があえて（反齊派の）薛公に従うか従わないかについては、予断を許しません。（しかし）たとえ（薛公に）従ったとしても、わたくしが燕を保持して王様にお仕えしております限り、三晋は必ずやあえて外交政策を転換し（て齊にそむくことまで）はしないでしょう。齊・燕両国が一体となっていれば、（万一）三晋諸国が外交政策を転換し（て齊にそむい）たところで、それなりに対応も可能です。でありますから、現下におきましては、わたくしが王様のために燕を固めておりますこと、これまでのはたらきに百倍するものなのでございます。そうは申しましても、わたくしの計画を実現させるのは、王様が燕を充分に優遇される（かどうかという）ことにかかっております。王様には燕をお疑いでございましても、これを優遇あそばしますように。また、お疑いでないならば（なおのこと）やはり優遇あそばしますように。（このように）王様が燕を取り込んでおられることを天下に明示なされ（れば万事うまく運ぶこと請け合いでございまして、万が一、そのようになさっていただき）ながら、なお三晋を思い通りにできないといった仕儀に立ち至るようでありますならば、わたくしは王様にお仕えする資格がない（というほどこれは確実な方策である）といえましょう。」

第九章　謂齊王章（二）

●謂齊王曰、始也、燕纍臣以求摯、[一]臣爲是未欲來、亦未□爲王爲也。今南方之事齊者多故矣、[二]是王有憂也、臣何可以不亟來。南方之事齊者、欲得燕与天下之師、而入之秦与宋以謀齊、[三]臣諍之於燕王、燕王必弗聽矣。[四]臣有來、[五]則大夫之謀齊者大解矣。[六]臣爲是、雖无燕、[七]必將來。縉子之請貴、循也、[八]非以自爲也、〔故桓〕公聽之。[九]臣賢王於桓〔公〕、[一〇]臣不敢忘請□□□□王誠重御臣、[一一]則天下必曰、燕不應天下以師、有使蘇〔秦〕[一二]□□□大貴□□□□□□□□□□□□□齊□鬵之□□□□之車也。王□□□□□請以百五十乘、王以諸侯御臣。若不欲□□□請以五〔十〕乘來。[一三]請貴重之□□□□□□□□□高賢足下、故敢以聞□也。[一四]

●齊王に謂いて曰く。「始め燕、臣を纍《つな》ぎて以て摯（質）を求む。臣是が爲に未だ來るを欲せず、亦た王の爲に爲すを□せず。今南方の齊に事うる者、故多し。是れ王憂い有るなり。臣何ぞ以て亟《すみや》かに來らざる可けんや。南方の齊に事うる者、燕と天下の師とを得て、之を秦と宋とに入れて以て齊を謀らんと欲す。臣之を燕王に諍《あらそ》えば、燕王必ずや聽かざらん。臣有（又）た來れば、則ち大夫の齊を謀る者大いに解けん。臣是が爲に、燕を无（無）くすと雖も、必ず將に來らん。縉（管）子の貴を請うは、循（順）なればなり。自らの爲《ため》を以てするに非ざるなり。故に桓公之を聽く。臣、王を桓公より賢なりとす。臣敢て忘（妄）《みだ》りに……を請わず……王誠に重く臣を御（訝）《むか》うれば、則ち天下必ず曰《いわ》ん。『燕、天下に應ずるに師を以てせず、有（又）た蘇秦をして……大貴……齊……鬵の……の車……なり。王……請うに百五十乘を以てし、王は諸侯を以て臣を御（訝）う。若し□□□を欲せざれば、五十乘を以て來るを請わん。請うらくは之を貴重し……高賢足下、故に敢て以て□に聞ゆるなり」と。

【注釈】

（一）求摯（質）――帛書は「質」の仮借字としてしばしば「摯」を用いる。帛書第二一章の「摯」を、『戦国策』及び『史記』では「質」に作る。両者の仮借関係については、同章注（九）を参照。朋友本は、外交の使者となるとき、その人物には人質が要求されていたらしいと指摘している。

（二）今南方之事齊者多故矣――「南方」は、小組注は主に趙を指すと言い、朋友本は、魏を含む諸国の可能性があるという。当時の情勢から考えると朋友本がよい。第六章注（一二）を参照。「故」はたくらみ、詐術。

（三）南方之事齊者……以謀齊――燕王が魏の薛公、趙の韓徐為と攻斉の密約を結んでいたことが第四章に見える。

（四）燕王必弗聽矣――燕王は対趙関係を大変重視しており、それゆえ趙との連合に否定的な意見には耳を傾けないのである。第三章「今王曰、必善趙、利於國。臣擧不知其故」からそのことが窺われる。「必……矣」は推測を表す表現。蘇秦が燕王に対し軽々しく攻斉を議論しないよう要請していることは、第七章にも見える。

（五）臣有（又）來――「又」は、蘇秦のこの度の来斉が初回でないことを表している。帛書第四章には、第一次伐宋の際の張庫殺害事件を受けて、蘇秦が燕斉外交から手を引きたいと燕王に願い出て却下されたこと、燕王が薛公、韓徐為との間に攻斉の密約を交わしたことが奉陽君に露見し、斉燕関係が悪化したこと、その打開のために燕王が蘇秦を強制的に斉に行かせたこと（王憂之、故強臣之齊）が記されている。第八章及び本章の入斉はこの時のことと思われる。

（六）則大夫之謀齊者大解矣――「解」は「懈」（緩む）に通じる。蘇秦の斉への派遣は、燕王が対斉関係を重視しているように大夫たちの目に映るので、謀斉論も収まるのである。

（七）雖无（無）燕――「無」は無くす、失う。「たとえ燕国を失うことになっても」という意味。『戦国策』秦策二・秦恵王死公孫衍欲窮張儀章「則諸侯必見張儀之無秦矣」（諸侯はきっと張儀が秦の信任を失うのを目にするであろう）の「無」に同じ。馬雍「背景」は、この言葉は燕王と相談済みの罠であって、斉王に対する忠誠心を示すことで信任を得ることが目的であるという。

（八）縮（管）子之請貴、循（順）也――小組注によれば、「縮」は「管」の仮借で、「管子」は管仲を指すという。また『説苑』尊貴の「齊桓公使管仲治国、管仲対曰、『賤不能臨貴。』桓公以為上卿」（斉の桓公は管仲に国を治めさせようとした。管仲は答えて、『身分が卑しいと高貴な方々に臨むことはできません』と言うと、桓公は管仲を上卿とした）を引いて、蘇秦が管仲の故事を借りて、自分を重用するよう斉湣王に求めたと解釈している。管仲は国を治めるために、貴、富、親の三者を順次桓公に要求し、その結果国は大いに治まったという。なお裘錫圭「札記」により句読を改めて「貴」を「請」の目的語とし、「循」を「順」（したがう）と読む。

（九）〔故桓〕公聴之――「故桓」二字を補うのは、裘錫圭「札記」の説による。

（一〇）臣賢王於桓〔公〕――精装本に従い、「公」字を補う。

（一一）王誠重御（訝）臣――小組注に従い、「御」を「迎える」の意味と解釈する。『集韻』に「訝、『説文』相迎也。……或作迓、御。」とある。なお郭永秉「瑣記」は直接「迎」と釈すべきとする。

（一二）有（又）使蘇〔秦〕――精装本に従い、「秦」字を補う。

（一三）若不欲□□請以五〔十〕乘來――欠字があるため、文意はあまりはっきりしない。『戦国策』燕策二・客謂燕王曰章に、燕王が蘇子に車五十乗を調えてやり、蘇子が斉に使いして伐宋を説く話がある。「十」字を補うのは、精装本による。

（一四）故敢以聞□也――図版によれば、「聞」字の下に一字分の欠落がある。

【口語訳】

●斉王に次のように申し上げた。

「はじめ、燕の方でわたくし（の行動）を束縛すべく人質を差し出すよう求めてまいりましたため、わたくしといたしましても（軽々に斉に）参上するわけにもゆかず、また王様のためにお尽くしすることもかないませんでした。しかし今や、南方の斉にお仕えする国々では（斉に対して）陰謀を巡らしております。これぞ王様の憂慮されるところ、わたくしといたしましても、どうして速やかに参上せずにおられましょうや。南方の斉にお仕えする国々では、燕と天下の軍隊とを秦と宋の陣営に引き入れ、斉を（撃破しようと）たくらんでおりますが、わたくしが燕王をお諫めすれば、燕王は必ずや（このような陰謀に）耳を傾けたりなどしないでしょう。（また）わたくしが斉を再訪（して両国の友好関係を誇示）するならば、大夫の斉をたくらむ輩も散り散りとなってしまうことでありましょう。わたくしはこのためには、燕（での立場）を失うことになりましょうとも、必ずや参上いたします。（ところで）かの管仲が貴顕の地位を求めたのは、（まつりごとを行う上で民衆を）従わせるため（の方便）でありまして、自らの利益をはかったものではありませんでした。それゆえにこそ（主君の）桓公もこれを聞き届けられたのでございます。わたくしは、王様はこの桓公よりも賢明であらせられると存じあげます。わたくしとて決してむやみに……願い上げるわけではございません……もし王様がわたくしを盛大に迎え入れてくださるならば、天下は必ずや『燕は天下（の斉をたくらむ動き）に軍隊を加勢したりはしないであろう。また蘇秦を使わし……大いに貴び………斉……韓畺の……の車……王様は……どうか百五十乗の車でもって、王様には諸侯として（の待遇で）わたくしを迎え入れてください。もしそれをお望みでなければ……五十乗の車（の規模の使節団）で参上いたしましょう。どうかこれを盛大に貴んでいただいて……足下を非常に賢明であるとして、それゆえに敢えて申し上げる次第でございます。」

第一〇章　謂齊王章（三）

●謂齊王、燕王難（一）於王之不信己（二）也則有之（三）、若慮大惡○則无之。燕大惡（四）、臣必以死諍之。不能、必令王先知之。必毋聽天下之惡燕交者（五）。以臣所□□□魯甚焉。□臣大□□息士氏（六）、毋庸發怒於宋魯也（七）。爲王不能（八）、則完天下之交、復与粱王遇、□功宋之事（九）、士民句可復用、臣必王之无外患也。若燕、臣必以死必之。臣以燕重事齊（一〇）、天下必无敢東視（一一）□□、兄臣能以天下功秦、疾与秦相萃也而不解（一二）。王欲復功宋而復之、不而舍之。王爲制矣。」

●齊王に謂う。「燕王、王の己を信ぜざるを難しとするは、則ち之有り。大惡を慮るが若きは之无（無）し。燕大惡ならんとすれば、臣必ず死を以て之を諍《あらそ》わん。能わざれば、必ず王をして先にこれを知らしめん。必ず天下の燕交を惡《そし》る者を聽く毋れ。臣の……する所を以て……魯甚焉。□臣大……士氏〈民〉を息《やす》ましめ、怒りを宋・魯に發するを庸《もち》いる毋れ。爲《も》し王能わざれば、則ち天下の交を完《まった》くして、復た粱（梁）王と遇し、功（攻）宋の事を□し、士民句（苟《いや》）しくも復た用う可くんば、臣、王の外患无（無）きを必す。燕の若きは、臣必ず死を以て之を必す。臣、燕を以て重く齊に事《つか》えしめば、天下必ず敢て東視して□□するもの无（無）し。兄（況）や臣能く天下を以て秦を功（攻）め、疾《と》く秦と相萃（捽《あた》）りて解けざらしむるをや。王復た宋を功（攻）めんと欲すれば之を復し、しからざれば之を舍《お》け。王、制を爲せ」と。

【注釈】

（一）難——文字は残欠しているが、精装本に従い、「難」と釈す。

（二）己——精装本は「已」と釈すが、誤り。

（三）燕王難於王之不信己也則有之――斉王が燕に不信感を抱いていたこと、またそれに対して燕王が苦慮したことは第一一章に「王猶聽惡燕者、燕王甚苦之」と述べられている。

（四）惡――文字は下部が残欠しているが、精装本に従い、「惡」と釈す。

（五）必毋聽天下之惡燕交者――斉王は燕の外交を悪し様に言う者を信用していたようである。第一一章に「天下惡燕而王信之」とある。

（六）氏――字形は「氏」だが「民」を表す。黄文傑「氏民辨」（『容庚先生百年誕辰紀念文集』、広東人民出版社、一九九八年）によると、秦漢時代「氏」「民」二字はしばしば混同される。『戦国縦横家書』では、ここを除けば両者は概ね書き分けられている。

（七）毋庸發怒於宋魯也――小組注は、斉の第二次攻宋の際（前二八八年頃）に、楚や魏と同様魯も宋の地を争ったと考える。馬雍「背景」は、『呂氏春秋』孝行覧・首時篇の「齊以東帝困於天下而魯取徐州」（斉は東帝を称したことで天下から苦しめられ、魯が徐州を奪い取った）を本章に関連付け、湣王が魯に怒ったのはこのためであると指摘している。「宋魯に怒りを発してはならない」とは、下文からも明らかなように、攻宋の暫時休止を説いているのである。

（八）爲王不能――「爲」は仮定を表す接続詞。小組注の解釈に従う。

（九）完天下之交、復与（與）梁（梁）王遇、□功（攻）宋之事――斉王が、五国攻秦や伐宋をめぐる魏の振る舞いに大きな不満を抱き、秦との講和を考えたことが第一二章に見える。第一一章では、斉秦講和を恐れる奉陽君が、斉王に魏を赦すよう望んでいる。朋友本が指摘するように、魏と遇することは、五国攻秦連合の再確認を意味する。「遇」は臨時の会合（第四章注（一三）を参照）。「完天下之交」は破綻を兆している五国連合を修復すること。

（一〇）臣以燕重事齊――「以」は使役的用法（第八章注（五）を参照）。

（一一）東視――東に目を向けること。小組注は東に向かって斉を攻撃することと言う。

（一二）兄（況）臣能以天下功（攻）秦、疾与（與）秦相萃（捽）也而不解――「萃」は「捽」（当たる、ぶつかる）の仮借。「與秦相捽」は秦と対峙若しくは戦うこと。「疾」は急速に、すぐに。助動詞「能」に支配されるのは「不解」まで。「解」は「懈」（緩む）。五国の結束が弛緩しないこと。実際には五国連合は瓦解の危機に瀕しているから、これは一種のレトリックである。自分には天下を組織して秦と戦う能力があるのだから、伐宋など何時でも可能であることを言外に表している。

【口語訳】

●斉王に次のように申し上げた。

「燕王が王様に信じていただけないことを苦にしているか、（と申せば確かにそれ）はその通りではございますが、かと言って（斉に対する離叛や裏切りなどといった）大それた悪事までたくらんでいるか、となればそれは滅相もないことでございます。（かりにもし）燕が大それたまねなどしようものなら、必ずやこのわたくしが命に代えてもお諫め申し上げるでしょうし、それがかなわずとも、かならずや王様に事前にこのことをご注進申し上げましょう。（ですから王様におかれましては）燕との交わりに水を差そうとする天下のやから《しょこく》にゆめゆめ耳をお貸しになりませぬように。わたくしの……をもってすれば……魯……ははなはだしいものです。わたくし……大いに……（斉の）士民を休養させ、宋や魯にお怒りを発したりなさいませぬよう。もし王様がどうしても腹に据えかねるということでありましたら、天下の交わりを固めたうえで、また梁王と会合して宋への攻撃について……なさいませ。（さすれば）士民をふたたび動員できさえすれば、王様に外患への心配ご無用であること、このわたくしが保証いたします。燕につきましては、わたくしが必ずや命に代えても（王様に忠実であることを）保証いたします。わたくしが燕を斉に対して丁重に仕えさせれば、天下は必ずやあえて東のかた（斉に）目を向けて……したりはしないでしょう。ましてやわたくしは天下に秦を攻撃させ、対峙したまま結束を維持させるということをやってのけているのです。（ですから）王様がまた宋を攻撃なされたいと思し召しならばそれもよし、そうでなければ捨て置かれるもよし、すべては王様の御心次第でございます。」

第一一章　自趙獻書於齊王章（一）

●自勺獻書於齊王曰、臣曁從燕之粱矣。臣至勺、（一）所聞於乾粱之功秦、（二）无變志矣。（三）以雨、未得遬也。（四）臣之所得於奉陽君者、乾粱合、勺氏將悉上黨以功秦。（五）奉陽君謂臣、楚无秦事、不敢与齊遇。齊楚果遇、是王收秦巳。（六）亓不欲甚。欲王之赦粱王而復見之。（七）勺氏之慮、以爲齊秦復合、必爲兩啇以功勺、（八）若出一口。若楚遇不必、雖必、不爲功、顯王之以毋遇喜奉陽君也。臣以足下之所兵臣約者告燕王、（九）臣以好處於齊、齊王終臣之身不謀燕〈燕〉（一〇）、臣得用於燕、終臣之身不謀齊。燕王甚兌、亓於齊循善。事卬曲盡從王、（一一）王堅三晉亦從王、王取秦楚亦從王。然而燕王亦有苦。天下惡燕而王信之。（一二）以燕之事齊也爲盡矣。先爲王絶秦、（一三）摯子、（一四）宦二萬甲自食以功宋、（一五）二萬甲自食以功秦、乾粱豈能得此於燕戋。盡以爲齊、王猶聽惡燕者、宋再寡人之吻功宋也請於粱閉關於宋而不許寡人巳擧宋講矣乃來諍得三今燕勺之兵皆至矣兪疾攻菑四寡人有聞粱、（一六）燕王甚苦之。顯王之爲臣甚安燕王之心也。燕齊循善、爲王何患无天下。

●勺（趙）より書を齊王に獻じて曰く。「臣曁（既）に燕より粱（梁）に之《ゆ》かんとせり。臣勺（趙）に至るに、乾（韓）・粱（梁）の功（攻）秦に於いて聞く所は、變ぜんとする志無きも、雨ふるを以て、未だ遬（速）《すみや》かにするを得ざるなり。臣の奉陽《ほうよう》君《くん》より得る所の者は、乾（韓）・粱（梁）合し、勺（趙）氏將に上黨《じょうとう》を悉《つく》して以て秦を功（攻）めんとす。奉陽君、臣に謂う。『楚、秦の事无（無）くんば、敢て齊と遇せず。齊・楚果して遇せば、是れ王、秦を收むるのみ』と。亓（其）の欲せざること甚し。王の粱（梁）王を赦して復た之に見えんことを欲す。勺（趙）氏の慮は、以て齊・秦復た合えば、必ず兩啇（帝）

と爲りて以て勺（趙）を功（攻）めんと爲すこと、一口より出るが若し。若し楚の遇必せざれば、必すと雖も、功を爲さざれば、顚（願）わくは王の遇せざるを以て奉陽君を喜ばしめんことを。臣、足下の臣と約する所の者を以て燕王に告ぐ。『臣以（已《すで》）に齊に好處され、齊王臣の身を終うるまで燕を謀らず。臣、燕に用いらるを得、臣の身を終うるまで齊を謀らず』と。燕王甚だ兌（悦《よろこ》）び、亓（其）の齊に於けるや循善たり。事、卬曲《ぎょうきょく》盡《ことごと》く王に從う。王、三晉を堅《かた》むも亦た王に從い、王、秦・楚を取るも亦た王に從う。然るに燕王亦た苦有り。天下、燕を惡《あ》しとして王之を信ず。燕の齊に事うるを以て盡くると爲す。先に王の爲に秦を絶ち、子を摯（質）とし、二萬甲を宦（擐《かん》）し自食《じし》して以て宋を功（攻）め、二萬甲自食して以て秦を功（攻）む。乾（韓）・梁（梁）豈に能く此れを燕より得ん戋（哉《や》）。盡《ことごと》く以て齊の爲にす。王猶（猶）お燕を惡しとする者を聽き、燕王甚だ之に苦しむ。顚（願）はくは王の臣が爲に甚だ燕王の心を安んぜよ。燕・齊循善たれば、王が爲に何ぞ天下を无（無《なみ》）するを患《うれ》えん」と。

【注釈】

（一）臣至勺（趙）――地理関係から見て、蘇秦は燕から梁（魏）への途上に趙に立ち寄ったのであろう。小組注及び唐蘭「史料」の解釈に従う。なお精装本は「至」を「之」に誤る。

（二）所聞於乾（韓）・梁（梁）之攻秦――「於」は行為の対象を表す介詞で、～について、～に関して。韓・梁の攻秦に関して耳にしたこと。

（三）无（無）變志――方針変更の意思がないこと。ここでの「變」は「志」の修飾語である。『孟子』公孫丑下「吾得見王、退而有去志」（私は王に会うことができたが、下がってから立ち去りたい気持ちになった）と同じ句構造。蘇秦は趙に於いて、韓・梁（魏）が攻秦の方針に変更がないことを耳にしたのである。魏の薛公は第七章に於いて五国連合からの離脱をほのめかしており、蘇秦は第八章に於いて、三晋が薛公の方針に従うか否かまだ分からないと斉王に述べている。

（四）以雨未得遬（速）也――これは前二八八年に発動された五国攻秦軍のうち韓・梁軍の動きを述べたものである。これを趙で得た最新情報として斉王に知らせていると見られるから、本章の書簡が書かれた年代は、同年と推定される。

（五）上黨――小組注によれば山西省東南部の土地で、戦国時代には趙・韓・魏にそれぞれ上党があり、趙の上党は大体現在の潞城、長治、長子一帯であるという。長子については『史記』趙世家・成侯五年（前三七〇年）に「韓與我長子」とあって、戦国中期には趙に属したようだが、『水経注』巻十濁漳水に引く『竹書紀年』には「梁恵成王十二年鄭取屯留、尚子、涅」とあり、「尚子」は長子の異名とされる。繆文遠一九九七は、この記事を前三五八年に系年し、鄭を韓に訂正している。これが正しければ、長子が趙の上党という説は怪しくなる。『戦国策』東周策・或為周最謂金投章では、ある人が趙の金投に対して韓・魏を討伐するように勧め、「上党や長子は趙の物になります」と言っているから、当時趙の領土ではなかったことになるが、周最や金投は蘇秦や奉陽君らと同時代の人物である。朋友本が指摘するように、上党の帰属は大変複雑で、慎重な考証が求められる。なお帛書に於いても、第一三章に「梁之上黨」、第一六章に「韓上黨」、第二一章に「韓・魏之上黨」の語があり、三晋全てに上党があったことがわかる。

（六）齊楚果遇、是王收秦巳（已）――斉王が楚をつてに秦と結ぼうと考えていたことは第七章及び第一一章に見える。「已」は話し手の確信の語気を表す。斉楚の間に遇の動きがあることを察知した奉陽君は、楚は攻秦に関与しておらず、斉と遇するのは不審であるから、斉の方に秦と結ぶ意図があるに違いないと断定しているのである。

（七）欲王之赦粱（梁）王而復見之――斉王が、五国攻秦や伐宋をめぐる魏の振る舞いに大きな不満を抱き、秦との講和を考えたことが第一二章に見える。第一〇章では悪化した関係を修復するため、蘇秦が斉王に魏王と遇するよう進言している。「欲」の主語は前後の文脈から奉陽君と判断される。

（八）兩啻（帝）――「啻」は小組注では「敵」と読むが、裘錫圭「札記」に従い、「帝」と読む。なお、「啻」が「帝」を表す例は、睡虎地秦簡『日書甲種』一二九正簡等にある。裘氏の指摘のように、『戦国策』斉策四・蘇秦謂斉王章に「両帝立、約伐趙」とあり、前二八九年の斉秦称帝の目的は伐趙であった。第一三章では韓員《かんいん》が斉王に「齊秦復合、使員反、且復故事。……齊・秦雖立百帝、天下孰能禁之」と述べて、斉秦称帝の故事を復活し、天下を壟断することを画策している。趙ではこのようなことを警戒しているのである。

（九）足下之所兵〈与（與）〉臣約者――「兵」は帛書が「与」を誤ったもの。裘錫圭「札記」に指摘がある。

（一〇）燕〈燕〉――下の「燕」は衍字である。

（一一）事印曲盡從王――小組注に、「印曲」は「俯仰」に等しく、ここでは高低に関わらずすべて斉王に従う意であるとする。「卬」は音通で「仰」と読み、「曲」は意味上「俯」に通ずると解釈しているのであろう。「印曲」は帛書に三例あるが（第一三章「秦印曲盡聽王」、第一四章「事印曲盡害」）、いずれの用例も文脈から判断して「すべて」という意味で用いられている。

（一二）天下惡燕而王信之——第一〇章に「燕王難於王之不信己也則有之、……必毋聽天下之惡燕交者」と述べられているのと同じ状況である。斉王が燕を疑惑の目で見るのは、帛書第六、七章に述べられているように、斉が宋を伐つ間隙を衝いて、燕で攻斉の動きがあったからである。

（一三）先爲王絶秦——燕と秦とは従来姻戚関係にあったらしい。『戦国策』燕策一・燕文公時章に、燕文公の時に、秦の恵王が娘を燕の太子に嫁がせたとあり、また蘇秦が斉の宣王に対して「今燕雖弱小、強秦之少婿也」（今燕は弱小であるが、強秦の少婿である）と述べている。また『同書』魏策二・五国伐秦章では蘇秦とされる人物が、五国攻秦が失敗した後、秦との講和を考える魏王に対して思いとどまるよう説得しているが、その中で「燕、斉、讎国也。秦、兄弟之交也。合讎国以伐婚姻、臣為之苦矣」（燕にとって斉は仇敵ですが、秦は兄弟の交わりです。仇敵と連合して婚姻関係の国を攻めるのは、私には苦痛です）と述べている。

（一四）摯（質）子——燕王が子を人質として斉に遣ったことは、第二〇章に「列在萬乘、寄質於齊、名卑而權輕」とある。第四章注（一一）も参照。

（一五）宦（擐）二萬甲自食以功（攻）宋——小組注に「宦」は「擐」と読むべきで、二万人の兵士を武装させ且つ自ら糧食を準備することだという。「擐」は「宦」と同音で、『左伝』成公二年に「擐甲執兵」（鎧を身に付け武器を執る）とある。「宦二萬甲」を文字どおり解釈すれば、「二万の鎧を身に着けて」となる。小組はまた一説として「宦」は「宧《い》」の誤りで、「養」の意味であるとする。「自食」は自分で自分に食わせること。「食」の音はシで、食事をさせるの意。燕が斉を援助して宋を伐つことは、第二〇章にも見え、「奉萬乘助齊伐宋、民勞而實費」と言う。なおこの「攻宋」は「攻秦」の前に置かれていること、「先」という副詞が付いていることから判断すると、楊寛『輯証』にも指摘するように、前二九〇年のいわゆる第一次攻宋時（第四章注（一七）を参照）のことを述べていると考えられる。

（一六）宋再寡人……有聞粱——この四九字は錯簡。精装本に従い第一二章に移す。

【口語訳】

●趙から書簡を斉王に送って、次のように述べた。

「わたくしはすでに燕から梁（魏）に向かい、（途次）趙に着いたところですが、聞くところでは、韓・梁が秦を攻撃する方針に変更はないものの、雨のために速やかに（動くことが）できないでいる、とのことです。（さらに）奉陽君より伺ったところでは、韓・梁両軍が合体し次第、趙は上党（の兵力）を総ざらえして秦を攻撃するであろう、とのことでした。（また）奉陽君がわたくしに申しますには、

楚は秦との件がなければ、あえて斉と会合［遇］をもったりはしないであろう。斉と楚がはたして会合するというのであれば、それは（斉）王が秦と結ぼうとしているのだ。

とのことで、その不快の念は相当なものであります。（一方で）王が梁王をお許しになって、ふたたび会見して下さることを望んでおりました。趙国が警戒しておりますのは、「斉と秦とが再び手を結べば、必ずや両国が（東西）両帝となって趙を挟撃してくるであろう」こと、（これは当局者たちが）口を揃えて申しているところでございます。（ですから）もし楚との会合が確定しているのでなければ、あるいは確定はしていても実質的な成果が望み薄なようであれば、どうか王様には会合をなさらないことで、奉陽君を喜ばしておやりになりますようお願い申し上げます。

（また燕では）足下がわたくしと交わした（以下のような内容の）約定について、燕王に伝えてまいりました。

わたくしが斉で厚遇されることで、斉王がわたくしの存命中に燕をたくらむようなことをしない。（また）わたくしが燕で用いられることで、（燕も）わたくしの存命中は斉をたくらむようなことがないようにする。

燕王はこれにいたくお喜びで、斉に対して従順な姿勢を見せております。（燕は）事の大小を問わず、ことごとく王に従うでしょう。王が三晋を大事になさっても王に従うでしょうし、秦・楚と結ばれてもまた王に従うことでしょう。しかし（そのような）燕王にも、また悩みの種がございます。（それは）天下が燕のことを悪しざまに言うのを王がお信じになってしまうことであります。燕が斉にお仕えすること、充分に尽くせりと申せましょう。これまで王のために秦と交わりを絶ち、子を人質に出し、自らの負担でもって二万の兵で宋を攻め（る際の援軍とし）、自らの負担でもって秦を攻め（る際の援軍とし）ているのです。韓や梁であれば、どうして燕にここまでしてもらえるものでしょうか。すべては斉のため（に

していることなの）でございます。それでもなお、王が燕を悪しざまに申す者の話に耳を傾けられることに、燕王ははなはだ心を痛めております。燕と斉との関係が良好でありさえすれば、どうして天下を失うことを御心配に及びましょうや」

第一二章　自趙獻書於齊王章（二）

●自勺獻書於齊王曰(一)、臣以令告奉陽君曰、寡人之所以有講慮者有(二)。寡人之所爲功秦者、爲梁爲多、梁氏留齊兵於觀(三)、數月不逆、寡人失望(四)、一。擇齊兵於熒陽成睪(五)、數月不從、而功〔宋、再。寡人之叨功宋也、請於梁閉關於宋而不許(六)。寡人巳舉宋講矣、乃來諍得(七)、三。今燕勺之兵皆至矣(八)、俞疾功菑(九)、四。寡人有聞梁〕〔入兩使陰成於秦(一〇)。且君嘗曰、吾縣免於梁是、不能辭巳(一一)。雖乾亦然。寡人恐梁氏之棄与國而獨取秦也、是以有溝慮。今曰不〕女□之、疾之、請從(一二)。功秦、寡人之上計。講、最寡人之大下也(一三)。梁氏不恃寡人、樹寡人曰(一四)、齊道楚取秦(一五)、蘇脩(一六)在齊矣。使天下汹汹然(一七)。曰、寡人將反暈也(一八)。寡人无之。乃暈固於齊(一九)、使人於齊大夫之所而俞語(二〇)則有之。寡人不見使□、□大對也。寡人有反暈之慮、必先与君謀之。寡人入兩使陰成於秦且君嘗曰吾縣免於梁是不能辭巳雖乾亦然寡人恐梁氏之棄与國而獨取秦也是以有溝慮今曰不(二一)与韋非(二二)約曰、若与楚遇、將与乾梁四遇(二三)、以約功秦。若楚不遇、將与梁王復遇於圍地(二四)、收○秦等(二五)、牋明功秦。大上破之、其〔次〕賓之(二六)、亓下完交而□講(二七)、与國毋相離也(二八)。此寡人之約也。韋非以梁王之令、欲以平陵蛇薛(二九)、以陶封君(三〇)。平陵雖成而巳、亓鄙盡入梁氏矣(三一)。寡人許之巳。臣以〔告〕奉陽君(三二)、奉陽君甚兌。曰、王有使周濕長駟(三三)重令挩(三四)、挩也敬受令。奉陽君合臣曰、篝有私義(三五)。与國不先反而天下有功之者、雖知不利、必據之。与國有先反者、雖知不利、必怨之。今齊勺燕循相善也。王不棄与國而先取秦、不棄篝而反暈也(三六)、王何患於不得所欲(三七)。梁氏先反、齊勺功梁、齊必取大梁(三八)以東、勺必取河内(三九)、秦案不約而應(四〇)、王何患於梁。梁乾无變、三晉与燕爲王功秦、以便王之功宋也、王何不利焉(四一)。今王棄三晉而收秦、反暈也(四二)、是王破三晉而復臣天下也(四三)。〔天〕下(四四)將入地与重摯於秦、而獨爲秦臣

以怨王。（四五）臣以爲不利於足下、（四六）顚王之完三晉之交、与燕也、講亦以是、疾以是。（四七）

●勺（趙）より書を齊王に獻じて曰く。「臣、令（命）を以て奉陽君《ほうようくん》に告げて曰く。『寡人の講せんとする慮有る所以の者に〔四〕あり。寡人の爲に秦を功（攻）むる所の者は、梁（梁）が爲にするを多と爲すに、梁（梁）氏齊兵を觀《かん》に留めて、數月逆《むか》えず、寡人失望（望）すること、一なり。齊兵を滎陽《けいよう》・成《せい》睪（皋《こう》）に擇（釋《す》）てて數月從わず、而して宋を功（攻）むること、再なり。寡人の㕲（仍《よ》）りて宋を功（攻）むるや、梁（梁）に關を宋に閉ずるを請うも許さず。寡人巳（已）に宋と講するに、乃ち來りて得るを諍（争）うこと、三なり。今燕・勺（趙）の兵皆至れるに、兪（愈《いよい》）よ疾《はげし》く菑（葘《さい》）を功（攻）むること、四なり。寡人有（又）た聞く、梁（梁）兩使を入れ陰《ひそ》かに秦に成せんとするを。且つ君嘗て曰く、『吾梁（梁）是（氏）に縣免して辭する能わざるのみ』と。乾（韓）と雖も亦た然り。寡人、梁（梁）氏の与（與）國を棄てて獨り秦を取るを恐る。是を以て溝（講）せんとする慮有り。今、之を□し、之を疾《すみや》かにするに女（如）かず、請うらくは從わんと曰う。功（攻）秦は寡人の上計なり。講するは最も寡人の大（太）下なり。梁（梁）氏寡人を恃《たの》まず、寡人を樹して曰く、齊、楚に道《よ》りて秦を取らんとす。蘇脩齊に在りと。天下をして浻浻（洶洶《きょうきょう》）然たらしむ。寡人將に〓《いん》を反（返）さんとすと曰うも、寡人之无（無）し。乃ち〓、齊に固く、人を齊大夫の所に使わして兪（偸《とう》）語するは則ち之有り。寡人、使を見ず、□□大いに對（懟《うら》）む。寡人、〓を反（返）さんとするの慮有れば、必ず先に君と之を謀らん。寡人、韋非《いひ》と約して曰く、若し楚と遇すれば、將に乾（韓）・梁（梁）と四遇し、以て功（攻）秦を約さん。若し楚遇せざれば、將に梁（梁）王と復た圍《い》の地に遇し、秦等を收め、旞（遂）に功（攻）秦を明（盟《ちか》）わん。大（太）上は之を破り、其の次は之を賓（擯《ひん》）し、亓（其）の下は交わりを完《まっと》うして□講し、与（與）國相離るること毋からんと。此れ寡人の約なり。韋《い》非《ひ》、梁（梁）王の令（命）を以て、平陵《へいりょう》を以て薛に蛇（貤《ま》）し、陶を以て君を封ぜんと欲するも、平陵は雖（唯）だ成（城）のみにして、亓（其）鄙（鄙《ひ》）は盡《ことごと》く梁（梁）氏に入る。寡人之を許すのみ』と。臣以て奉陽君に告げ、奉陽君甚だ兌（悦）びて曰く。『王有（又）た周濕《しゅうしゅう》・長（張《ちょう》）駟《し》を使わして重ねて挩（兌《たい》）に令（命）ぜしむ。挩（兌）や敬んで令（命）を受くと』。奉陽君、臣に合（答）えて曰く、『箒〈槽（兌）〉に私義（議）有り。与（與）國先に反《そむ》かざるに天下に之を功（攻）むる者有れば、利あらざるを知ると雖も、必ず之に據《よ》る。与（與）國に先に反く者有れば、利あらざるを知ると雖も、必ず之を怨む』と。今齊・勺（趙）・燕循《したが》いて相善し。王、与（與）國を棄てて先に秦を取らず、箒〈槽（兌）〉を棄てて釁《いん》を反（返）さざれば、王何ぞ欲する所を得ざるを患《うれ》えんや。梁（梁）氏先に反けば、齊・勺（趙）梁（梁）を功（攻）む。齊必ず大梁（梁）以東を取り、勺（趙）必ず河内《かだい》を取れば、秦案《すなわ》ち約せずして應ず。王何ぞ梁（梁）を患えんや。梁（梁）・乾（韓）に變无（無）く、三晉、燕と王が爲に秦を功（攻）め、以て王の功（攻）宋に便ならしめば、王何ぞ利あらざらんや。今王、三晉を棄てて秦を收め、釁を反（返）すは、是れ王、三晉を破りて復た天下を臣とするなり。天下將に地と重摯（質）を秦に入れ、獨り秦臣と爲りて以て王を怨まん。臣以て足下に利あらずと爲す。顚（願）わくは王の三晉の交わりを完うして、燕に与（與）《くみ》せんことを。講するも亦た是れを以てし、疾《すみや》かにするも是を以てせよ」と。

【注釈】

（一）自勺（趙）獻書於齊王曰――本章は、第一一章の書簡に続く第二便として作成されたものであると考えることができる。詳しくは大櫛敦弘二〇〇二を参照。

（二）寡人之所以有講慮者有――「講慮」とは秦と講和する考え。小組注に、二つ目の「有」の下に「四」を補うべきではないかと言う。鄭良樹「校釈」は、「者」の下の「有」は衍字であるという。

（三）梁（梁）氏留齊兵於観――「観」は戦国魏の領土であったが、『史記』六国年表等によると、前三六八年斉に攻め取られる。小組注が「魏地」とするのは、本章の「魏が斉兵を観の地に足止めして出迎えなかった」という記事から判断したものか。地望については、小組注は「今の山東省范県西北に観城鎮がある」と言うが、現在の行政区画では范県は河南省に属しており、観城鎮は山東省莘県の管轄である。朋友本に山西省というのは誤り。いずれにせよ観は斉魏国境付近に位置する邑であろう。盧雲一九八六には戦国時代の主要交通路が復元されているが、斉の都臨淄から秦へ向かう交通路は、歴下（現在の済南）、阿、馬陵、濮陽等を経由して滎陽、成皋に至り、さらに西進して函谷関に向かう。観は馬陵と濮陽の間にあり、この交通路沿線の邑だったらしい。斉軍は斉魏国境付近で魏の出迎えを受ける手はずになっていたが、魏はその通りに行動しなかったものと推測される。

（四）寡人失朢（望）――精装本は直接「望」とするが、芸術本に従い「朢」に改める。

（五）熒陽・成睪（皐）――ともに戦国韓の邑。『史記』六国年表等によれば、前二四九年秦の将軍蒙驁《もうごう》の攻撃を受け、秦に奪われた。「熒」は『史記』『戦国策』等では「滎」に作る。地望はともに現在の河南省滎陽県。滎陽、成皐は交通の要衝であり、五国連合軍の集合地であった可能性がある。上引盧雲氏論文によると、斉から西へ向かう道と魏から西へ向かう道は滎陽で合流する。第一一章には「韓・梁合、趙氏將悉上黨以攻秦」というように攻秦の計画が示されているが、滎陽、成皐は魏都大梁と韓都宜陽のほぼ中間にある。また趙は上党の兵力を動員することになっているが、それは太行山脈の西側の道を南下し、孟津で黄河を渉って洛陽に向かうルートを取ったはずであり、滎陽、成皐は洛陽のすぐ東に位置している。燕からのルートは趙を経由して太行山脈東側の道を南下し、やはり孟津に出て洛陽に至る。『戦国策』趙策四・五国伐秦章には、攻秦連合軍が何の戦果も挙げぬまま成皐に於いて解散したことが記されている。「睪」字は精装本は「皐」と釈すが、郭永秉「瑣記」により「睪」に改めた。

（六）請於粱（梁）閉關於宋而不許――「閉關」は外交関係の断絶を意味することがある。例えば『史記』張儀列伝に「閉關絶約於齊。」（斉に対して関所を閉鎖し盟約を破棄した）。梁に対して宋との外交関係を断絶し、斉の伐宋に干渉しないことを要請したものと考えられる。なお「請於梁閉關於宋」は動詞「請」の句型としては大変珍しい表現である。動詞「請」が請願の対象（Nで表示、ここでは「梁」）を伴うとき、「請V於N」または「請NV」という句型を取り、「請」とNとの間に通常「於」は挿入されない。

（七）寡人巳（已）舉（與）宋講矣、乃來諍（爭）得――「爭得」は領土を得ようと争うこと。「乃」は、ある条件の下で初めて～するということを表す副詞。話し手の意外な気持ちを表す語気を帯びることがある。

（八）今燕勺（趙）之兵皆至矣――五国攻秦軍の最終到達地点が成皐であったこと、また注（三）（五）に示した各国の進軍ルートから考えると、燕・趙軍が到達したのは滎陽、成皐であったと推測される。

（九）兪（愈）疾功（攻）菑（甾）――小組注によれば、「甾」は宋・魏の国境地域であり、現在の河南省蘭考県に位置すると言う。宋都睢陽のあった河南省商丘市の西北四〇キロメートル、魏都大梁の東一〇〇キロメートルほどの所である。「攻甾」の主語は明示されていないが、前三点が全て梁の行為に対する不満であることから、これも同様であろう。なお「菑」は『正字通』艸部に「按菑音義與甾同、即甾字之譌」という。精装本は直接「甾」と釈している。

（一〇）入兩使陰成於秦――「兩使」とあるが、使者が二名一組で派遣されている例は、このほか第二章の使孫と趙弘、第六章の宋竅と侯獳などがある。外交活動に於いて使者が果たした機能に関する考察は、大櫛上掲論文を参照されたい。「成」は講和するという意味。

（一一）吾縣免於梁（梁）是（氏）、不能辭巳（已）――「縣免」は未詳。「縣」「免」ともに上古音元部字であり、なんらかの連綿字の可能性がある。小組注は「勗勉」（励む）と読んで、奉陽君が無理に梁国に秦を攻撃させたことを指すという。しかし「勗」は幽部字で、元部の「縣」とは音の違いが大きい。また小組注は一説として、懸賞によって励ますことと言う。「辭」の意味もよく分からないが、「拒絶する、断る」の意としておく。

（一二）今曰不女（如）之、疾之、請從――「曰」の主語は省略されている。欠文があって文意は不明瞭だが、ここでは梁の態度が問題になっているので、主語を梁と解釈する。「疾之」の「之」は攻秦を指すと考えられる。上文に「釋齊兵於熒陽・成皋、數月不從、而攻宋」とあるが、今度は攻秦に従いたいと言ってきたのであろう。

（一三）最寡人之大（太）下也――小組注は、「最」は「寡」と字形が似ているための衍字とする。朋友本は「最」を「最も」の意で読んでいるが、「太」という程度副詞と共起するのは意味上不整合である。衍字の可能性があろう。

（一四）樹寡人曰――「樹」は未詳。小組注は、「樹」は「立」であり、名誉を樹立することを「樹譽」と言うが、ここではその反対で、悪い評判を立てることだという。蕭旭二〇一〇は、「樹」を「愷」（やや腹を立てる）の仮借と考えている。

（一五）齊道楚取秦――「道」は「〜をつてに」という意味の前置詞。

（一六）蘇脩――第三章にその名が見える。同章注（一七）を参照。

（一七）況況（洶洶）然――騒然としたさま。

（一八）寡人將反（返）㬅也――韓㬅は当時秦におり、それ召喚することは、斉秦が連合することを意味する。下文「今王棄三晉而收秦、返㬅也、是王破三晉而復臣天下也」及び第一三章を参照。また斉王が韓㬅召喚を考慮したことは、第七章にも見える。

（一九）乃㬅固於齊――「固」は堅固である、しっかりしている。韓㬅は嘗て斉に於いて枢要な地位を占めており、斉と関係が深いからこのように言うのであろう。第七章注（六）を参照。なお文頭の「乃」は下文「有之」までかかる。「乃」が文頭に立つときには、しばしば弁明の語気を表わす。

（二〇）兪（偸）語――『左伝』文公十七年に「齊君之語偸」（斉君の言葉はおざなりです）とあり、杜注に「偸、猶苟且」とある。これに基づき、「偸語」を「おざなりな話をする」と解釈しておく。

（二一）入兩使……今曰不――「入兩」より「日不」に至る四七字は錯簡である。精装本に従い、上文に移す。

（二二）韋非――人名。小組注は楚国の使者とするが、下文では魏王の命を斉王に取り次いでいる。

（二三）將与（與）乾（韓）梁（梁）四遇――小組注は、斉が韓・梁・燕・趙四国と遇することとする。しかし朋友本が指摘するように、斉・楚・韓・梁四国が遇すると考えたほうがよい。

（二四）圍地――朋友本は斉と魏の国境付近かと言い、『荀子』彊国篇「在魏者乃據圍津、即去大梁百有二十里耳」（秦の領地で以前魏に属していたものは、圍津を根拠とし都の大梁まで百二十里までせまり）を引いて、圍津と同一地の可能性を指摘している。朋友本に従う。圍津は韋津とも言い、現在の河南省滑県付近。第四章注（二〇）も参照。斉王が梁王と遇することは奉陽君の希望に沿うことであり、第一一章では蘇秦もそれを勧めている。

（二五）收秦等――小組注は未詳と言いつつ、二つの読みを示している。一は、「秦」を国名とし、「收」を「糾」の仮借として、「糾正」（誤りを正す）、即ち秦の誤りを正すと解釈する。もう一説は「秦」を蘇秦の自称とし、「糾」を「糾合」の意として、蘇秦等を集めると解釈する。後者の解釈に従う。ただし「收」には集めるという意味があり（『爾雅』釈詁一「收、聚也」）、破読の必要はない。蘇秦が遇に立ち会った例として、第四章の阿の遇がある。

（二六）其（次）賓（擯）之――精装本に従い、「其」の下に「次」字を補う。「擯」は除外、排斥すること。同盟を結ぶ際に特定国を故意に除外することがある。例えば第三章に「外齊於和」。

（二七）□講――小組注は、『戦国策』魏策二・五国伐秦章「故爲王計、太上伐秦、其次賓秦、其次堅約而詳講、與國無相離也」（故に王様のために計略を立てますに、最上は秦を討つこと、その次は秦を外すこと、その次は盟約を固めて偽って講和し、同盟国が離反しないようにすることです）に基づいて、欠字に「詳」（偽って）を補っている。鄭良樹「校釈」は、文脈から「共」と推定している。

（二八）与（與）國毋相離也――否定詞「毋」は使役文や能願文（可能、願望を表す）に多く用いられる。ここでは使役動詞や能願動詞は使われていないが、「毋」は～でありたいという願望の語気を表している。

（二九）欲以平陵蛇（貤）薛――平陵は宋の地。第一四章に「今攻秦之兵方始合、王又欲得兵以攻平陵、是害攻秦也。天下之兵皆去秦而與齊争宋地、此其爲禍不難矣」とあることから、当時宋の領土であったことは明らかである。その地望については二説ある。小組注は、古書では「陵」と「陸」とはよく混同されることから、「平陵」を「平陸」に読み替える。平陸は現在の山東省汶上県付近で、薛とも近接する。『戦国策』斉策四・蘇秦謂斉王章では、蘇秦が伐宋の利を説く際に、「陰（陶）や平陸を領有すれば、魏の城門は開けてはおられません」と述べているから、やはり宋に属していたようである。一方、平陵の名は銀雀山漢簡『孫臏兵法』擒龐涓第二三八号簡に見え、「孫子曰、請南攻平陵。平陵、其城小而縣大、人衆甲兵盛、……吾攻平陵、南有宋、北有衛」（孫子が言うには、南方の平陵を攻撃させて頂きたい。城は小さいが県は大きく、人は多く軍隊は強大です。……こちらが平陵を攻めると、南には宋があり、北には衛があり）とあって、宋と衛の間に位置したことが分かる。また城と県とが分けられていることは、本章後文の平陸獲得後に城は薛公に与え、郊外は魏に直属させるという計略と符合する。張震沢「平陵考」（『孫臏兵法校理』、中華書局、一九八四年）は、本章や銀雀山漢簡の平陵は斉の平陸ではなく、古籍に見える襄陵（現在の河南省睢県付近）と同一地域に相当すること考証している。「蛇」は小組注によれば「貤」の仮借とし、『広雅』釈詁一「貤、益也」によって益封の意とする。「貤」は「也」声に従う字で、「蛇」とは諧声符が異なるが、黄徳寛「説『也』」（『第三届国際中国古文字学研討会論文集』、香港中文大学、一九九七年）によれば、後世の「也」声字は漢初以前の出土資料では「它」声に従い、「也」「它」の混用が生じるのは前漢中期いわゆる隷変以降のことである。従って「蛇」を「貤」の仮借と見ることに、音韻上の問題はない。

（三〇）以陶封君――この「陶」字は、帛書第一五章「陶必亡」の「陶」と同形である。精装本が「陰」と釈し、「陶」の訛形とするのは誤り。「陶」は現在の山東省定陶県。楊寛『戦国史』は、宋の定陶は当時中原に於いて最も繁栄した都市であり、各国の垂涎の的であったという。もともと商売によって巨万の富を蓄えた范蠡（陶朱公）が居住した城邑である。趙の奉陽君や秦の穰侯魏冄が陶を封邑に望んでおり、『戦国策』趙策四・五国伐秦無功章に「臣謂奉陽君曰、天下散而事秦、秦必據宋、魏冄必妬君之有陰〈陶〉也。秦王貪、魏冄妬、則陰〈陶〉不可得已矣」（私は奉陽君に申しました。「天下の軍が解散して諸侯が秦に仕えるようになれば、秦は必ず宋を占拠し、秦の魏冄はあなた様が陶を領有されるのを妬むでしょう。秦王は貪欲、魏冄は嫉妬深いのですから、陶は手に入らなくなります」）とある。「陶」は伝世文献ではしばしば「陰」と誤記される。王念孫『読書雑志』戦国策第一「莫如於陰」条を参照。

（三一）平陵雖（唯）成（城）而巳（已）、亓（其）鄙（鄙）盡入粱（梁）氏矣――「鄙」は城外、郊外。これによると、薛公に与えられるのは平陵の城内だけであって、郊外は魏に直属する予定であったことになる。ところで近年出土の包山楚簡等の資料によって、楚の封君の中に、陰侯、尚君、鄗君、漾陵君等、県名と同じ封号を持つ者が多く知られるようになってきた。陳偉『包山楚簡初探』（武漢大学出版社、一九九六年）は、封邑が同名の県の一部分を切り取って成立したか、県が同名の封邑を分割して設置されたかであろうと推測している。平陵は城内が薛公の封邑となり、郊外が県として魏に編入される予定であったと思われ、同一地域に於ける県と封邑の併存の一つのあり方として興味深い。

（三二）臣以〔告〕奉陽君――精装本に従い、「以」の下に「告」字を補う。

（三三）周濕・長〔張〕駟――ともに人名。斉王の使者。

（三四）重令挩（兌）――精装本によれば「挩」は「兌」の仮借で、奉陽君李兌の自称。

（三五）箒〈槥（兌）〉有私義（議）――「箒〈槥〉」は文脈から見て、奉陽君李兌の自称である可能性が高い。小組注は「彗」「兌」の音が近いことを指摘する。「槥」（「彗」と同音）の上古音は祭部合口邪母（*zlwets）、「兌」は祭部合口定母（*lots）であり、邪母は舌先音声母と諧声上関係が深い。なお本字は、精装本はほぼ原字をそのまま隷定した「箒」に作るが、楊寛一九七五Bは「槥」と釈す。「槥」は銀雀山漢簡『孫臏兵法』に見えるが、本字に酷似している。本字の「竹」冠は、「彗」の上部が訛変したものと考えられ、恐らく「槥」の異体字であろう。

（三六）王不棄与（與）國而先取秦、不棄箒〈槥（兌）〉而反（返）曩也――李兌を棄てることは、趙を棄てること、韓曩を召し帰すことは秦と結ぶことを意味する。否定詞「不」は後の動詞句全体を否定している。

（三七）王何患於不得所欲――「於」は対象を表す前置詞。～について。『戦国縦横家書』では感情動詞の対象はしばしば介詞「於」を伴って表現される。「不得所欲」は望むものが得られない、思い通りにならない。「所欲」は後文から見て、具体的には攻宋を指すと考えられる。

（三八）大粱（梁）――梁（魏）の都。第一章注（八）を参照。

（三九）河内――黄河北岸の地域を指す。小組注は、趙、魏ともに河内があり、魏の河内は現在の河南省汲県から済源県一帯であろうと言う。

（四〇）秦案不約而應――「案」は通常意味的に「於是」に等しいと理解されている。文頭或いは述語の前に用いられた場合、前文を受けて「そこで」という意味を表す。字は「焉」「安」に作ることが多い。

（四一）王何不利焉――ここでの「焉」は二通りの解釈が可能である。一つは「於是」と同義と見て、「それ（攻宋）に関してどうして不利でありましょうか」と読む。もう一つは「焉」は聞き手の注意を喚起する語気詞（現代中国語の「呢」に近い）であって、実質的な指示対象はないという解釈である。

（四二）今王棄三晉而收秦、反量也——第一三章に「使量返、且復故事」と言うように、韓量の召喚には、秦・斉が再び帝号を称して天下を壟断するという策略が込められている。

（四三）復臣天下也——「臣天下」は天下を臣とすること。ここでの「天下」は具体的には斉・秦以外の三晋などの諸国を指す。このような「天下」の用例は、第七章「天下不能攻秦、□道齊以取秦」や第九章「南方之事齊者、欲得燕與天下之師、而入之秦與宋以謀齊」などいくつか見えており、注目される。

（四四）〔天〕下——精装本に従い、「天」字を補う。

（四五）而獨爲秦臣以怨王——「獨爲秦臣」とは秦だけの臣になること。斉秦が称帝しても、天下は実質的に秦の臣下となり、斉には益はないことを言っている。

（四六）不利於足不下——小組注が指摘するように、「足」の下の「不」は衍字である。

（四七）講亦以是、疾以是——講和するにせよ速やかに攻秦するにせよ、三晋や燕との関係を完璧に保つ方針で望むべきことを言う。「講」は下策とされる秦との講和、「疾」は速やかに攻秦を行なうこと。「以」は行為の依拠、基準を表す前置詞、「是」は前文「完三晉之交、與燕」を指す。

【口語訳】

●趙から書簡を斉王に送って、次のように述べた。

「わたくしは御指示の通り、奉陽君に次のように申し伝えました。

寡人《わたし》（＝斉王）が秦との講和を考慮している理由は（以下の四点で）ある。

（そもそも）寡人が秦を攻撃しているのは、梁（魏）のため、というところが多い。（にもかかわらず）梁はわが軍を観に留めたまま、数ヶ月も迎えに出ようとしなかった。寡人が失望した第一点である。（さらに）わが軍を滎陽・成皐に放っておくこと数ヶ月、いっかな合流しようとしないばかりか、（勝手に単独で）宋を攻撃したこと、これが第二点である。（そして）寡人が宋を攻撃した際には、梁に宋との国境を閉鎖するよう要請したにも関わらず、これに応じてはくれなかった。（ところが）寡人が宋と講和する段になると、やって来て取り分を争う始末である。これが第三点。いまや燕・趙の軍がみな到着しているのに、（梁は）薔の攻略に血道を上げている。これが第四点である。寡人はまた、梁が二人の使者を派遣して、ひそかに秦と講和を結ぼうとしている由、聞き及んでいる。さらに、あなたはかつて『梁に縣免（未詳）されて、断りきれませんでした』と仰せられたが、それが韓であっても、また同様であろう。寡人としては、梁が同盟国を捨てて単独で秦と結ぶことを恐れる。それゆえ、講和を考えているのである。それが今になって（梁は）『（秦攻撃は）……し、急ぐにこしたことはなく、合流したい』と言い立てている。秦攻撃こそは寡人にとっても上策であり、講和は最悪である。（にもかかわらず）梁は寡人を恃みとせず、寡人を誹謗して『斉は楚をつてに秦と結ぶ腹だ。（その証拠に）蘇脩が斉にいる』と（触れ回って）天下を騒がせておる。（また）寡人が韓覺を召還するとも言っているが、寡人にそのような事実はない。もっとも、韓覺の方で斉との関係も深いことから、斉の大夫のもとに使者を送って音信を通ずるといった程度のことは、あるにはあった。（しかし）寡人はその使者には会っていないし、……大いに怒っている。寡人が韓覺を召還するとなったら、必ず前もってあなたに相談する。

（なお）寡人は韋非との間に以下のような約定を交わしている。

『もし楚と会合をするのであれば、韓・梁を交えた四者で行い、秦の攻撃を約す。もし楚と会合をしないのであれば、梁王と圃地にてふたたび会合を行い、（蘇）秦なども加えて、秦攻撃を盟うこととする。最上は秦を破ること、さもなければ秦を排斥し、最悪でも盟約を固めて（偽って）講和することとし、同盟国同士離反することのないようにする』

これが寡人が交わした約定である。韋非は（また）梁王の命令により、平陵を薛に与え、陶をあなたの封地とするが、（薛に与える）平陵については都市部分のみとし、郊外はことごとく梁に属することとしたい、と言ってきたので、寡人はそれを承諾した。

わたくしが以上のように奉陽君に伝えたところ、奉陽君はことのほか喜んで、
王様にはまた周湿・長駟を遣わして兌《わたくし》に重ねてお命じくださいました。兌としても、つつしんで御命令をお受けいたします。
と述べ、（さらに）わたくしに答えて
兌に私案があります。同盟国が裏切らない限り、天下でこれを攻めるものがあれば、不利であっても必ず助ける。同盟国で裏切るものがあれば、不利であっても必ずこれを怨むこととといたしましょう。
とのことでした。
さて、現在のところ斉・趙・燕の関係は非常にうまくいっております。王が同盟国を捨てて、抜け駆けして秦と結んだりすることなく、（また）兌を捨てて韓巋を召還するといったことをしなければ、どうして思い通りにいかないといったことを心配することがありましょうか。梁が先に裏切っても、斉・趙で梁を攻めれば、斉は必ずや大梁以東を取り、趙は河内を取り、秦は黙っていてもこれに呼応（して梁を攻撃）するでしょうから、王はどうして梁について心配することがありましょう。梁・韓が裏切らないようであれば、三晋と燕とが王のために秦を攻め、王が宋を攻撃するのに有利な環境となりますから、（この場合でも）王にどうして不利なことがございましょう。
（しかし）もし王が三晋を捨てて秦と結び、韓巋を召還するのであれば、これすなわち王が三晋を破ってまた天下を臣従させることであります。（そうなれば）天下は土地と人質とを秦に入れ、完全に秦の陣営に走って王を怨み（敵対することとなり）ましょう。わたくしはこれは足下にとって不利であると考えます。どうか王様には、三晋との交わりは水ももらさぬようになさいますよう。（また）燕とも親しまれますように。（そうすれば）講和するもよし、秦を攻撃するもまたよし、と（いう有利な情勢に）なりましょう。」

第一三章　韓𥣡獻書於齊章

●乾𥣡獻書於齊曰（一）、秦悔不聽王以先事而後名（二）。今秦王請侍王以三四年。齊不收秦、秦焉受晉國（三）。齊秦復合、使𥣡反、且復故事（四）、秦印曲盡聽王（五）。齊取宋、請令楚粱毋敢有尺地於宋、盡以爲齊（六）。秦取粱之上黨。乾粱從、以功勺、秦取勺之上地（七）、齊取河東。勺從、秦取乾之上地、齊取燕之陽地（八）。三晉大破、而〔攻楚（九）〕、秦取鄢（一〇）、田雲夢（一一）、齊取東國下蔡（一二）。使從親之國如帶而巳（一三）。齊秦雖立百帝、天下孰能禁之。

●乾（韓《かん》）𥣡《いん》書を齊に獻じて曰く。「秦、王を聽きて以て事を先にし名を後にせざるを悔《く》ゆ。今秦王、王を侍（待）つに三・四年を以てするを請う。齊、秦を收めざるも、秦焉《いず》くんぞ晉國を受けんや。齊・秦復た合し、𥣡をして反（返）らしめ、且つ故事を復せば、秦印曲《ぎょうきょく》盡《ことごと》く王を聽かん。齊、宋を取れば、請うらくは楚・粱（梁）をして敢て尺地すら宋に有る毋からしめ、盡く以て齊と爲さん。秦は粱（梁）の上黨《じょうとう》を取らん。乾（韓）・粱（梁）從えば、以て勺（趙）を功（攻）め、秦は勺（趙）の上地《じょうち》を取り、齊は河東《かとう》を取らん。勺（趙）從えば、秦は乾（韓）の上地を取り、齊は燕の陽地《ようち》を取らん。三晉大いに破らるれば、楚を攻め、秦は鄢《えん》を取りて雲夢《うんぼう》に田《かり》し、齊は東國・下蔡《かさい》を取らん。從（縱）親の國をして帶の如からしむるのみ。齊・秦百帝を立つと雖も、天下孰《たれ》か能く之を禁ぜん。」

【注釈】

（一）乾（韓）𥣡獻書於齊曰——本章は秦に滞在中の韓𥣡が、秦王の意を受けて書いた書簡である。前半一四章のうち、唯一作者が異なるので、韓𥣡の名が記されている。韓𥣡については第七章注（六）を参照。斉による召還は、斉秦連合を意味するものとして、国際情勢の一つの焦点であった。

（二）秦悔不聽王以先事而後名——否定詞「不」は動詞句「聽王以先事而後名」全体を否定する構造である。「先事而後名」とは、小組注が指摘するように、先に形勢を定めてから帝号を称すること。

（三）齊不收秦、秦焉受晉國——晉国は魏を指す場合と、魏の旧都安邑を含む河東地区を指す場合がある。ここでは前者であると考えられる。第一七章に「齊秦相伐、利在晉國。齊晉相伐、重在秦」と斉・秦・魏三竦《すく》みの関係が記されているが、ここでは秦に魏を引き入れて斉に歯向かう気がないことを述べ、斉の歓心を買おうとしているものと理解される。

（四）故事——前二八九年一〇月に、斉秦両国が称帝して伐趙を企てたことを指す。

（五）印曲——すべて。第一一章注（一一）を参照。

（六）請令楚・梁（梁）毋敢有尺地於宋、盡以爲齊——動詞「請」はしばしば自分の行為に対し相手の同意を求める意味を表す。「令楚梁」以下は秦の行為であり、それに斉が同意するよう求めているのである。

（七）秦取勺（趙）之上地——小組注によると、「上地」は趙の上党であるという。上党については第一一章注（五）を参照。

（八）陽地——小組注に言うように、「陽」は川の北岸を指すから、燕の黄河北岸の地域と考えられる。第一七章に「且使燕盡陽地、以河爲境」とある。

（九）而〔攻楚〕——精装本に従い「攻楚」二字を補う。

（一〇）鄢——現在の湖北省宜城県付近。

（一一）雲夢——現在の湖北省武漢市から荊州市一帯の長江流域に広がる饒《ゆた》かな湿地帯で、古来楚の遊猟地であった。漢の司馬相如『子虚賦』には、雲夢での楚王の狩の様子が描かれている。

（一二）東國・下蔡——東国は、斉に隣接する楚の東方地域を指す。下蔡は現在の安徽省寿県付近。

（一三）使從（縱）親之國如帶而巳（已）——「如帶」は帯のように細々としていることの譬え。『漢書』爰盎鼂錯伝に「諸呂用事、擅相王、劉氏不絶如帶」（呂氏一族が権勢を振るい、勝手に相や王になって、劉氏は細い帯のように辛うじて存えた）とあって、顔師古は「言微細也」（か細いことを言う）と注している。

【口語訳】

●韓𧶼が斉（王）に書簡を献上して、次のように申し上げた。

「秦は、王様の言われた通りに実を優先して、名を後回しにしなかったことを後悔しております。いま秦王は、三年でも四年でも王様をお待ち申し上げる所存です。斉が秦と結んでくれないからといって、秦はどうして晋国（魏）を受け入れることなどありましょうや。斉・秦がふたたび手を組み、（王様が）わたくしを召し返して下さり、以前のおはなしを復活なさるようであれば、秦は委細すべて王様の仰せの通りにいたしましょう。斉が宋を攻め取るのであれば、楚や梁（魏）などにはこれっぽっちも手をださせることなく、すべて斉のものとするよう取り計らわさせていただきましょう。（その節には）秦は梁の上党を攻め取ることといたします。韓や梁が服従するなら、（今度は）趙を攻めましょう。秦は趙の上地を取り、斉は河東を取るのです。趙が服従したならば、秦は韓の上地を取り、斉は燕の陽地をお取りなさいませ。（こうして）三晋を徹底的に叩いたならば、（次には）楚をば攻めましょう。秦は鄢を取って（占領した）雲夢の地で狩猟をし、斉は東国・下蔡を取ります。（このように東西で手を結んで挟撃して）合縦する国々（の領地を）を帯のように（細く）したならば、斉・秦が百の帝号を立てようと、天下で誰が邪魔立てすることなどできましょう。」

第一四章　謂齊王章（四）

●謂齊王曰（一）、臣恐楚王之勤豎之死也（二）。王不可以不故解之（三）。臣使蘇厲（四）告楚王曰、豎之死也、非齊之令也、涅子之私也（五）。殺人之母而不爲亓子禮（六）、豎之罪〇固當死。宋以淮北与齊講（七）、王功之、㪅勺信、齊不以爲怨、反爲王誅勺信（八）、以亓无禮於王之邊事也。王必毋以豎之私怨敗齊之德。前事顯王之盡加之於豎也、毋与它人矣、以安无薛公之心（九）。王〇尚与臣言、甘薛公以就事（一〇）、臣甚善之。今爽也、強得也（一一）、皆言王之不信薛公、薛公甚懼、此不便於事。非薛公之信、莫能合三晉以功秦（一二）、顯王之甘之〇也。臣負齊燕以司薛公（一三）、薛公必不敢反王。薛公有變、臣必絶之。臣請終事而与（一四）、王勿計、顯王之固爲終事也。功秦之事成、三晉之交完於齊、齊事從横盡利。講而歸、亦利。圍而勿舍、亦利。歸息士氏而復之、使如中山、亦利（一五）。功秦之事敗、三晉之約散、而靜秦、事卬曲盡害（一六）。是故臣以王令甘薛公（一七）、驕敬三晉（一八）、勸之爲一、以疾功秦、必破之、不然則賓之、不則与齊共講、欲而復之（一九）。三晉以王爲變己、忠己。今功秦之兵方始合（二〇）、王有欲得兵以功平陵（二一）、是害功秦也。天下之兵皆去秦而与齊諍宋地、此亓爲禍不難矣（二二）。顯王之毋以此畏三晉也。獨以甘楚（二三）、楚雖毋伐宋、宋必聽。王以和三晉伐秦、秦必不敢言救宋。〔秦〕弱宋服（二四）、則王事遫夬矣。夏后堅欲爲先薛公得平陵（二五）、顯王之勿聽也。臣欲王以平陵予薛公（二六）、然而不欲王之先事予之也（二七）。欲王之縣陶平陵於薛公奉陽君之上（二八）、以勉之、終事然後予之、則王多資矣。御事者必曰（二九）、三晉相豎也而傷秦、必以其餘驕王。顯王之勿聽也。三晉伐秦、秦未至〓而王已盡宋息〇民矣（三〇）。臣保燕而循事王、三晉必无變（三一）。三晉若愿乎（三二）、王䧺役之。三晉若不愿乎、王收秦而齊亓後（三三）、三晉豈敢爲王驕。若三晉相豎也以功秦、案以負王而取秦則臣必先智之。王收燕循楚而啗秦以晉國、三晉必破（三四）。是故臣在事中、三晉必不敢反。臣之所以備患者百餘。王句爲臣安燕王之心而毋聽傷事者之言、請毋至三月而王不見王天下之業、臣請死。（三五）臣之出死以要事也、（三六）非獨以爲王也、亦自爲也。王以不謀燕爲臣賜、臣有以德燕王矣。（三七）王擧覇王之業而以臣爲三公、（三八）臣有以矜於世矣。（三九）是故事句成、臣雖死不醜。

●齊王に謂いて曰く。「臣、楚王の豎《じゅ》が死を勦《は》ずるを恐る。王以て故《ことさら》に之を解かざる可からず。臣、蘇厲《それい》を使わして楚王に告げしめて曰く。『豎の死せるや、齊の令（命）に非ざるなり。洹子の私なり。人の母を殺して亓（其）子が禮を爲さざるは、豎の罪固より死に當る。宋、淮北《わいほく》を以て齊と講せんとするに、王之を功（攻）め、勺（趙）信を毄（擊）つ。齊以って怨みと爲さず、反りて王の爲に勺（趙）信を誅せるは、以亓（其）の王の邊事（吏）に禮无（無）きを以てなり。王必ず豎の私怨を以て齊の德を敗る毋れ』と。前事は、顚（願）わくは王の盡《ことごと》く之を豎に加え、它（他）人に与（與《くみ》）する毋く、以て薛公の心を安《あん》无（撫《ぶ》）せよ。王○尚（嘗）て臣と言い、薛公《せっこう》に甘して以て事を就《な》さんとし、臣甚だ之を善しとす。今、爽《そう》や、強得《きょうとく》や、皆王の薛公を信ぜざるを言い、薛公甚だ懼るるは、此れ事に便あらず。薛公の信に非ざれば、能く三晉を合して以て秦を功（攻）むる莫し。顚（願）わくは王之に甘せよ。臣齊・燕を負いて以て薛公を司（伺《うかが》）うに、薛公必ず敢て王に反《そむ》かざらん。薛公に變有れば、臣必ず之を絶たん。臣請うらくは、終事にして与（與《あずか》）らん。王計る勿れ。顚（願）わくは王の固く事を終うるを爲すことを。功（攻）秦の事成れば、三晉の交は齊に完く、齊事は従（縱）横に利を盡さん。講して歸るも、亦利あり。圍みて舍《お》く勿きも、亦利あり。歸りて士氏〈民〉を息わしめ、而して之を復し、中山の如から使むるも、亦利あり。功（攻）秦の事敗れば、三晉の約散じ、而して秦を静（爭）い、事卬曲《ぎょうきょく》盡く害あり。是の故に臣王令（命）を以て薛公に甘して、三晉を驕（矯《きょう》）敬（檠《けい》）し、之を勸めて一爲らしめ、以て疾《すみや》かに秦を功（攻）め、必ず之を破り、然らざれば則ち之を賓（擯《しりぞ》）け、しからざれば則ち齊と共に講じ、欲すれば之を復せしめんとす。三晉王を以て己を㤅（愛）し己に忠なりと爲す。今功（攻）秦の兵方《まさ》に始めて合するに、王有（又）兵を得て以て平陵を功（攻）

めんと欲するは、是功（攻）秦を害《そこな》うなり。天下の兵皆秦を去りて齊と宋地を諍（爭）わん。此亓（其）れ禍と爲ること難からず。願（願）わくは王の此を以て三晉を畏れしむる毋きことを。獨り楚に甘するを以《もち》いよ。楚、宋を伐つ毋しと雖も、宋必ず聽かん。王以て三晉を和して秦を伐たんとすれば、秦必ず敢て宋を救うを言わず。秦弱く宋服せば、則ち王事遬（速）かに夬（決）さん。夏后堅《かこうけん》先に薛公の爲に平陵を得るを欲するも、顚（願）わくは王の聽く勿きを。臣、王平陵を以て薛公に予《あた》うるを欲するも、然れども王の事に先じて之を予うるを欲せざるなり。王の陶・平陵を薛公・奉陽君《ほうようくん》の上に縣（懸）けて以て之を勉ましめんことを欲す。事を終えて然る後に之を予うれば、則ち王資多からん。事を御（御）する者必ず曰わん、「三晉相豎〈堅〉くして秦を傷つくれば、必ず其餘を以て王に驕らん』と。顚（願）わくは王の聽く勿きを。三晉秦を伐てば、秦未だ〓に至らずして、王巳（已）に宋を盡くして民を息《やす》まさん。臣燕を保ちて王に循事すれば、三晉必ず變无（無）し。三晉若し愿《つつし》めば、王𨗨（遂）に之を役（役）せよ。三晉若し愿まざれば、王秦を收めて亓（其）後を齊（劑《た》）て。三晉豈に敢て王が爲に驕らんや。若し三晉相豎〈堅〉くして以て秦を功（攻）め、案（焉《すなわ》）ち以て王に負《そむ》きて秦を取れば、則ち臣必ず先に之を智（知）る。王燕を收め、楚を循《したが》えて秦に啗《くら》わしむるに晉國を以てすれば、三晉必ず破る。是の故に臣事の中に在れば、三晉必ず敢て反かず。臣の患いに備うる所以の者は百餘あり。王句（苟《いやし》）くも臣が爲に燕王の心を安んじて事を傷う者の言を聽く毋くんば、請うらくは三月に至る毋くして王天下に王たるの業を見ざれば、臣死を請わん。臣の死を出して以て事を要《もと》むるは、獨り以て王の爲にするに非ざるなり。亦自らの爲にするなり。王燕を謀らざるを以て臣が賜と爲せば、臣以て燕王に德する有り。王覇王の業を擧げて臣を以て三公と爲せば、臣以て世に矝（矜《ほこ》）る有り。是の故に事句（苟）しくも成らば、臣死すと雖も醜《は》じず」と。

【注釈】

（一）謂齊王――小組注は、魏に滞在中の蘇秦が、使者を遣って斉王に言上したのだと考えている。

（二）臣恐楚王之勤豎之死也――蕭旭二〇一〇によれば、「勤」は侮辱と感じること。『左伝』昭公十三年に「子毋勤」（恥に思う必要はない）

とある。「豎」は人名。楚王の近臣のようだが、その事蹟は不明。小組注は、『戦国策』韓策三に見える公疇豎《こうちゅうじゅ》ではないかと言う。

（三）王不可以不故解之――「不可以不」は「是非とも……しなければならない」という構文。「故」は「ことさらに」。「解」は釈明すること。なおこの一文は構文上「不可」（……してはいけない）＋「以不故解之」と解釈することも可能である。

（四）蘇厲――人名。『史記』蘇秦列伝によれば蘇秦・蘇代の弟。藤田勝久二〇一一第三章は、『史記』では蘇厲が世に出たのは蘇秦の死後であるが、本章の記事によって蘇秦と同時代の人物であることが分かるとする。

（五）浧子――人名と思われるが未詳。

（六）不爲亓（其）子禮――「爲禮」は礼を尽くすこと。「其子」は動詞「爲」の間接目的語である。

（七）宋以淮北与（與）齊講――本章が書かれたのは第二次伐宋の頃であるから、この度の淮北割譲は第一次伐宋時のことと考えられる。淮北はもと楚の領土であったが、前四世紀末に一部を宋に奪われている。第八章注（四）を参照。

（八）勺（趙）信――小組注は斉将ではないかと言う。

（九）前事……以安无（撫）薛公之心――この一文は、豎が誅殺された背景には薛公の意向があったことを暗示している。「无」は「無」の異体字で、ここでは「撫」の仮借。なお精装本は「无」を「無」に誤る。また一説に「夫」と釈すが従えない。

（一〇）甘薛公以就事――「甘」は甘い言葉で誘うこと。具体的には後文の陶や平陵を餌に薛公を働かせることを指す。

（一一）今爽也、強得也――「爽」「強得」はともに人名。強得が第一章、第三章に見える「得」と同一人物であるとすれば、斉臣である。魏に使いした際に、薛公に斉王の様子を伝えたのであろう。

（一二）莫能合三晉以功（攻）秦――「莫」は行為の主体の不在を表す否定詞。単なる行為の否定ではない。薛公以外に三晋を連合する能力のある人物がいないことを言うのである。

（一三）臣負齊燕以司（伺）薛公――「負」は頼みとする、後ろ盾とする。「伺」は「様子を窺う、偵察する」という意味で多く使われる。

（一四）臣請終事而与（與）――「終事」は「終日」「終身」などと同様、「事の最後まで」。「與」は「参与する」。

（一五）講而歸……歸息士氏（民）而復之、使如中山、亦利――小組注は、以上の三つの方策はいずれも斉の攻宋に関するものであると言う。「如中山」というのは、帛書第一五章に「宋・中山數伐數割、而國隨以亡」とあるように、趙が討伐を何度も繰り返して領土を奪って行ったことを言う。中山国は前二九六年に滅亡。その過程については、楊寛『戦国史』三六六頁以下を参照。

（一六）事印曲盡害――前文「齊事縱橫盡利」と対を成しており、「事」とは斉の攻宋の事業を指す。「印曲盡」は「あらゆること全て」、第一一章注（一一）を参照。「害」は後に目的語を伴わない時には、主語が「害を蒙る、損なわれる」という意味を表す。

（一七）甘薛公――以下に続く「矯橥三晉、勸之爲一……欲而復之」は全て薛公の行為と解釈される。薛公がそうするように、蘇秦が仕向けるのである。

（一八）驕（矯）敬（橥）三晉――小組注に従い、「驕敬」を「矯橥」の仮借と解釈する。「矯」は矢の、「橥」は弓弩の補正用具。派生して「過ちを矯正する」意味となる。ここでは三晋を束ねて誤った方向に行かないようにすること。

（一九）不然則賓（擯）之、不則与〔與〕齊共講、欲而復之――「擯之」とは秦を同盟から排斥すること。「復之」は攻秦を再び行うこと。この一文は第一二章に見える「太上破之、其〔次〕擯之、其下完交而□講、與國毋相離也」という斉王の言葉とほぼ同内容である。

（二〇）今功（攻）秦之兵方始合――「始」は「～したばかり」という意味の副詞。

（二一）平陵――宋の領土で、現在の河南省睢県付近。第一二章注（二九）を参照。

（二二）此亓（其）爲禍不難矣――「其」は推測の語気を表す副詞。「爲禍不難」は禍となることが容易であること。

（二三）獨以甘楚――「獨」は動作行為の排他性を表す副詞であるが、『楚辞』漁父「擧世皆濁我獨清」（世の中は皆濁っているが、私だけが清い）のように主語を限定する場合と、『韓非子』外儲説右下「獨聞李兌而不聞趙王」（李兌の言うことだけを聞いて趙王の言うことを聞かない）のように述語を限定する場合がある。ここでは後者に当たる。宋対策に関しては三晋を利用せず、専ら楚だけを籠絡するという手段を使えばよいということ。「以」は手段を表す動詞。

（二四）〔秦〕弱宋服――鄭良樹「校釈」、裘錫圭「札記」は欠字に「秦」を補う。

（二五）夏后堅欲爲先薛公得平陵――小組注によれば、「夏后」は人名で、『呂氏春秋』知分に見える夏后啓と同一人物ではないかと言う。しかし「夏后」は姓であるから、「夏后堅」までが人名とも考えられる。また同注は「爲先」は「先爲」の転倒ではないかと言う。原文通りでは意味が通じないので、小組注に従う。なお平陵は当時まだ宋の領地であり、先に平陵を手に入れるというのは、宋を切り取った後、薛公の領地とするという約束を斉王から取り付けることである。

（二六）以平陵予薛公――精装本、朋友本ともに「予」を「與」に誤る。

（二七）然而不欲王之先事予之也――「先事」とは「事に先だって」。「事」は攻秦の事を指す。なお「先」を精装本は「無」に、朋友本は「无」

に釈すがともに誤り。裘錫圭「札記」は、文脈から判断して「先」と釈すべきだと言う。「无」と「先」は字形が酷似している。

第一二章に見える。

（二八）欲王之縣（懸）陶、平陵於薛公、奉陽君之上以勉之——奉陽君を陶に、薛公を平陵にそれぞれ封じることに斉王が同意したことが、仮借の範囲内である。

（二九）𢓴（御）事者——小組注は「𢓴」を「御」の誤字と見る。「御事者」は政務を掌る者。『尚書』大誥などに見える。ここでは斉王の謀臣たちを指す。なお「𢓴」は「卻」（「却」の訛字）声に従う字で、上古音は渓母魚部であり、疑母魚部の「御」とは音が近く

（三〇）秦未至〓而王已盡宋息民矣——「〓」は朋友本に言うように秦から東方に向かう地名を指すと考えられる。「盡」は「尽くす、滅ぼす」。第一五章「蠶食魏氏、盡晉國」と同じ意味。「矣」は情況の変化を表す句末助詞。前文「三晉伐秦」を受け、その場合に起こり得る新たな情況を述べているのである。

（三一）臣保燕而循事王、三晉必无（無）變——第八章に「臣保燕而事王、三晉必不敢變」と、同様のことが述べられている。「變」は五国攻秦同盟からの離脱を表す。

（三二）三晉若愿乎——「愿」は「つつましやか、従順」。本字を精装本、朋友本ともに「願」に誤る。裘錫圭「札記」が指摘するように、「愿」が正しい。「乎」は条件節の末尾に現れる語気助詞。

（三三）齊（劑）亓（其）後——「齊」は小組注に従い、「劑」（切る）の仮借とする。「劑其後」とは、斉から見て三晋の後部に当たる魏を秦に攻撃させること。

（三四）啗秦以晉國、三晉必破——「啗」は「利益で誘う、そそのかす」。字は「啖」とも書く。『史記』穰侯列伝に「秦割齊以啖晉楚」（秦は斉を切り取ることで晋楚をそそのかす）。「晉國」は魏の旧都安邑一帯を指す。第一三章注（三）を参照。

（三五）請毋至三月而王不見王天下之業、臣請死——一文に動詞「請」（自己の行為に対して相手の同意を求める意）が重複しており、しかも最初の「請」にはその行為を表す動詞が無い。しかしその直後に否定詞「毋」を置いていることから分かるように、明らかに能願文であることを意識して書き出しており、「請」は一概に衍字とも言えない。このような修辞的に洗練されない文章は、資料の原始性を反映しているものと解釈されるだろう。なお「三月」は、訳文では「三ヶ月」としているが、文法的には時点を表わすとの解釈も可能である。その場合は恐らく五国出兵後の前二八八年三月を指すであろう。

（三六）臣之出死以要事也――「出死」は「命を投げ出す」。『史記』礼書に「孰知夫出死要節之所以養生也」（命を投げ出し、節を立てることが養生の手段であることをよく弁える）。『索隠』に「出死猶處死也」。

（三七）臣有以徳燕王矣――「徳」は「感謝する、恩に感じる」という意味の動詞。ここでは直前に手段を表す介詞「以」があることによって使役文となり、「恩を感じさせる、恩を着せる」という意味。

（三八）王擧覇王之業而以臣爲三公――『戦国策』秦策三に「趙亡、秦王王矣、武安君爲三公」（趙が滅び、秦王が天下の王となれば、武安君が三公になるでしょう）とある（『史記』白起列伝にもほぼ同文がある）。本章でも蘇秦の三公就任が覇王の業と結びついており、三公とは何らかの覇業を念頭に置いたものであったようである。具体的にはいかなる官職を指すのか不明。

（三九）臣有以矝（矜）於世矣――精装本、朋友本が「矝」を直接「矜」と釈すのは正しくない。「矝」は「令」を声符としている。裘錫圭「『墨経』〝佴〟〝諟〟〝廉〟〝令〟四条校釈」（『国学研究』第三巻、北京大学出版社、一九九五年）に指摘がある。

【口語訳】

●斉王に次のように申し上げた。

「わたくしは、楚王が豎の死について根にもつことを恐れています。王様としては、このことできっちりと釈明をしておかなければなりません。わたくしは蘇厲を遣わして楚王に次のように伝えさせました。

豎の死は斉の命令によるものではなく、洹子の私怨によるものです。人の母を殺めておきながらその子供に対して無礼な振る舞いをしたのですから、豎の罪はもとより死に価するでしょう。（かつて）宋が淮北の地（を割譲すること）によって斉と和を結ぼうとした時、王はこれを攻めて趙信を攻撃なさいましたが、斉はそれを怨みに思うことがないばかりか、かえって王のために趙信を誅殺して、「王の国境のお役人に無礼をはたらいたため」としたのでございます。王様としましては、豎の（死という）私怨でもって（このような）斉の徳にそむくことようなことが決してあってはなりませぬ。

これまでのことは、どうか王様（斉王）にはすべて豎に責任を押しつけてしまい、余人はあずか（り知）らぬこととして、薛公を安心させておやりください。王様はかつてわたくしに「薛公に好意を示すことで、事を成就させる」と仰せになり、わたくしも非常に結構なことと存じておりました。ところが今、爽にせよ強得にせよ、みな「王様が薛公を信じてはいない」と言い立てて、薛公ははなはだ憂慮しておりますが、これは得策ではございません。薛公の「信」なしには、三晋諸国を束ねて秦を攻めることはできないのです。どうか王様には薛公に好意をお示しになりますよう。わたくしは斉・燕の使者の立場で薛公と接触しておりますが、薛公は決して王に背くことなどございません。（万一）薛公が心変わりしたとしても、わたくしが必ずやそれを阻止いたしましょう。わたくしが最後まで責任を持ちますので、王様には御心配などなさらず、どうか決然と事を成しおおせてくださいまし。

秦への攻撃がうまくまいりましたならば、三晋諸国と斉との関係は水も漏らさぬものとなり、（そうなればさらに）斉（の宋に対する出方）はどのようにしてもことごとく有利なものとなりましょう。和を結んで撤退するもよし、攻囲し続けて手をゆるめぬもよし、士民を帰国させ休息を与えてから再度出兵し、（繰り返し攻撃を受けて滅びた）中山のような目にあわせるのもまた結構でありましょう。（これが逆に）秦への攻撃がうまくゆかないようであれば、三晋諸国との同盟は消滅して（諸国は）争って秦のもとへと走り、事は委細すべて不利となります。ですからわたくしは、王様の御命令で薛公をおだて、三晋諸国をまとめあげて一体とさせ、『速やかに秦を攻め、必ずこれを破る。さもなければこれを排斥し、そうはいかなくとも斉と共同歩調をとって（秦と）和を結び、情勢によっては再度出兵する』（ことにさせる）よう仕向けたのでありますし、三晋諸国の方でも王様が自分たちを愛し、自分たちに忠実であると思っているのです。にもかかわらず今、秦攻撃の軍がやっと合体したばかりだというのに、王様は兵をもよおして（宋の）平陵を攻撃しようとしておいでですが、これは秦攻撃を妨げるものであります。（このようなことでは）天下の兵はみな秦（との戦い）を放棄して、斉との間で宋地の獲得を争うこととなりましょう。これこそ禍のもとであります。どうか王様には、このようなことで三晋を警戒させませぬよう。

（また）とくに楚には好意をお示しください。（そうすれば）楚が宋を攻めないまでも、宋は必ずや言うなりになるでしょう。王様が三晋諸国と協調して秦を攻めるのであれば、秦は必ずやあえて宋を救うなどとは申しますまい。（秦は）弱腰で宋が屈服するということであれば、王様の目標はすみやかに達せられるのであります。

夏后堅は、事前に薛公に平陵を与えられるよう希望しておりますが、どうか王様にはお聴き入れなさいませぬよう。わたくしも王が薛公に平陵を与えられることに賛成するものではありますが、しかし何もないうちから王様がお与えになるのは首肯いたしかねます。王様には陶と平陵とを薛公・奉陽君の目の前にぶら下げて精励するように仕向け、事が成就した上でしかる後にこれに与えるようになさいませ。その方が、王様にとってはお得となりましょう。

お歴々はきっと『三晋が固く結束したところへ（その脅威となっていた）秦をたたいてやれば、（三晋は）必ずやその余勢を駆って王様に対して増長することでございましょう』と申されるでしょうが、どうか王様にはお聴き入れになりませぬよう。三晋が秦の攻撃にかかれば、秦軍が舀にも到達せぬうちに王様は宋を併呑し終わって、民を休息させておられるのです。わたくしが責任をもって燕を王様に従わせておりますからには、三晋は必ずや裏切ったりなどいたしませぬ。三晋が従順なようであれば、王様にはこれを役使なさいませ。三晋がもし従順でないならば、王様には秦と結んでその背後をお絶ちなさいませ。（このようであれば）どうして三晋が王様に対して増長することなどありましょうや。万一、三晋が固く結束して、秦を攻めながら王様に背いて秦と結ぼうなどと企むようなことがありましたら、必ずやわたくしが事前に察知して（王様に）お知らせいたしましょう。（その場合）王様は燕と結び楚と協調し、秦には晋国を餌と（して味方に）すれば、三晋は必ず破れます。それゆえわたくしが従事している間は、三晋は必ず敢えて背いたりはいたしませぬ。わたくしが万一の事態に備えていること、百をもってしては足りないほどでございます。かりにも王様がわたくしのために燕王を安心させ、中傷に耳を貸さずにいてくださり、（にもかかわらず）三ヶ月以内に王様が「天下に王たるの業」を達成できぬ時は、どうかわたくしに死を賜りますように。わたくしが（このように）死を賭してまで事に当たらんといたしますのは、ただに王の御為だけではございません。また自らのためでもあるのです。王様が燕を企まないということをもってわたくしへの賜り物としてくださいますならば、（それによって）わたくしは燕王に恩を着せることができるのです。

王様が「覇王の業」を達成され、わたくしを三公にしてくださいますならば、わたくしは世間に誇ることができるのです。であリますから、かりにも事が成就するならば、わたくしは死んでも恥じるものではございません。」

第一五章　須賈説穰侯章

●華軍（一）、秦戰勝魏、走孟卯（二）、攻大粱。須賈説穰侯曰（三）、臣聞魏長吏胃魏王曰、初時者、惠王伐趙（四）、戰勝三粱（五）、拔邯戰、趙氏不割而邯戰復歸。齊〇人攻燕（六）、拔故國、殺子之、燕人不割而故國復反。燕趙之所以國大兵強而地兼諸侯者、以亓能忍難而重出地也。宋中山數伐數割（七）、而國隋以亡。臣以爲、燕趙可法、而宋中山可毋爲也。秦、貪戾之國也、而无親、蠶食魏氏、盡晉國（八）、勝暴子、割八縣（九）、地未〇畢入而兵復出矣。夫秦何厭之有𢦏。今有走孟卯、入北宅（一〇）、此非敢粱也（一一）、且劫王以多割、王必勿聽也。今王循楚趙而講（一二）、楚趙怒而兵王爭秦（一三）、秦必受之。秦挾楚趙之兵以復攻、則國求毋亡、不可得已。願王之必毋講也。王若欲講、必小割而有質、不然必欺。此臣之所聞於魏也。願君之以氏慮事也。周書曰、唯命不爲常（一四）。此言幸之不可數也。夫戰勝暴子、割八縣之地、此非兵力之請也、非計慮之攻也、夫天幸爲多。今有走孟卯、入北宅、以攻大粱、是以天幸自爲常也。知者不然。臣聞魏氏悉亓百縣勝甲以上（一五）、以戎大粱（一六）、臣以爲不下卅萬。以卅萬之衆、守七仞之城（一七）、臣以爲湯武復生（一八）、弗易攻也。夫輕倍楚趙之兵（一九）、陵七刃之城、犯卅萬之衆、而志必擧之、臣以爲自天地始分、以至于今、未之嘗有也。攻而弗拔、秦兵必罷、陶必亡（二〇）、則前功有必棄矣。今魏方疑（二一）、可以小割而收也。願君遝楚趙之兵未至於粱也（二二）、亟以小割收魏。魏方疑、而得以小割爲和、必欲之、則君得所欲矣。〇〇楚趙怒於魏之先己也、必爭事秦、從巳散而君后擇焉。且君之得地也、豈必以兵𢦏。〔割〕晉國也、秦兵不功而魏效降安邑（二三）、有爲陶啓兩幾（二四）、盡故宋、而衛效蠆尤（二五）。秦兵笱全而君制之。何索而不得、奚爲〔而不成〕。願〔君〕之孰慮之而毋行危也。君曰、善。乃罷粱圍。

●五百七十

●華の軍《いくさ》、秦戰いて魏に勝ち、孟卯《もうぼう》を走らせ、大梁（梁）を攻む。須賈《しゅか》、穰侯《じょうこう》に説きて曰わく、「臣聞くならく、魏の長吏、魏王に胃（謂）いて曰く、『初時なる者、惠王、趙を伐ち、戰いて三梁（梁）に勝ち、邯戰〈鄲〉を抜くも、趙氏割かずして邯戰〈鄲〉復た歸る。齊人、燕を攻め、故國を抜き、子之を殺すも、燕人割かずして故國復た反（返）る。燕・趙の國大きく兵強くして地諸侯を兼ぬる所以の者は、亓（其）の能く難を忍び地を出すを重しとすればなり。宋・中山數《しばし》ば伐たれ數ば割かれ、而して國隋（隨）いて以て亡ぶ。臣以爲《おも》えらく、燕・趙は法《のっと》る可きも、宋・中山は爲す毋かる可きなり。秦は貪戻《たんれい》の國なり。而して親无（無）く、魏氏を蠶食《さんしょく》して晉國を盡し、暴子《ぼうし》に勝ち、八縣を割くも、地未だ畢《ことごと》く入らずして兵復た出でたり。夫れ秦何の厭（饜《あ》）くことか之有らん㦲（哉《や》）。今有（又）た孟卯を走らせ、北宅に入れり。此れ敢えて梁（梁）を〔攻むるに〕非ざるなり。且つ王を劫《おびや》かして以て多く割かしめんとす。王必ず聽く勿れ。今王、楚・趙に循《したが》うも而るに講すれば、楚・趙怒りて王と秦を争い、秦必ず之を受けん。秦、楚・趙の兵を挾《はさ》みて以て復た攻むれば、則ち國亡ぶ毋きを求むも得可からざるのみ。顚（願）わくは王の必ず講する毋きを。王若し講せんと欲せば、必ず小（少）しく割きて質有れ。然らざれば必ずや欺かれん』と。此れ臣の魏に聞く所なり。顚（願）わくは君の氏（是）を以て事を慮らんことを。『周書』に曰わく、『唯れ命は常と爲さず』と。此れ幸いの數《しばしば》す可からざるを言うなり。夫れ戰いて暴子に勝ち、八縣の地を割くは、此れ兵力の請（精）なるに非ざるなり、計慮の攻（巧）なるに非ざるなり。夫れ天幸多と爲す。今有（又）た孟卯を走らせ、北宅に入り、以て大梁（梁）を攻む。是れ天幸を以て自ら常と爲すなり。知（智）者は然らず。臣聞くならく、魏氏亓（其）の百縣の勝甲以上を悉《つく》して、以て大梁（梁）を戍〈戍《まも》〉らしむと。臣以爲えらく、卅萬を下らず。卅萬の衆を以て七仞の城を守れば、臣以爲えらく、湯・武復た生まると雖も、攻むること易〈易《やす》〉からざるなり。夫れ輕《かるがる》しく楚・趙の兵を倍（背）にし、七刃（仞）の城を陵《しの》ぎ、卅萬の衆を犯して、必ず之を擧ぐるを志すは、臣以爲えらく、天地始めて分かれしより今に至るまで、未だ之嘗て有らざるなり。攻めて抜かざれば、秦兵必ず罷《つか》れ、陶必ず亡びん。則ち前功必ず棄つる有らん。今魏方《まさ》に疑い、以て小（少）しく割きて收む可し。顚（願）わくは君楚・趙の兵の未だ梁（梁）に至らざるに遝《およ》びて、亟《すみや》かに小（少）割を以て魏を收めよ。魏方《まさ》に疑い、而して小（少）しく割くを以て和を爲すを得ば、必ず之を欲し、則ち君欲する所を得ん。楚・趙、魏の己に先んずるに怒り、必ず争いて秦に事えん。従（縦《しょう》）巳（已）に散じ、而して君后（後）に焉《ここ》より擇べ。且つ君の地を得ること、豈に必ずしも兵を用いん㦲（哉）。晉國を割くに、秦兵功（攻）めずして魏、降（絳）・安邑を效《いた》して、有（又）た陶が爲に兩䥫を啓《ひら》く。故宋を盡すに、衛〈衛〉、蟲（蟬・單《ぜん》）尤〈父《ぽ》〉を效せり。秦兵茍（苟《いやし》）くも全くして君之を制せば、何を索めてか得られざらん、奚を爲してか成らざらん。顚（願）わくは君の之を孰（熟）慮して危きを行う毋かれ」と。君曰わく、「善し」と。乃ち粱（梁）の圍を罷《や》む。●五百七十

【注釈】

（一）華軍――前二七三年に秦将白起が華陽において魏・韓・趙軍を破った戦役を指す。華陽は現在の河南省鄭州市の東南。本章と同様の故事が『戦国策』魏策三・秦敗魏於華章及び『史記』穰侯列伝に見える。帛書を含めた三資料の比較は、藤田勝久一九八六に詳しい。戦役の年代は、『史記』穰侯列伝が秦昭王三十二年（前二七一年）、『同書』秦本紀が昭王三十三年（前二七二年）、『同書』六国年表及び魏世家が昭王三十四年（前二七三年）としているが、睡虎地秦簡『編年記』により昭王三十四年が正しいことがわかる。朋友本一七八頁に詳しい。

（二）孟卯――魏将。『戦国策』魏策三、『史記』穰侯列伝は「芒卯」に作る。「孟」「芒」の上古音はともに陽部明母で仮借可能。魏の昭王、安釐《あんき》王に仕え、巧智によって重んぜられ、魏相を勤めた。『淮南子』氾論訓の高誘注に斉人と言う。

（三）須賈説穰侯曰――須賈は、『史記』穰侯列伝によれば魏の大夫。『史記』范雎蔡沢《はんしょさいたく》列伝に、范雎が仕えた魏の中大夫として登場する。范雎は須賈の讒言により、魏相魏斉によって半殺しにされるがあやうく難を逃れ、秦の昭王に仕えて相となる。『史記』魏公子列伝によれば、秦が華陽において魏を破り大梁を囲んだのは、秦相范雎が魏斉に対して怨みを抱いていたからであるという。但し穰侯列伝によれば、時の秦相は穰侯である。穰侯は、秦相魏冉《ぎぜん》。昭王の母宣太后の異母弟。昭王の擁立に功があり、権勢を振るった。穰はその封邑で、現在の河南省鄧県付近。藤田勝久前掲論文に穰侯の年譜が復元されている。

（四）恵王伐趙――前三五四年に魏の恵王が趙を攻め、翌年邯鄲を抜いたいわゆる邯鄲の難を指す。その際、趙が斉と楚に助けを求めた故事が『戦国策』斉策一・邯鄲之難章及び楚策一・邯鄲之難章に見え、後者に関連する記事が帛書二七章にある。邯鄲は前三五一

年に趙に返却された。

（五）戦勝三梁（梁）――三梁は邯鄲付近（何建章一九九〇、八九〇頁）若しくは趙と魏の国境付近の地名（朋友本一八一頁）と思われるが、未詳。古来地望に諸説ある。

（六）齊〇人攻燕――時の燕王噲《かい》が宰相の子之《しし》に国を譲った禅譲事件をきっかけに燕国が乱れ、それにつけこんだ斉が前三一四年に燕都を攻め落とした事件を指す。『史記』燕世家、『戦国策』燕策一・燕王噲既立章に詳しい記事がある。燕の禅譲は中山王嚳墓から出土した前三〇〇年頃の青銅器銘文にも見える。小南一郎「中山王陵三器銘とその時代背景」（林巳奈夫編『戦国時代出土文物の研究』、京都大学人文科学研究所、一九八五年）を参照。

（七）宋・中山數伐數割――宋は前二八六年に斉によって滅ぼされる。その経過は楊寛『戦国史』三八〇頁以下を参照。帛書第一部分で伐宋がしばしば話題になっているように、宋の領土は各国の垂涎の的であった。帛書第一二章には斉の伐宋の際の密約として、平陵を魏の薛公に、陶を趙の奉陽君に与えることが取りざたされている。第一四章には、斉による第一次伐宋（前二九〇年）の際に、宋が淮北を割譲して講和したことが見える。本章に言うように、まさに「數伐數割」の結果滅亡したのである。なお宋が前二八六年以後も存続したという議論が平勢隆郎一九九三になされており、前二七七年以後が想定されているが、本章から華の戦役があった前二七三年以前であることがわかる。また中山国は前三〇七年以来趙による連年の侵略を受け、前二九六年に滅亡した。楊寛『戦国史』三六六頁を参照。

（八）盡晉國――晋国は安邑、絳等魏の河西、河東地域を指す。魏は前二九〇年に河東四〇〇里の地を秦に入れ、二八六年には旧都安邑を献上するなど連年秦の侵略を受けた。

（九）勝暴子、割八縣――前二七五年に秦の穰侯が魏を攻めて大梁に至り、救援に差し向けられた韓将暴鳶《ぼうえん》を打ち破った戦いを指す。『史記』秦本紀、韓世家等に見える。なお秦本紀では魏が割譲した県の数を「三」とし、本章と異なっているが、楊寛『輯証』八九一頁は、「八」は魏が割譲を許諾した数であり、それが秦に入らない内に秦が再び出兵したと考えている。

（一〇）入北宅――北宅は、小組注は『史記正義』に引く『括地志』によって、現在の河南省鄭州市（もとの滎沢県）とする。

（一一）此非敢梁也――帛書に脱文があると見られ、小組注に従って「敢」の下に「攻」を補う。

（一二）今王循楚趙而講――小組注は「循」を「遁」（背く）の仮借とするが、『史記』穰侯列伝が当該字を「背」に作ることを考慮したためであろう。しかし「循」字は本帛書では全て「従う」の意味で使われているため、原文通り解釈しておく。
（一三）楚趙怒而兵〈与（與）〉王争秦――「与」字は「兵」と字形が近いため、本書ではしばしば混用される。
（一四）周書曰、唯命不爲常――『尚書』康誥編にあり、周の成王が康叔を衛に封じた時、天命が常に汝にあると思うなと戒めた言葉。今本は「惟命不于常」に作り、魏策三、穰侯列伝における引用も同じ。
（一五）勝甲以上――裘錫圭「札記」に従い、兵役年齢に達したばかりの人を含む全ての兵士と理解する。「勝甲」は甲冑を身に着けるに耐えうるという意味。
（一六）以戎〈戍〉大粱（梁）――精装本は「戎」と釈し、「戍」の誤字とする。裘錫圭「札記」は帛書の字はもともと「戍」に作ると考えている。
（一七）七仞之城――約十一メートルの高さの城壁。一仞は七尺に相当する。
（一八）湯武復生――夏を討ち滅ぼした殷の湯王と、殷を討ち滅ぼした周の武王が蘇ったとしても。
（一九）夫輕倍（背）楚趙之兵――「倍」字は図版を見る限り、「信」字にも似ており、芸術本は「信」と釈している。魏策三は「信」に作り、穰侯列伝は「背」に作る。于鬯『戦国策注』（何建章一九九〇による）が、「信」は「倍」の形誤ではないかと言うように、「信」では意味が通じないので、精装本に従い「倍」とする。
（二〇）陶必亡――穰侯列伝によれば陶は穰侯の領地。陶はもと宋にあったが、朋友本一八七頁が指摘するように、帛書一二章、一四章では趙の奉陽君に与えることが議論されているから、穰侯の手に入ったのは、恐らく宋が斉に滅ぼされた前二八六年頃より後のことであろう。藤田勝久前掲論文は、斉の勢力が衰えた前二八四年以降と考えている。
（二一）今魏方疑――「疑」は躊躇する、迷う。
（二二）顚（願）君遝楚趙之兵未至於粱（梁）也――「遝」は～のうちに。『方言』巻三に「及也」とあり、魏策三が「及」に作る。
（二三）魏效降（絳）安邑――「絳」は春秋時代晋の国都、現在の山西省翼城県。「安邑」は魏の旧都。『史記』秦本紀によると、前二八六年、秦が魏の河内を攻め、魏は安邑を秦に献上した。睡虎地秦簡『編年記』にも前二八七年に秦が安邑を攻めたことが記されている。従って本章が「秦兵不攻」と言うのは解せないが、武力以外に何らかの策略が弄されたのかもしれない。楊寛『戦国史』三八一頁は、秦が斉の伐宋を認めることが、斉が秦の安邑略奪を認める交換条件であったと述べている。

（二四）有（又）爲陶啓兩幾——未詳。小組注は「幾」を「畿（境界）」とし、下文に繫げて「陶地において両側を開拓し、もとの宋国の地を併呑した」と解釈するが、文意が通じにくい。秦の本土と陶とは地続きではないから、通行には魏の了解が必要である。両畿を啓くとは、二つの境界を開いて通行を認めたとの意か。穰侯列伝は「開両道」に作る。

（二五）盡故宋、而衛〈衛〉效鼉（蟬・單）尤〈父〉——秦が宋の旧地を手に入れ、穰侯を陶に封じた頃、衛は陶に近い単父の地を献上したことを指すと考えられる。合わせて注（二〇）を参照。「衛」は本来「率」を表わす字であるが、本書ではしばしば「衛」と混用される。「鼉尤」は、穰侯列伝に「單父」に作り、小組注は「尤」は「父」の誤写とする。両字は形が近い。現在の山東省単県。なお、本章より遅れると見られる帛書第二六章では、単父は魏の領地となっており、また魏の安釐王三三年（前二四〇年）の銘文を持つとされる平安君鼎にも単父が見える（黄盛璋「新出信安君鼎、平安君鼎的国別年代与有関問題」、『考古与文物』一九八二年第二期）。何駑が指摘するように、前二五四年に魏は陶邑を秦から奪取するが、単父もその時に魏に入ったものと考えられる（「泌陽平安君夫婦墓所出器物紀年及国別的再考証」、『中原文物』一九九二年第四期）。

【口語訳】

●華（陽）の戦いで秦は魏を打ち破り、（敵将）孟卯を敗走させ、（魏都）大梁を攻め（て包囲し）た。（魏の臣である）須賈は（秦将）穰侯に次のように述べた。

「臣が聞き及びますところでは、魏の長吏は魏王にこのように申し上げたそうでございます

むかし（魏の）恵王が趙をお伐ちになられた際、三梁で勝ち（趙都）邯鄲を陥落させたものの、趙は領土を割譲（して和を請うようなことは）せず、邯鄲も（結局は）趙に返還されました。斉が燕を伐った際も、故国を占領し（宰相の）子之を殺したものの、燕は領土を割譲（して和を請うようなことは）せず、故国の地は（結局は）燕の手に戻りました。この燕・趙両国が（現在）国は大きく兵は強くて他国の領土をも兼併するほどであるのは、難局によく耐えて軽々には領土を手放さなかったからであります。（それにひきかえ）宋や中山はしばしば伐たれてはそのたびに領土を割譲していった結果、やがて国は滅亡してしまいました。臣は燕・趙こそ手本とすべきであり、宋・中山の轍を

踏んではならないと存じます。（そもそも）秦は貪欲暴戻の国で親愛の情などなく、魏国を蚕食して晋国を食い尽くし、暴子を破って八県を割譲させ、その地をまだすべて納め終わらぬうちから、また新たに兵を出す始末です。（であれば）どうして秦が領土的野心を満足させることなどありえましょうや。いままた（秦軍は）孟卯を敗走させ北宅の地に侵入しておりますが、これら（の行動）は敢えて（大）梁を（攻撃）しようというのではなくして、王様を脅かして領土をたんまりせしめようとするものでありましょう。王様には決して（領土割譲による講和の議論に）耳をお貸しになりませぬよう。いま王様が楚・趙と連携しておりながら（秦と）講和なさってしまうならば、楚・趙は怒って（姿勢を転換し）王様と争う（ように秦に仕えようとする）でしょうし、秦は必ずやこれを受け入れることでしょう。（このようにして）秦が楚・趙の兵を従えてまた攻め寄せてくるならば、（わが）国が亡ぶまいとしても、どうすることもできないでありましょう。どうか王様には決して講和なさいませぬよう。もし王様がどうしても講和なさりたいとのことでしたら、必ず小規模な割譲にとどめて、（秦からは）人質をお取りあそばしますように。さもなければ必ずや欺かれることになりましょう。

以上が、臣が魏で聞き及んだところでございます。どうかあなたにはこの点をとくとご勘考なされますように。『周書』に「唯れ命は、常となさず」とありますが、これは僥倖を何度も当てにすべきではないことを言っているのです。いったい、暴子を破り八県の地を割譲させる、これは兵力がすぐれていたからでも、作戦が巧妙であったからでもありません。僥倖によるところが大きいのです。（にもかかわらず）いままた孟卯を敗走させ北宅の地に侵入し、さらに大梁を攻めておられますが、これは僥倖を常に当てにしているということでございます。知者は決してこのようなことはいたしません。

臣の聞くところでは、魏はその百県の兵役該当者を総動員し大梁を防衛させているそうでございますが、臣の見るところ、その数は三十万を下りますまい。三十万の大軍でもって七仞の（高さの）城壁を守るのであれば、湯王・武王が再来したとしても到底攻め切れるものではありますまい。いったい、軽々しく楚・趙の兵を背後に置いたままで七仞の城壁を越えて三十万の大軍に挑み、しかも必ずこれを破ろうとする、というのは開闢以来、現在に至るまでいまだかつてあったためしのない（無謀な）ことでございます。攻めたはいいが陥とすことができないようであれば、秦兵は必ず疲弊しましょうし（そうすると後ろ盾をなくしてしまう）陶は必ず亡びましょう。とすれば、あなたのこれまでの功績は必ずや水の泡と消えてしまうでしょう。

いまなら魏は迷っており、小規模な割譲で和を結ぶことが可能です。どうかあなたは楚・趙の兵が（大）梁に到着しないうちに、すみやかに小規模な割譲で（満足して）魏と和を結ばれますように。魏は迷っているところに小規模な割譲でもって講和することができるとあらば、必ずやこの話に乗ってくるでしょうし、そうであれば、あなたの目的も達せられるのです。（なぜなら）楚・趙は魏が自分たちを差し置い（て秦と和を結んでしまっ）たことを怒り、必ずや争って秦に仕えようとするでしょうし、（そうなって）合縦が解消してから、あなたは（その中から同盟を組む相手を）じっくりと選べばよいのです。それにあなたが領土を獲得されるのに、どうして必ず武力によらねばならない、ということがあるでしょうか。（現に）晋国を割譲させた時も、秦の兵が攻めるまでもなく、魏は絳・安邑を献じております。また陶のために両幾（未詳）を開き、旧宋の故地をすべて手に入れた際も、衛は蝉尤（単父？）を献じてきたのでした。（このようにして）秦の兵力を温存したまま、あなたがそれを掌握なさるのであれば、何を求めて得られぬことなど、また何を為して遂げられぬことなど、ございましょうや。どうかあなたはこの点を熟慮され、無謀なまねなどなさいませぬよう。」

君（＝穰侯）は「よろしい」と言って、（大）梁の囲みを解いたのであった。●五百七十

第一六章　朱己謂魏王章

●謂魏王曰(一)、秦兵戎翟同俗(二)、有〔虎狼之〕心、貪戾好利、无親、不試禮義德行。茍有利焉、不顧親戚弟兄、若禽守耳。此天下之所試也。非〔所施〕厚積德也(三)。故大后母也、而以夏死(四)。穰侯咎也、功莫多焉、而諒逐之(五)。兩弟无罪而再挩之國(六)。此於〔親〕戚若此、而兄仇讎之國乎。今王兵秦共伐韓而近秦患、臣甚惑之。而王弗試則不明、羣臣莫以〔聞〕則不忠。今韓氏以一女子奉一弱主(七)、内有大亂、外支秦魏之兵、王以爲不亡乎。韓亡、秦有〔鄭〕地、兵大梁鄰(八)、王以爲安乎。王欲得故地而今負強秦之禍、王以爲利乎。奏非无事之國也、韓亡之後、必將更事。更事、必就易兵利、就易兵利、必不伐楚兵趙矣。是何也。夫〔越山踰河、絶〕韓上黨而◯攻強趙、氏復閼輿之事也(九)、秦必弗爲也。若道河内、倍鄴朝歌、絶漳鋪〔水(一〇)、與趙兵決於〕邯鄲之鄗、氏知伯之過也(一一)、秦有不敢。伐楚、道涉谷、行三千里而攻冥戹之塞(一二)、所行甚遠、所攻甚難、秦有弗爲也。若道河外、倍大梁、右蔡召、兵楚兵夬於陳鄗(一三)、秦有不敢。故曰、秦必不伐楚兵趙矣。有不攻燕兵齊矣。韓亡之後、兵出之日、非魏无攻巳。秦固有壞茀刑丘(一四)、城垝津(一五)、以臨河内、河内共墓必危(一六)。有鄭地、得垣癰(一七)、決〔熒〕◯澤(一八)、大梁必亡。王之使者大過、而惡安陵是於秦(一九)。秦之欲許久矣。秦有葉昆陽(二〇)、與舞陽鄰(二一)、聽使者之惡、隨安陵是而亡之(二二)、繚舞陽之北以東臨許、南國必危、國先害巳。夫增韓、不愛安陵氏(二三)、可也。夫不患秦、不愛南國、非也。異日者、秦在河西晉國、去梁千里(二四)、有河山以闌之、有周韓而間之。從林軍以至于今(二五)、秦七攻魏、〔五入〕囿中(二六)、櫋城盡拔、支臺隨、垂都然(二七)、林木伐、麋鹿盡、而國續以圍。有長毆梁北(二八)、東至虖陶衛之〔郊、北至乎〕監(二九)。所亡秦者、山南山北(三〇)、河外河内、大縣數十、名部數百(三一)。秦乃在河西晉國、去梁千里而禍若是矣。〔又況於使〕秦无韓、有鄭地、无〔河〕山而闌之、无周韓而間之。去梁百里、〔禍〕必百此矣。異日者、從之不〔成也、楚〕魏疑而韓不〔可得也。〕今韓受兵三年、(三二)秦撓以講、識亡不聽、投質於趙、請爲天〔下〕顔行頓〔刃、(三三)楚趙〕必疾兵。皆識秦〔之欲無〕躬也、非盡亡天下之兵而臣海内、必不休。是故臣顯以從事王、王□□□□□偃韓之質、(三四)以存韓、而求故地、韓必效之。此士民不勞而故地盡反矣。亓功多於兵秦共伐韓、〔而〕必无兵強秦鄰之禍。夫存韓安魏而利天下、此亦王之大時巳。通韓上黨於共寧、(三五)使道安成之□、(三六)出入賦之、是魏重質韓以亓上黨也。合有亓賦、足以富國。韓必德魏、重魏、畏魏、韓必不敢反魏。是、韓魏之縣也。魏得韓以爲縣、以衛大梁、河北必安矣。今不存韓、貳周安陵必貤、(三七)楚趙大破、燕齊甚卑、天下西舟而駝秦、(三八)而入朝爲臣不久矣。

●八百五十八

●魏王に謂いて曰く。「秦は戎翟《じゅうてき》と俗を同じくす。虎狼の心有りて、貪戻《たんれい》にして利を好み、親无（無）く、禮義・徳行を試（識《し》）らず。笱（苟《いやし》）くも利有らば、親戚弟兄を顧みざること、禽守（獸）の若きのみ。此れ天下の試（識）る所なり。厚きを施し徳を積む所に非ざるなり。故に大（太）后は母なり、而るに夏〈憂〉いを以て死す。穰侯は咎（舅）なり、功焉《これ》より多き莫し、而るに諒（竟《つい》）に之を逐う。兩弟罪无（無）きも、再び之より國を挩（奪）う。此れ親戚に於けるも此の若し、兄（況）や仇讎《きゅうしゅう》の國においてをや。今王秦と共に韓を伐ちて秦患を近づけんとす。臣甚だ之に惑う。而して王試（識）らざれば則ち不明、羣臣以て聞こゆる莫くんば則ち不忠なり。今韓氏一女子を以て一弱主を奉じ、内に大乿（亂）有り。外に秦魏の兵を支うれば、王以て亡びざると爲すか。韓亡べば、秦、鄭地有りて、大梁（梁）と鄰（鄰）す。王以て安しと爲すか。王故地を得んと欲して今強秦の禍を負わんとす。王以て利と爲すか。秦は无（無）事の國に非ざるなり。韓亡ぶの後、必ず將に事を更めん。事を更むれば、必ず昜〈易〉と利とに就かん。昜〈易〉と利とに就けば、必ず楚と趙とを伐たざらん。是れ何ぞや。夫れ山を越え河を踰《こ》え、韓の上黨を絶して、強趙を攻むるは、氏（是）れ閼輿《あつよ》の事を復するなり。秦必ず爲さざるなり。河内《かだい》に道し、鄴《ぎょう》・朝歌《ちょうか》に倍（背）き、漳《しょう》・鋪（滏《ほ》）水を絶し、趙兵と邯鄲の鄗（郊）に決するが若きは、氏（是）れ知伯の過なり。秦有（又）た敢てせず。楚を伐つは、涉谷《しょうこく》に道し、行くこと三千里にして冥戹《めいあく》の塞を攻む。行く所甚だ遠く、攻むる所甚だ難し。秦有（又）た爲さざるなり。河外《かがい》に道し、大梁（梁）に倍（背）き、蔡・召を右として楚兵と陳の鄗（郊）に夬（決）するが若きは、秦有（又）た敢てせざるなり。故に曰わく、秦は必ず楚と趙とを伐たず、有（又）た燕と齊とを攻めず。韓亡ぶの後、兵出るの日、魏に非ざれば攻むる无（無）きのみ。秦固より壊（懐《かい》）・茀〈茅《ぼう》〉、刑（邢《けい》）丘《きゅう》有り、垝《き》津《しん》に城《きづ》き、以て河内に臨めば、河内の共墓必ず危うし。鄭地有りて、垣《えん》癰（雍《よう》）を得、熒澤《けいたく》を決すれば、大梁必ず亡びん。王の使者大いに過ちて、安陵《あんりょう》是（氏《し》）を秦に惡《そし》る。秦の許を欲すること久し。秦、葉《しょう》・昆陽《こんよう》を有して、𨛭（舞《ぶ》）陽《よう》と鄰す。使者の惡を聽き、安陵是（氏）を隨（隳《おと》）して之を亡ぼし、舞陽の北を繚《めぐ》りて以て東のかた許に臨めば、南國必ず危く、國先ず害《そこな》わるのみ。夫れ韓を增（憎）み安陵氏を夓（愛）さざるは可なり。夫れ秦を恚《うれ》えず南國を夓（愛）さざるは非なり。異日なる者、秦、河西・晉國に在り。梁（梁）を去ること千里にして、河山有りて以て之を闌《さえぎ》り、周・韓有りて之を間《へだ》つ。林の軍より今に至るまで、秦七たび魏を攻め、五たび囿中《ゆうちゅう》に入り、櫋（邊）城盡く抜かる。支臺《しだい》隨（堕《くず》）れ、垂都《すいと》然（燃）え、林木伐《か》られ、麋鹿《びろく》盡き、而して國續きて以て圍まる。有（又）た梁（梁）北を長毆（驅）して、東のかた陶・衛の郊に至り、北のかた監に至る。秦に亡ぼされし所の者は、山南・山北、河外・河内、大縣數十、名都數百なり。秦乃ち河西・晉國に在り、梁（梁）を去ること千里にして、禍是くの若し。又た況や秦をして韓を无（無）く鄭を有らしめ、河山にして之を闌《さえぎ》る无（無）く、周・韓にして之を間つ无（無）く、梁（梁）を去ること百里なるにおいてをや。禍必ず此れに百ならん。異日なる者、從（縱《しょう》）の成らざるは、楚・魏疑いて韓得られざればなり。今韓兵を受くること三年、秦撓《たわ》むるに講を以てするも、亡ぶを識りて聽かず、質を趙に投じて、天下の爲に顔行《がんこう》して刃を頓《やぶ》るを請えば、楚・趙必ず兵を疾《と》くす。皆秦の欲無窮にして、盡く天下の兵を亡ぼして海内《かいだい》を臣とするに非ざれば必ず休《や》まざるを識ればなり。是の故に臣顛（願）わくは從（縱《しょう》）を以て王に事えん。王……韓の質を俠〈挾《わきばさ》〉みて以て韓を存《ながら》え、而して故地を求むれば、韓必ず之を效《いた》さん。此れ士民勞せずして故地盡く反（返）らん。亓（其）の功秦と共に韓を伐つより多くして、必らず強秦と鄰（鄰）するの禍无（無）し。夫れ韓を存え魏を安んじて天下を利するは、此れ亦た王の大時なるのみ。韓の上黨《じょうとう》を共・寧に通じ、安成の□に道せしめ、出入之に賦せば、是れ魏重ねて韓に質するに亓（其）の上黨を以てするなり。合わせて亓（其）の賦有れば、以て國を富ますに足る。韓必ず魏を徳とし、魏を重んじ、魏を畏れ、韓必ず敢て魏に反《そむ》かざらん。是れ韓、魏の縣なり。魏、韓を得て以て縣と爲し、以て大梁（梁）を衛〈衛《まも》〉れば、河北必ず安んず。今韓を存えざれば、貳（二《に》）周《しゅう》・安陵必ず貤（弛《こぼ》）たれ、楚・趙大いに破れん。燕・齊甚だ卑しく、天下舟（輈《ながえ》）を西にして秦に駝（馳）せ、入朝して臣と爲ること久しからざらん」と。●八百五十八

【注釈】

（一）謂魏王曰――本章の故事は、『史記』魏世家、『戦国策』魏策三・魏将与秦攻韓章に見えるが、文字に出入りがある。帛書には奏言者の名は記されていないが、魏世家は「无忌」、魏策は「朱己」に作り、朱己が正しいとされる。

（二）秦兵〈与（與）〉戎翟同俗――「戎」は、精装本は「式」と釈して「戎」の誤字とするが、図版により直接「戎」と釈す。

（三）非〈所施〉厚積徳也――厚誼を施したり徳を積んだりする相手ではない。「所」は通常後に来る動詞の目的語に当たるものを指すが、本文のように動詞の目的語が現れている場合、その行為を行う対象や場所を指すことが多い。

（四）故大（太）后母也、而以夏〈憂〉死――前二六五年（昭王四二年）に昭王の母宣太后が死去したことを指す。「以憂死」は、自殺や毒殺など通常でない死を婉曲に表わす言葉。美川修一「『三国志』――荀彧の死――」（『中国正史の基礎的研究』、早稲田大学出版部、一九八四年）を参照。『史記』范雎蔡沢列伝によれば、宣太后は昭王によって廃位させられた。『戦国策』秦策二には、魏醜夫を寵愛して殉死を求めたというスキャンダラスな記事が記されており、廃位の原因を為した可能性があろう。なお「憂」字は、精装本は直接「憂」と釈すが、裘錫圭「札記」に従い改める。

（五）穰侯咎（舅）也、功莫多焉、而諒（竟）逐之――穰侯は昭王の母宣太后の異母弟で、昭王の舅（叔父）に当たる。穰侯の追放は前二六五年（昭王四二年）。

（六）兩弟无（無）罪而再挩（奪）之國――昭王の弟である涇陽君《けいようくん》、高陵君を指す。范雎《はんしょ》の進言により、穰侯とともに関外へ追放された。

（七）今韓氏以一女子奉一弱主――小組注は、弱主とは韓の桓恵王、女子とは韓太后を指すと言う。

（八）韓亡、秦有〔鄭〕地、兵〈与（與）〉大梁（梁）鄰（鄰）――韓は前三七五年に鄭国を滅ぼし、鄭（現在の河南省新鄭県付近）に都を移した。鄭は大梁と近く、秦が韓を滅ぼすと、魏と極めて接近することになる。

（九）氏（是）復閼輿之事也――「閼輿」は地名、現在の山西省和順県付近。閼輿に陣取った秦軍が、趙の将軍趙奢に大敗させられた事件を指す。戦争の年代について、朋友本は前二六九年か、前二七〇年から二年にわたる戦いであったとする。「復」は繰り返す。

（一〇）若道河内、倍（背）鄴朝歌、絶漳鋪（滏）水――秦を出発した軍隊が、黄河北岸の道を進軍し、朝歌（現在の河南省淇県付近）・鄴（現在の河北省滋県付近）を通過して北上し、趙の長城の南北を挟む形で東西に流れる漳水・滏水を渡って邯鄲に攻め込むルートを言う。

（一一）氏（是）知伯之過也――「知伯」は人名、春秋末期晋の六卿の一人。同じく六卿の韓氏・魏氏を率いて趙を晋陽（現在の山西省太原市付近）に攻め、汾水を使って水攻めにしたが、趙と内通した韓・魏によって、逆に撃ち滅ぼされた。朋友本が指摘するように、ここでは晋陽の戦いを直接指すのではなく、河を渡って城郭を攻撃することの不利を説いたものと考えられる。

（一二）道渉谷、行三千里而攻冥戹之塞――「渉谷」は地名、秦から楚に向かう険阻な道であるという。「冥戹之塞」は、小組注によると、現在の河南省信陽と湖北省応山県の間。

（一三）若道河外、倍（背）大梁（梁）、右蔡召、兵〈与（與）〉楚兵夬（決）於陳鄗（郊）――「河外」は河内に対する語で、黄河南岸地域を指す。秦軍が黄河南岸を東に進み、大梁を通過して南下すると、召陵（現在の河南省漯河市付近）や上蔡（河南省上蔡県付近）を右に望みつつ、楚都陳（河南省淮陽県付近）に到る。楚は前二七八年に郢《えい》が陥落した後遷都し、前二五三年まで陳に都を置いていた。

（一四）壊（懐）・茀〈茅〉・刑（邢）丘――いずれも地名、「懐」は現在の河南省武陟県付近、「茅」は河南省獲嘉県北方。「茀」は、精装本は「茅」と釈すが、図版により「茀」に改める。「茅」の誤字と考えられる。「邢丘」は河南省温県東方。

（一五）垝津――地名。小組注は囲津に比定する。囲津は白馬口とも言い、孟津（洛陽北方）とならぶ黄河の渡河口であった。現在の河南省滑県東北にある。「垝」は上古音疑母微部で、影母微部の「囲」とは仮借可能と判断される。

（一六）河内共墓必危――小組注は「共」を河南省輝県に当て、「墓」は地名であるが地望は未詳とする。地名の「沬」に通じる可能性も指摘するが、音韻的には無理であろう。裘錫圭「札記」は、一九五〇年代に輝県で魏王室の墓葬が発掘されたことを指摘して、「共墓」を共地の魏王室陵墓と解釈している。

（一七）垣廱（雍）――地名。現在の河南省原陽県西方。韓魏国境の長城に近接した邑で、魏都大梁に近い。
（一八）決〔熒〕〇澤――「熒澤」は、現在の河南省鄭州市一帯にあった黄河南方の大湖。
（一九）而惡安陵是（氏）於秦――「安陵氏」は安陵君とも言い、安陵（現在の河南省鄢陵県北方）を領地とする封君。小組注は魏の封君とするが、朋友本は内藤戊申「信陵君」（『立命館文学』二六五、一九六六年）が半独立の小国であると推測していることを指摘する。
（二〇）葉・昆陽――地名。昆陽は現在の河南省葉県、葉はその南方に位置する。
（二一）與鄦（舞）陽鄰――「舞陽」は地名。現在の河南省舞陽県の西。小組注は当時魏に属していたとする。精装本は「舞」と釈すが、図版では右旁に「邑」が確認される。
（二二）随（隓）安陵是（氏）而亡之――「随」字は、精装本は「隓」と釈すが、郭永秉「瑣記」の指摘により改める。
（二三）不㤅（愛）南國――「㤅」は「愛」の異体字。精装本は直接「愛」とするが、図版により改める。
（二四）異日者、秦在河西・晉國、去梁（梁）千里――小組は「晉國」を下文に繫げ「晉國去梁千里」と読む。裘錫圭「札記」は、下文に見える林の戦い以前に、秦は既に晋国を領有していたことを指摘して、「晉國」は上文に繫げるべきであると言う。中華書局点校本『史記』魏世家の句読も「晋」を上文に属せしめる。
（二五）從林軍以至于今――「林軍」は、前二八三年に秦が魏を攻め、大梁まで至ったが燕・趙の援軍により退却した戦役を指す。「林」は地名で、小組注によれば、現在の河南省新鄭県の東。しかし楊寛『輯証』（八一七頁）は、斉策五に「軍舍林中、馬飲於大河」とあることから、河南省中牟県の東北で、黄河に近い地と推測している。
（二六）〔五入〕囿中――「囿」は、国王が遊猟を楽しむための園林。
（二七）支臺隨（隓）、垂都然（燃）――「支臺」、「垂都」は、小組注は梁の囿中の地名とする。
（二八）有（又）長毆（驅）梁（梁）北――「毆」字は、精装本は「敺」と釈すが、図版により改める。
（二九）監――地名。現在の山東省汶上県の南。
（三〇）山南・山北――この山がどの山かは未詳。小組注が中條山（首山）とする他、太行山・王屋山一帯、崇山、華山とする説などがある。
（三一）名部數百――「名部」は、魏策、魏世家はともに「名都」に作り、朋友本に「名都」に関する諸説の紹介がある。裘錫圭「札記」は、「部」は州部の部で、県よりも規模が小さいとし、「都」は「部」と字形が近いための誤字であると考えている。

（三二）今韓受兵三年――この一句が本章奏言の年代決定の鍵を握る。本章で言及されている様々な事件から、上限は宣太后が死去し穰侯が追放された前二六五年、下限は下文に東西両周の存在が明言されているので、東周滅亡の前二五六年以前となる。小組注は『史記』范雎蔡沢列伝の「范雎相秦二年、秦昭王之四十二年（前二六五年）、東伐韓少曲、高平、抜之」という記事を以て連年の伐韓の開始と認め、三年目の前二六三年を本章の年代とする。しかし秦相穰侯の追放は昭王四二年（秦本紀）であるから、「范雎相秦二年」を同年とするこの記事には疑問が残る。平勢隆郎『年表』（五二五頁）は、伐韓の開始を前二六四年、本章の年代を前二六二年とする。その他の諸説は朋友本を参照。

（三三）請爲天〔下〕顔行頓〔刃〕――「顔行」は隊列の先頭に立つこと。魏策・魏世家はともに「鴈行」に作るが、「鴈」は「顔」の仮借と考えられる。上古音はともに疑母元部。なお「顔」字は殆ど欠落しているが、裘錫圭「札記」が残画から「顔」と釈すのに従う。「頓刃」は武器の刃が欠けるほど死力を尽くして戦うこと。

（三四）⿰亻医〈挾〉韓之質――「⿰亻医」字は、精装本は「⿰亻匧」と釈すが、図版によれば「夾」に従わず「矢」に従う。「矢」は「夾」の誤写と見られる。

（三五）通韓上黨於共・寧――「上黨」は山西省東南部の土地で、戦国時代には趙・韓・魏にそれぞれ上黨があった。「共」「寧」はいずれも魏地で、それぞれ現在の河南省輝県、獲嘉県に当たる。

（三六）使道安成之□――「安成」は地名。『史記正義』は『括地志』を引いて「安城」とする。現在の河南省原陽県の西南。小組注は「之」の下の欠字を「關」と推定している。

（三七）貳（二）周、安陵必貤（弛）――「二周」は東周と西周。戦国時代の周は洛陽一帯を支配する小国だが、前四世紀半ばに東西に分裂した。東周の滅亡は前二五六年、西周の滅亡は前二四九年である。「貤」は小組注が「弛」（破壊する）の仮借とするのに従う。魏策、魏世家は「危」に作る。

（三八）天下西舟（輈）而駝（馳）秦――小組注は、「舟」は「輈」（車の轅）に通じ、「西輈」とは車の轅が西に向かうことであると解釈する。魏策・魏世家はともに「鄉」（向かう）に作る。また裘錫圭「札記」が指摘するように、「駝」字を精装本が「弛」とするのは誤り。

【口語訳】

●（あるものが）魏王に以下のように申し上げた。

「秦は戎・翟と習俗を同じくし、虎や狼のような心を持っており、貪欲暴戻で親愛の情などなく、礼儀や徳行をわきまえてはおりません。かりにも利益になることであれば、親戚・兄弟も顧みぬこと禽獣と選ぶところがない――これは天下に広く知られたところでありまして、ひとに手厚く施しをしたり、徳を積むなどといったこととは全く無縁（な国）なのです。ですから太后は（秦）王の母でありながら、憂悶のうちに亡くなりましたし、穰侯は王の叔父であり、（かつ）その功績は比類のないものであったのにもかかわらず、最後はこれを追放してしまいました。（また）二人の弟は罪もないのに、二度にわたってその封国を取り上げています。親戚に対してこのようであるのですから、ましてや仇敵の国に対して（酷い仕打ちをするであろうこと）申すまでもないでしょう。

いま王様はその秦とともに韓を攻撃し、（それによって）秦の禍を自ら招こうとされておりますが、臣《わたくし》ははなはだ当惑しております。王様が（その害を）ご存じでないのであれば、すなわち不明、群臣がたが（その害を）お耳に入れないのであれば、すなわち不忠であります。いま韓では、一女子でもって年若い君主を支えており、国内には大乱、さらに国外では秦・魏の兵を防がなければならなくなるのです。王様には、（このようでありながら韓が）亡びないとお考えですか。韓がもし亡んでしまえば、秦は鄭の地を領有し、わが大梁と隣接してしまうことになるでしょう。王様には（このようでありながら魏が）安泰であるとお考えですか。王様は魏の旧領を回復したいと思し召しですが、（それによって）今度は強大な秦の脅威を背負い込むことになるのです。王様には(このようでありながら魏にとって)有利であるとお考えですか。

（そもそも）秦は何もせずにじっとしていられる国ではありません。韓が亡んだあかつきには、必ずや攻撃目標を他に変えることでありましょう。他に変えるとすれば、必ずや与し易くて利のある相手を狙うでしょう。与し易くて利のある相手を狙うとなれば、必ずや楚や趙は攻撃したりはしますまい。それは何故でありましょう。いったい、山を越え河をわたり、韓の上党を突っ切って強力な趙を攻撃するというのであれば、これは閼与の戦いの二の舞ですから、秦は決して（このルートからの攻撃は）しないでしょう。もし河内を通り、鄴や朝歌（の敵領を）背に、漳水・滏水をおし渡り、趙の兵と邯鄲郊外で決戦するとなると、これは知伯の失敗（をなぞるもの）ですから、秦はやはり（このルートからの攻撃を）敢えて試みないでありましょう。（また）楚を伐つには渉谷を通り、三千里も行軍して冥阨《めいあく》の塞を攻めねばならず、道のりははるかに遠く、攻める相手も難攻不落でありますから、秦は（このルートからの攻撃も）しないでありましょう。もし河外を通り、大梁を背に、蔡・召（の敵領）を右に見て、楚の兵と陳の郊外で決戦するという（敵のまっただ中に飛び込んでゆくような危険な）ことも、秦はあえてしますまい。ですから、秦は必ずや楚や趙を攻撃したりはしない、と申し上げるのでございます。また（はるか遠方の）燕や斉も攻撃したりはしないでしょう。（ですから）韓が亡んだあかつきに、秦が出兵するのであれば、それは魏以外にはありえないのでございます。秦はすでに懐・茅・邢丘を領有し、垝津《きしん》にとりでを築いております。これで河内に侵攻してくれば、河内の共や墓は必ずや危ういこととなりましょう。秦が鄭地を領有し、垣雍まで手に入れて、熒沢《けいたく》を決壊し（て水攻めにし）たならば、大梁は必ず亡んでしまうでしょう。

（ところで）王様のお使者は何を血迷われたのか、安陵氏のことを秦に悪しざまに申されました。秦が許の地に食指を動かしていること、久しいものがございます。秦は葉・昆陽を領有して舞陽と隣接しておりますが、お使者の非難を聞き入れて安陵氏を破ってこれを亡ぼしてしまい、（さらに）舞陽の北を回り込み東のかた許に侵攻してくれば、南国は必ず危うく、（となれば）国都が真っ先にそこなわれてしまいます。韓を憎み、安陵氏を愛さぬのはよいでしょう。（しかし）秦の脅威を憂えず、南国を愛さぬというのは間違っておられます。

かつてまだ秦（の版図）が河西・晋国までであったころは、梁を去ること千里、（その間には）山河が隔て、周や韓が介在しておりました。（しかし）林の戦いより現在に至るまで、秦は七たび魏を攻撃し、五たび囿中に侵入しております。国境のとりではことごとく陥ち、支台は毀たれて垂都は炎上、林木は伐採され麋鹿は根こそぎ、みやこは包囲されました。さらに梁北を長駆して東は陶・衛の郊外、北は監にまで攻め入っております。（これらを通じて）秦に奪われたものは、山南・山北、河外・河内の大県数十、名部数百にも上ります。秦（の版図）が河西・晋国までで、梁を去ること千里にありながら、禍はこのよう（に甚大）であるのです。これでもし秦が韓を亡ぼして鄭地を領有し、山河の障壁も周・韓の介在もなく、梁を去ること百里と（いう状況に）なるならば、その禍は必ずやこれまでに百倍するものとなりましょう。

以前、合縦が不首尾に終わりましたのは、楚や魏は疑念を抱き、韓は取り込むことが出来なかったからでありました。いまや韓は（秦の）攻撃を受け続けること三年、秦は無理強いして（自らに有利な）講和を押しつけようとしておりますが、韓は（結局は秦に）亡ぼされるものと悟ったならば、それを聞き入れることなく、人質を趙に送り、天下の真っ先かけて死力を尽くして（秦と）戦うことを望むでしょうし、（そうなれば）楚や趙も必ずやただちに出兵（して韓を救援）するでしょう。（これも）みな秦の欲望が限りなく、天下の兵をことごとく亡ぼし、四海のうちをすべて臣従させるまで（侵略の）とどまることがないのを承知していればこそなのです。

それゆえ臣は、合縦策をもって王様におすすめしたいと存じます。（すなわち）王様には……韓からの人質をお取りになっておいて韓を救い、その上で魏の旧領（の返還）をお求めになれば、韓はきっとこれを差し出しましょう。これは士民をわずらわせることなく、しかも旧領がそっくり戻ってくるという（願ってもない）ことなのです。その成果は秦とともに韓を伐つ場合よりも大きく、しかも強大な秦と隣り合うことになってしまう、といった脅威はまったくございません。そもそも韓を救って存続させ、魏を安泰にし、しかも天下のためになる、ということであれば、これは王様が（名をあげられる）またとない好機でありましょう。（また孤立した）韓の上党を（魏領の）共や寧を経由して安成の□に通じさせ、そこからの通行税を徴収すれば、これは魏が韓の上党を担保として重ねて押さえるということであります。そこからの税収入は、国庫を潤すものとなりましょう。韓の方でも必ずや魏を徳とし、魏を重んじ、魏を畏れ、けっして魏にそむいたりなどしないでしょう。これは韓が（事実上）魏の県になる、ということであります。魏が韓を県として大梁の守りとすることができるならば、河北は必ずや安泰でありましょう。（逆にもし）いま韓を救って存続させないのであれば、両周・安陵はきっとかたむき、楚や趙も大いに破られ、燕・斉は（秦に）ひれ伏して、天下中が西に向かって秦に駆け込み、入朝して臣従するようになってしまうこと、遠い先の話ではなくなってしまうことでしょう。」●八百五十八

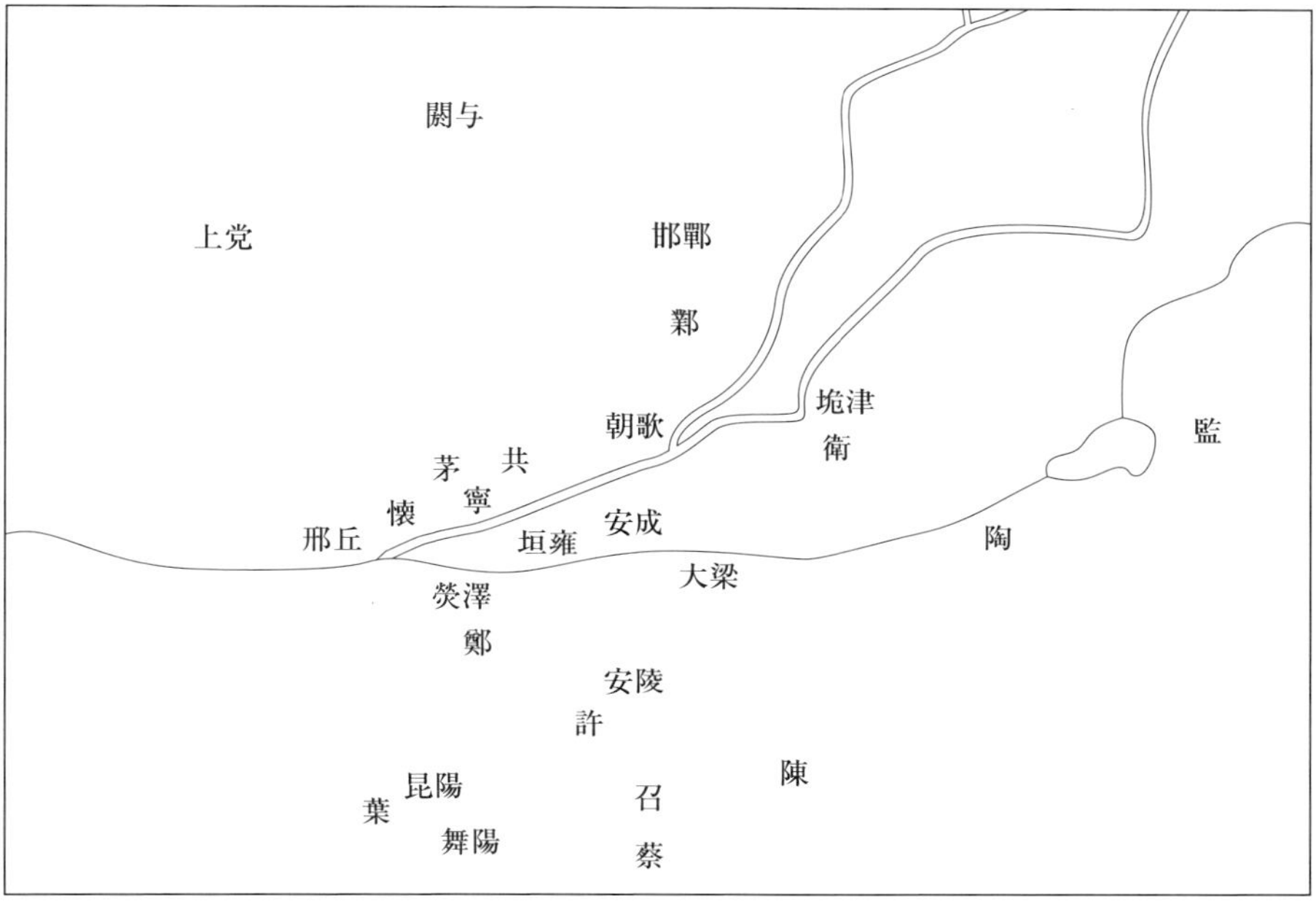

地図２　第一六章関連地図（譚其驤一九八二をもとに作成）

第一七章　謂起賈章

●胃〇起賈曰、(一)私心以公爲爲天下伐齊、(二)共約而不同慮。齊秦相伐、利在晉國。(三)齊晉相伐、重在秦。是以晉國之慮、奉秦、以重虞秦。(四)破齊、秦不妬得、晉之上也。秦食晉以齊、齊毀、晉敝、餘齊不足以爲晉國主矣。晉國不敢倍秦伐齊、有不敢倍秦收齊、秦兩縣齊晉以持大重、秦之上也。是以秦晉皆倲若計以相筍也。(五)古之爲利者養人〔以重〕、(六)立重立重者畜人以利。(七)重立而爲利者卑、利成而立重者輕、故古之人患利重之〔相〕奪□□□、(八)唯賢者能以重終。察於見反、故能制天下。顚御史之孰慮之也。(九)且使燕盡陽地、(一〇)以河爲竟、燕齊毋〔敢〕難矣。(一一)以燕王之賢伐齊、足以佈先王之餌、利擯河山之間、執无齊患、交以趙爲死〇友、地不兵秦攘介、(一二)燕畢□□之事、難聽尊矣。(一三)趙取濟西、以方河東、(一四)燕趙共相、(一五)二國爲一、兵全以臨齊、則秦不能兵燕趙爭。□□□□亡宋得、(一六)南陽傷於魯、(一七)北地歸於燕、濟西破於趙、餘齊弱於晉國矣。爲齊計者、不踰強晉、□□□□秦、秦〔齊〕不合、莫尊秦矣。魏亡晉國、(一八)猷重秦也。與之攻齊、攻齊已、魏爲□國、重楚爲□□□□重不在梁西矣。一死生於趙、毀齊、不敢怨魏。魏、公之魏已。(一九)楚割淮北、(二〇)以爲下蔡〇啓□、得雖近越、實必利郢。天下〇且功齊、且屬從、爲傳棼之約。(二一)終齊事、備患於秦、□是秦重攻齊也、(二二)國必慮、意齊毀未當於秦心也、慮齊齊而生事於〔韓〕周。(二三)與天下交長、(二四)秦亦過矣。天下齊齊、不侍夏。近慮周、周必半歲、上黨寧陽、(二五)非一舉之事也、然則韓周一年有餘矣。(二六)天下休、秦兵適敝、秦有慮矣。非是、猶不信齊也、畏齊大甚也。(二七)公孫鞅之欺魏卬也、(二八)公孫鞅之罪也。身在於秦、請以亓母質、襄疵弗受也。(二九)魏至今然者、襄子之過也。今事來矣、此齊之以母質之時也、(三〇)而武安君之棄禍存身之夬也。(三一)

●五百六十三

●起賈に胃（謂）いて曰く、「私心公を以て天下の爲に齊を伐つも、約を共にして慮《おもんぱかり》を同じくせずと爲す。齊秦相伐てば、利は晉國に在り。齊晉相伐てば、重は秦に在り。是を以て晉國の慮は、秦を奉じ、重を以て秦を虞（娯《たのし》）ましむ。齊を破り、秦得るを妬まざるは、晉の上なり。秦、晉に食らわすに齊を以てし、齊毀《こぼた》れ、晉敝《つか》れ、餘齊以て晉國が主と爲るに足らず。晉國敢て秦に倍（背《そむ》）きて齊を伐たず、有（又）た敢て秦に倍（背）きて齊を收めず。秦兩つながら齊・晉を縣（懸）け、以て大重を持すは、秦の上なり。是を以て秦・晉皆若《こ》の計を俠（策）して以て相笥（伺《うかが》）うなり。古の利を爲す者は人を養うに重を以てし、重を立つる者は人を畜《やしな》うに利を以てす。重立ちて利を爲す者は卑しく、利成りて重を立つる者は輕し。故に古の人は利重の相い奪うを患《わずら》い、……唯だ賢者のみ能く重を以て終る。反を見るに察たり、故に能く天下を制す。顚（願）わくは御史の之を孰（熟）慮せんことを。且つ燕をして陽地を盡し、河を以て竟（境）と爲さしめば、燕・齊敢て難ずること毋からん。燕王の賢を以て齊を伐てば、以て先王の餌（耻）を佩（刷《すす》）ぐに足る。利は河山の間を擅〈擅《ほしいまま》〉にし、執（勢）は齊患无（無）く、交は趙を以て死友と爲し、地は秦と攘（壌《じょう》）介（界《かい》）せず。燕□□の事を畢《お》うれば、聽尊し難し。趙は濟西を取りて以て河東を方（防）ぎ、燕・趙相を共にして、二國一と爲り、兵全くして以て齊に臨めば、則ち秦は燕・趙と爭う能わず。……亡宋は得られ、南陽は魯に傷つき、北地は燕に歸し、濟西は趙に破られ、餘齊は晉（晉）國より弱し。齊の爲に計る者は、強晉を踰《こ》えず、……秦を……秦・齊合わずんば、秦を尊ぶ莫し。魏は晉國を亡《うしな》うも、猷（猶）お秦を重んず。之と齊を攻め、攻齊巳（已《や》）めば、魏は□國と爲り、楚を重んじて爲□□□□、重は粱（梁）西に在らず。死生を趙に一とせば、齊を毀《こぼ》つとも、敢えて魏を怨まず。魏は公の魏なるのみ。楚は淮北《わいほく》を割き、以て下蔡が啓□と爲さん。得は越に近しと雖も、實は必ず郢《えい》を利せん。天下且つ齊を功（攻）め、且つ屬從（縱）し、爲に棼（焚）の約を傳う。齊事を終うれば、患を秦に備えん。□是れ秦、攻齊を重しとするや、國必ず慮あり。齊毀《こぼ》たるるは未だ秦心に當らずと意《おも》うや、齊を齊（擠《そこな》）いて事を韓・周に生ずるを盧（慮《おもんぱか》）らん。天下と交ること長ければ、秦も亦た過《あやま》らん。天下齊を（擠）うは、夏を侍（待）たず。近きは周を慮れば、周は必ず半歳ならん。上黨・寧陽は一擧之事に非ざるなり。然らば則ち韓・周は一年有餘ならん。天下休み、秦兵適《たまた》ま敝《つか》れば、秦に慮有らん。是れに非ずして猶（猶）お齊を信ぜざるは、齊を畏るること大（太）だ甚し。公孫鞅《こうそんおう》の魏卬《ぎこう》を欺くは、公孫鞅の罪なり。身は秦に在りて、亓（其）の母を以て質たらしめんことを請うも、襄疵《じょうし》受けず。魏の今に至るまで然る者は、襄子の過なり。今事來れり。此れ齊の母を以て質たらしむの時にして、而して武安君の禍を棄て身を存するの夬（訣）なり」と。●五百六十三

【注釈】

（一）胃（謂）〇起賈曰――「起賈」は人名。『呂氏春秋』審応覧・応言、『戦国策』趙策四にその名が見える。小組注は秦の大夫であり、当時魏に派遣されて斉攻撃を掌っていたとする。朋友本は魏の人と見るが、本章の話者は斉の立場から秦に和議の受け入れを説いていると見られるので、その説は取らない。

（二）私心以公爲爲天下伐齊――前二八四年、楽毅の率いる趙・韓・魏・秦・燕五カ国連合軍が斉を伐ち、斉の都臨淄を陥落させるという事件が起こる。本章の内容はその直前の状況を反映していると考えられる。

（三）晉國――ここでは魏を指す。合わせて注（一八）を参照。

（四）以重虞（娯）秦――裘錫圭「札記」に従い、「虞」を「娯」と読む。

（五）秦・晉皆倲（策）若計以相笥（伺）也――小組注に従い、「倲」を「策」と読む。

（六）古之爲利者養人〔以重〕――裘錫圭「札記」に従い、「養人」の後に「以重」を補う。

（七）立重立重者畜人以利――裘錫圭「札記」は「立重」二字を衍字とする。また図版では「畜人」の下に句読が付されているが、裘錫圭「札記」に従い、誤りと見なす。

（八）故古之人患利重之〔相〕奪□□□――図版では右半分に「目」と読める残画がある。裘錫圭「札記」に従い、「相」字を補う。

（九）顚（願）御史之孰（熟）慮之也――「御史」は官名、起賈を指す。小組注は、秦国で就いていた官であると言う。また楊寛『輯証』は、御史は国君の私的秘書で監察官の性質も有しているから、起賈は御史として魏に至り、伐斉を監督していたのだと考えている。

（一〇）陽地――黄河北方の地。

（一一）燕齊毋〔敢〕難矣――図版には「毋」の下に残画があり、小組注は「敢」若しくは「餘」ではないかと言う。かりに前者に従う。

（一二）地不兵〈与（與）〉攘（壤）介（界）――「壤界」は、国境を接する。「兵」は「与（與）」の誤字。

（一三）難聴尊矣――小組注は、「尊」は起賈を指すという。「尊」が二人称の尊称として使用されるのは、六朝時代の漢訳仏典などに見られるが、先秦時代にそのような用法があったか疑わしく、ここでは取らない。

（一四）趙取濟西、以方（防）河東――「濟西」は済水西方の地域。小組注は、趙の黄河以東一帯の辺境と隣接していたと言う。『史記』蘇秦列伝に「且異日濟西不師、所以備趙也」（むかし済水の西の民を戦に出さなかったのは趙に備えるためです）とあり、『戦国策』斉策四に「有濟西、則趙之河東危」（斉が済水西方を領有すれば、趙の河東地域は危うくなります）というように、斉・趙間の軍事上の要衝であった。

（一五）燕趙共相――小組注は、『史記』趙世家、恵文王十四年（前二八五年）の「相國樂毅將趙・秦・韓・魏・燕攻齊、取靈丘」（趙の相国の楽毅は趙・秦・韓・魏・燕の軍を率いて斉を攻め、霊丘を取った）を引き、楽毅は燕の相国でもあったから、「燕趙共相」と言うのだと指摘している。しかし本章で議論されているのは一つの仮定であるから、楽毅の事跡に結びつけるのは必ずしも妥当ではない。

（一六）□□□□亡宋得――欠字があって意味が不明瞭だが、「亡宋」を宋を滅ぼして得た領土と仮に解釈しておく。

（一七）南陽傷於魯――「南陽」は、小組注によると、斉南部の魯と隣接する地域。『孟子』告子下に「一戦勝齊、遂有南陽」とあり、趙岐注に「岱山の南を南陽と謂う」とある。

（一八）魏亡晉國――小組注や朋友本が指摘するように、ここでの「晉國」は魏の旧都安邑を指すと考えられる。安邑が秦に入るのは、『史記』秦本紀、六国年表によると昭王二一年（前二八六年）のことである。

（一九）魏、公之魏巳（已）――小組注が指摘するように、「公」は起賈を指す。「魏、公之魏巳」とは、魏が起賈の思い通りに伐斉に従っているようでありながら、本心では必ずしも秦の利益を考えていないということを、皮肉を込めて表現したものか。

（二〇）楚割淮北――楚が斉に奪われた淮北の地を取り戻すことを言う。「淮北」については第八章注（三）（四）を参照。

（二一）爲傳棼（焚）之約――『戦国策』魏策二に「次傳焚符之約者、臣也」とあり、「焚之約」とは「焚符之約」であると理解される。符を焼いて断交すること言う。なお合従、連衡に際して符が交わされたことについては、朋友本第二〇章注（一三）、工藤元男一九九四を参照されたい。

（二二）秦重攻齊――「重」は難色を示す、慎重にする意。現在攻斉のために起賈を派遣している秦が、攻斉後に起こりうる秦に対する諸国の警戒を考慮して、攻斉に慎重になる可能性を指摘している。

（二三）盧（慮）齊（擠）齊而生事於（韓）・周――攻斉の間隙を突いて韓・周の侵略を謀ることを言う。「盧」は、精装本は「廬」とするが、郭永秉「瑣記」によって改める。「周」の前の欠字は、精装本では「秦」を補っているが、裘錫圭「札記」に従い「韓」を補う。「齊齊」を「擠齊」と読むのも同様。

（二四）與天下交長――天下の国々の攻斉に長くつきあうこと。

（二五）上黨・寧陽――「上黨」は山西省東南部。ここでは韓の上党を指す。第一一章注（五）を参照。「寧陽」は、上党と並ぶ韓地か。ただし、『漢書』地理志によると泰山郡に属し、現在の山東省兗州市の北方。これに従うなら「上黨・寧陽非一擧之事」とは攻斉と韓の侵略を同時に行うべきことではないことを言うと解される。韓攻略に専念させようとの意図があろう。

（二六）然則韓周一年有餘矣――「韓」の下の残画は、裘錫圭「札記」に従い「周」と判読する。

（二七）非是、猶（猶）不信齊也、畏齊大（太）甚也――この一文は文意を取りにくい。上に仮定された秦に取って不利な状況が出現している訳でもなく、そのような事態を望むわけではないのにも関わらず、秦・斉連合に舵を切らずに他国と斉を攻撃するのは、斉を恐れること度が過ぎるのではないか、との意か。

（二八）公孫鞅之欺魏卬也――「公孫鞅」は秦の衛鞅（商鞅）。「魏卬」は魏の公子卬。秦の孝公二二年（前三四〇年）、両者は秦、魏の将軍として対陣していたが、衛鞅は和平のための宴会を偽って公子卬を招き寄せ、生け捕りにしてそのまま魏軍を撃破したことを言う。『史記』商君列伝、『呂氏春秋』慎行論・無義に見える。

（二九）身在於秦……襄疵弗受也――公子卬の一件で衛鞅の行いに疑いを抱くようになった秦の恵文王は彼を罰しようとする。それを察した衛鞅は自分の母親を人質として魏に受け入れを願い出るが、魏の襄疵に拒絶され、秦で処刑された。『呂氏春秋』慎行論・無義に見える。

（三〇）今事來矣、此齊之以母質之時也――小組注は、斉が魏に和議を申し出たものと解釈している。しかし本章の話者は攻斉が秦にとって有利ではないことを説いていることから見て、和議の対象は魏ではなく秦と判断される。

（三一）而武安君之棄禍存身之夬（訣）也――「武安君」は蘇秦を指す。武安君を称する封君は他に秦の白起、趙の李牧らがいるが、朋友本は本章の時期では蘇秦が該当すると指摘している。なお、郭永秉「瑣記」によれば、「棄」は「捧」と釈すべきで、「滅」の仮借であるという。但し「搼」は第四章にも見えるが、当該字とはやや形が異なる。

【口語訳】

●起賈に次のように述べた。

「わたくしは、あなたが天下のために斉を伐たれるのは、約を共にしながらも思惑は異なる（同床異夢のような）ものではないかと存じます。斉と秦とが戦えば、利を得るのは晋国でありますし、（一方）斉と晋とが戦えば、重きをなすのは秦国でありましょう。それゆえ晋国にとりましては、秦を奉って、秦に重きをなさせてやることで、斉を破っても、秦が（晋の）取り分についてとやかく言わない――これが晋にとっての理想的な展開でありましょう。（これに対して）秦としましては、晋と斉とをかみ合わせることで斉は傷つき晋は疲弊、消耗しきった斉では晋に影響力を行使できるような存在とはなりえず、晋もあえて秦にそむいて（勝手に）斉を伐つことはせず、またあえて秦にそむいて斉と手を結ぶこともない、（このようにして）秦は斉と晋とを両天秤に掛けながらその重みを維持する――これが秦にとっての理想的な展開なのです。それゆえに秦・晋両者ともにこうした（それぞれに異なる）思惑を胸に互いをうかがっているのでございます。（しかしながらそもそも）古《いにしえ》の（例からすれば）利を得る者は（その利によって）人を盛り立てて、重きをなさせてやり、（一方でその）重きをなす者は人が利を得るように仕向けてやった（すなわち持ちつ持たれつの関係であった）のでございまして、重きをなしているにもかかわらず利をも手にしようという者は卑しく、利を得ながらもさらに重きをなそうとする者はかえって軽いものとされたのでありました。それゆえにこそ古の人は利（を得ること）と重き（を成すこと）とがそこないあうことを心配したのでありまして……、ただ賢者のみがよくその重きをなしながら終わりを全うしたのでございます。物事の転変を見極める、かくしてこそ天下を制することがかないましょう。どうか御史（起賈）にはこの点を、とくと熟慮あそばしますように。

もし（諸国で斉を攻撃することによって）燕が陽地をことごとくわが物とし、黄河の線にまで斉との国境を押しやってしまうならば、（自然の要衝を境界とすることで）燕斉間の軍事的な衝突は起こりにくくなります。燕王の賢明さをもって斉を伐つならば、先王の恥を雪ぐことは充分に可能でありましょうし、（その上に）利に関しては河山の間をほしいままにし、軍事的には斉の脅威がなく、外交的には趙と死（生を共にするような）友のよう（に強固）な関係にあり、地理的には秦と境域を接していないわけでございますから、燕が……の事を成就したならば、なかなか（秦の）言いなりにはならないことでありましょう。

（また）趙が済西を取って河東の地の守りとし、燕・趙で共通の宰相を擁して両国が一体となり、万全の軍事力で斉に臨むのであれば、秦は燕・趙と争うことはかないますまい。

（斉は）……宋の故地は奪われ、南陽は魯によって荒らされ、北地は燕の有に帰し、済西は趙に破られてしまうという具合に、消耗しきった斉は晋より弱くなってしまうことでしょう。そんな斉の立場から考えて見るならば、さだめし強晋の頭越しに秦（とは結ば）ないでしょうし、秦と斉とが結ばないのでしたら、（諸国も）秦を尊ぶことはありますまい。魏は晋国〔ここでは安邑のこと〕を失陥してもなお秦を重んじておりました。（しかし）ともに斉を攻め、斉への攻撃が終了したならば、魏は□国となり、楚を重んじて……とし、重きをなすのは梁の西（すなわち秦）ではございますまい。趙と足並みを揃えている限り、斉を破っても（斉は）敢えて魏を怨まないことでございましょう。魏はあなたの魏なのでございますよ（それが斉を伐ったあかつきには、このように秦を重んじなくなってしまうのです）。

楚は（斉から）淮北の地を奪い取り、下蔡に……を開きます。取り分は越に近いところではありますが、実質的に郢（楚）にとって有利なものでありましょう。

天下の諸国は（秦と連衡して）斉を攻める一方で、（秦に対する）合縦を策して、足並みを揃えて（秦と）断交せんとの密約をかわしております。斉の件が一段落したら、（そのまま）今度は秦に対して備えることでありましょう。こうした次第では、秦も斉への攻撃に二の足を踏むこととなります。そしてお国（秦）のお偉方の間で「斉が破れるのは、わが秦の本意ではない」ということにでもなれば、斉をたたくのと並行して韓と周に対しても行動を起こそうとするでしょうが、（その場合）天下につきあって長いこと斉攻撃に関わり合うのは、秦にとっては失策であります。（なぜなら）天下の諸国が斉を分け取りにするのは、夏まではかからないでしょう。（その一方で秦が片手間に）手近の周の攻略にかかっても、周は必ずや半年は持ちこたえましょう。さらに上党や寧陽の攻略は一挙に片がつくものではございませんから、そうなると韓や周の攻略には一年以上かかりましょう。（そうなるとすでに斉を片づけて）天下の兵は休養充分であるのに、秦の兵は疲弊していることとなり、秦は憂慮すべき事態と相成るのです。そう（した事態を望むわけ）ではないのに、なお斉（からの修好の申し出）を信じないでいるのは、斉を怖れることあまりにすぎるのではありますまいか。かつて公孫鞅が魏卬を欺いたのは、（もとより）公孫鞅の罪ではあります。（そこで公孫鞅が）自らは秦にあって、その母を人質とするむね申し出たのを、襄疵は受けなかったのでした。（しかしその結果として）魏が今に至るまでこのよう（に国勢が振るわない有様）であるのは、襄子の過ちであります。（ところが）いま（斉から秦に修好の）話が持ち上がっているのであり、これはまさに（先ほどの例でいえば）斉が母を人質とする（ことを申し出てきたような）状況でありまして、武安君を救うことにもなるのであります（から、是非お受けになりますように）。」●五百六十三

第一八章　觸龍見趙太后章

●趙大后規用事(一)。秦急攻之(二)、求救於齊。齊曰、必〔以〕大后少子長安君來質、兵乃出(三)。大后不肎(四)、大臣強之。大后明胃左右曰、有復言令長安君質者、老婦必◯唾亓面。左師觸龍言顲見(五)、大后盛氣而胥之。入而徐趨(六)、至而自〔謝〕曰、老臣病足、曾不能疾走(七)。不得見久矣。竊自〔赦〕老(八)、輿恐玉體之有所郄也、故顲望見大后。曰、老婦持連而睘。曰、食飲得毋衰乎。曰、侍鬻鬻耳(九)。曰、老臣間者殊不欲食、乃自強步、日三四里、少益耆食、智於身(一〇)。曰、老婦不能。大后之色少解。左師觸龍曰、老臣賤息語旗最少、不宵。而衰、竊㤅憐之。顲令得補黒衣之數(一一)、以衛王宮、昧死以聞(一二)。大后曰、敬若。年◯幾何矣。曰、十五歲矣。雖少、顲及未寘叡谷而託之(一三)。曰、丈夫亦㤅憐少子乎。曰、甚於婦人。曰、婦人異甚。曰、老臣竊以爲媼之㤅燕后賢長安君(一四)。曰、君過矣、不若長安君甚。左師觸龍曰、父母㤅子則爲之計湥遠。媼之送燕后也、攀亓踵、爲之泣、念亓遠也、亦哀矣。已行、非弗思也。祭祀則祝之曰、必勿使反。剴非計長久(一五)、子孫相繼爲王也𢦏。大后曰、然。左師觸龍曰、今三世以前(一六)、至於趙之爲趙(一七)、趙主之子侯者(一八)、亓繼有在者乎。曰、无有。曰、微獨趙、諸侯有在者乎。曰、老婦弗聞。曰、此亓近者、禍及亓身、遠者及亓孫。剴人主之子侯、則必不善𢦏。位奠而无功(一九)、奉厚而无勞、而挾重器多也。今媼奠長安之位、而封之膏腴之地、多予之重器、而不汲今令有功於國(二〇)、山陵堋(二一)、長安君何以自託於趙。老臣以媼爲長安君計之短也。故以爲亓㤅也不若燕后。大后曰、若。次君之所使之(二二)。於氏爲長安君約車百乘、質於齊、兵乃出。子義聞之曰(二三)、人主子也、骨肉之親也、猷不能持无功之奠、不勞之奉、而守金玉之重也、然兄人臣乎。

●五百六十九

●趙大（太）后事を規用す。秦急ぎ之を攻め、救いを齊に求む。齊曰く、「必ず大（太）后の少子長安君を以て來りて質《ち》たらしめば、兵乃ち出ず」と。大（太）后肎（肯《がえん》）ぜず、大臣之を強《し》う。大（太）后明らかに左右に胃（謂）いて曰く、「復た長安君をして質たらしめよと言う者有れば、老婦必ず亓（其）の面に唾せん」と。左師觸龍《しょくりゅう》顚（願）わくは見えんと言い、大（太）后氣を盛んにして之を胥《ま》つ。入りて徐《おもむ》ろに趨《はし》り、至りて自ら謝して曰く、「老臣足を病み、曾《すなわ》ち疾走すること能わず、見《まみ》ゆるを得ざること久し。竊《ひそ》かに自ら老を赦《ゆる》し、輿（與《とも》）に玉體（體）の郤（郄《つか》）るる所有るを恐るなり。故に大（太）后に望見するを顚（願）う」と。曰く、「老婦連（輦《れん》）を持（恃《たの》）みて睘（還《めぐ》）る」と。曰く、「食飲衰う毋きを得るか」と。曰く、「鬻（粥《かゆ》）を侍（恃）むのみ」と。曰く、「老臣間者《かんしゃ》殊に食うを欲せず、乃ち自ら強いて歩むこと、日《ひび》に三四里、少しく食を耆（嗜《この》）むを益し、身に智（知《い》）ゆ」と。曰く、「老婦能わず」と。大（太）后の色少しく解《ゆる》む。左師觸龍曰く、「老臣の賤息詔（舒《じょ》）旗《き》最も少《わか》く、不宵（肖）なり。而して衰え、竊かに之を炁（愛）憐す。顚（願）わくは黒衣の數に補し、以て王宮を衛（衛《まも》）るを得せしめんことを。昧死《まいし》して以て聞こゆ」と。大（太）后曰く、「敬みて若（諾）す。年幾何《いくばく》ぞ」と。曰く、「十五歳なり。少しと雖も、顚（願）わくは、未だ叡（壑《かく》）谷《こく》に寘（填）められざるに及びて之を託さんことを」と。曰く、「丈夫も亦た少子を炁（愛）憐するか」と。曰く、「婦人より甚し」と。曰く、「婦人異に甚し」と。曰く、「老臣竊かに以爲えらく、媼《おう》の燕后を炁（愛）すること長安君に賢《まさ》る」と。曰く、「君過てり。長安君の甚しきに若かず」と。左師觸龍曰く、「父母子を炁（愛）せば、則ち之が爲に計ること湥（深）遠なり。媼の燕后を送るや、亓（其）の𡾰（踵《くびす》）に攀《すが》り、之が爲に泣き、亓（其）の遠ざかるを念うや、亦た哀れなり。巳（已）に行けば、思わざるに非ざるなり。祭祀すれば則わち之を祝《いの》りて曰く、『必ず反（返）らしむる勿れ』と。剴（豈）に長久にして子孫相繼ぎて王と爲るを計るに非ざらんや」と。大（太）后曰く、「然り」と。左師觸龍曰く、「今三世以前より、趙の趙爲るに至るまで、趙主の子の侯たりし者、亓（其）の繼に在る者有るか」と。曰く、「有る无（無）し」と。曰く、「獨り趙のみに微《あら》ず、諸侯に在る者有るか」と。曰く、「老婦聞かず」と。曰く、「此れ亓（其）の近き者は、禍亓（其）の身に及び、遠き者は亓（其）の孫に及ぶ。剴（豈）に人主の子侯たれば、則ち必ず善からざらんや。位僔（尊）くして功无（無）く、奉厚くして勞无（無）く、重器を挾《わきばさ》むこと多ければなり。今媼長安の位を僔（尊）くし、之を膏腴の地に封じ、多く之に重器を予う。而して今に汲（及）びて國に功有らしめず、山陵堋（崩）れば、長安君何を以てか自ら趙に託さん。老臣以《おも》えらく、媼、長安君の爲に計ること短し。故に以爲えらく、亓（其）の炁（愛）さるるや燕后に若ず」と。大（太）后曰く、「若（諾）す。君の之を使わす所の次《まま》（恣）なり」と。氏（是）に於いて長安君の爲に車百乘を約《そな》えて齊に質し、兵乃ち出づ。子義之を聞きて曰く、「人主の子は、骨肉の親なるも、猷（猶）お无（無）功の僔（尊）、不勞の奉を持して金玉の重きを守ること能わず。然るに兄（況）や人臣をや」と。●五百六十九

【注釈】

（一）趙太后規用事――本章の故事は『戦国策』趙策四及び『史記』趙世家に見える。趙世家では孝成王元年（前二六五年）のこととする。趙太后は恵文王の威后。翌前二六四年に死去。「規」字は趙策が「新」に作り、小組注は「親」字の誤りではないかと推測している。朋友本は「窺」の仮借とする。

（二）秦急攻之――前二六五年に秦が趙を攻めたことは、趙世家や六国年表に見える。

（三）必〔以〕太后少子長安君來質、兵乃出――「必」はどうしても、「以」には使役の用法がある。「質」は質となるという意味の動詞。「乃」はそこではじめての意。

（四）大（太）后不肻（肯）――「肻」は、精装本は直接「肯」と釈すが、図版によって改める。

（五）左師觸龍顯（願）見――左師は官職。觸龍は人名。趙策は「觸讋《しょくしょう》」に作り、下に「言」の字がない。王念孫『讀書雜志』は「讋」が「龍言」を誤った字であることを考証したが、その正しさが帛書の出土で確認された。

（六）入而徐趨――「趨」は敬意を表わすために小走りすること。

（七）曾不能疾走――「曾」は否定詞に付いて打消しを強める働きをする副詞。

（八）竊自〔敕〕老――「自」の下の残画は「攴」に見える。小組注は「敕」と推測する。

（九）侍（恃）鬻鬻（粥）耳――小組注は、「鬻」字は「鬻」字の誤りで、廃字と考えている。
（一〇）智於身――小組注は、『方言』「知、愈也、南楚病愈者或謂知」（知とは、癒えることである。南楚では病が癒えることを『知』という場合がある）を引いて、体に有益である意とする。
（一一）顚（願）令得補黒衣之數――「黒衣」は郎（護衛官）の着る服という。
（一二）昧死以聞――「昧死」は、おろかなことをして死罪になる意。君王に奏言するときに使われる常套句。
（一三）顚（願）及未寘（填）叡（壑）谷而託之――「壑谷」は谷間。趙策・趙世家はともに「溝壑」に作るが、意味は同じ。「填溝壑」は死体が谷間に埋められることを言い、死を意味する婉曲表現。「寘」字は、精装本は「寘」とするが、郭永秉「瑣記」によって改める。
（一四）媼之怎（愛）燕后賢長安君――「媼」は老婦人に対する敬称。「燕后」は、燕国に嫁いだ趙太后の娘。
（一五）剴（豈）非計長久――「長久」は、いつまでも持続すること。ここでは嫁いだ娘が添い遂げることを言う。
（一六）今三世以前――孝成王から三世遡ると趙粛侯（在位：前三四九年―前三二六年）になる。
（一七）至於趙之爲趙――趙の開国を指す。趙は元来晋の大夫の家であったが、後に魏、韓と晋を分割し、前四〇三年趙烈侯が魏、韓とともに諸侯として認められた。
（一八）趙主之子侯者――「侯」は侯となるという意味の動詞。ここでは趙国内の侯すなわち封君となることを表わす。
（一九）位奠（尊）而无（無）功――「奠」は、精装本は「尊」と釈すが、図版によれば「奠」が正しく、『説文』は「奠」を「尊」の或体として収める。
（二〇）不汲（及）今令有功於國――「及今」は今のうちに。「及」の用法は上文「願及未填壑谷而託之」と同じ。今のうちに国に功をたてさせなければ取り返しがつかないことになると述べて、長安君を質に出すよう勧めている。
（二一）山陵堋（崩）――君王の死を表わす婉曲表現。ここでは趙太后の死去を言う。
（二二）次（恣）君之所使之――「恣」は〜のままになる。動詞「恣」の構文的な特徴から判断して、主語として長安君を補うことができる。「使」は使者として派遣する。「之」は長安君を指す。直訳すると、「長安君は、あなたがどこへ彼を派遣しようとその意のままになる」という意味。
（二三）子義聞之曰――「子義」は、趙世家の『史記索隠』によると趙の賢人であると言う。

【口語訳】

●趙の太后が新たに政務を見ることになったが、そこへ突然、秦が進攻してきた。救援を斉に求めたところ、「必ず太后の末子である長安君を人質として寄越されよ。されば援軍をお出ししよう」とのこと。太后は承知せず、大臣たちが強く迫ると、左右の近臣たちに「また長安君を人質に出すよう申す者がいたら、老婦《わたし》はきっとその者の顔に唾を吐きかけてやりましょう」と言い切る始末であった。

（そのような中）左師の觸龍が、目通りを願い出てきた。太后は気色ばんでこれを迎える。觸龍は入室するとゆっくりと小走りに進み、（所定の）位置につくと自分から謝して申すには、

「老臣《わたくし》は足を患っておりまして（御前での作法通りに）足早に進むことができず、久しくお目見えすることがかなわずにおりました。老いのせいゆえと自らゆるしておりましたが、太后陛下の玉体に障りなどございませぬか心配で、謁見を願い出ました次第でございます。」

太后「老婦は出入りにも輦《れん》が欠かせませぬ（ほど弱っている）。」

觸龍「お食事は進んでおられますか。」

太后「粥しか喉を通りません。」

觸龍「老臣も先頃はことに食欲がなくなったので、つとめて歩くようにいたしております。毎日三、四里も（歩くようにしておりましたところ、少し食欲も増し、体調もよいようです。」

太后「老婦にはできかねます。」

（こうしたやり取りのうちに）太后の態度は少し和らいできた。（そこで）左師觸龍が申すには

「老臣の賤息の舒旗めは末の子で不肖ではありますが、わたくしも老い先短いこととて、その先行きを案じております。どうかこれを黒衣の一員に補充していただき、王宮を護衛させていただきますよう、昧死して申し上げます。」

太后「つつしんで承知いたしました。年はいくつになりますか。」

觸龍「十五になります。まだ若いとは申せ、どうか（わたくしの）目の黒いうちにお願いしておきたいと存じます。」
太后「殿方もまた、末の子のことは気にかかるものなのですか。」
觸龍「それは御婦人以上でございます。」
太后「婦人は（末の子を可愛がる事、男よりも）もっと強いものですよ。」
觸龍「老臣は、あなた様は燕后（となっているお嬢様）の方を長安君よりも可愛がっておられるものと、お見受けしておりましたが。」
太后「あなたは間違っております。（燕后を可愛がるのは）長安君ほどではありません。」
（ここで）左師觸龍が言うには、
「いったい父母が子どものことを可愛がるのであれば、その子のために考えをめぐらすこと深く、そして先々に及ぶものです。あなた様が燕后を（嫁ぎ先に）送り出された時も、その踵に取りすがってお泣きになり、その遠くへ去られることを思い、非常にお嘆きの御様子でありました。（燕后が）いなくなられた後も、心にかけぬということはなく、祭祀の折には『決して（離縁されて）戻ることなどないように』とお祈りになっておられます。これは（燕后が）末永く（先方で添い遂げられ）、その子や孫が代々にわたって王となるようにと思し召されてのことではありますまいか。」
太后「その通りです。」
左師觸龍「今より三世代以上前から、趙建国の時点に遡るまでの間に、趙主の子で侯となられた方々のうち、（侯として代々）継承を重ね、現在まで続いている例はございますか。」
太后「ありません。」
觸龍「ひとり趙だけではございません。他国にそのような例はございますか。」
太后「老婦は聞いたことがありません。」

触龍「これは、早い場合には禍が封爵を受けた当人に及び、遅くともその孫の世代までには禍が及ぶ（ことにより、御家断絶となってしまう）ためであります。（しかし）どうして人主の子として侯となられた方々が、出来の悪いもの揃いである（結果、封爵を失ってしまう）ということがありましょうや。（そうではなく、これらの方々が）位が尊いわりには（それに見合う）功績がなく、俸禄が手厚いわりには（それに見合う）働きがなく、しかも貴重な財宝を抱え込んでいればこそ（何かあると矢面に立たされて御家断絶の憂き目にあいやすくなるから）なのでございます。今あなた様は長安君の位を尊くし、肥沃なところに封地を与え、多くの貴重な財宝を与えてはおられますが、今のうちに国に対して功績を立てさせておやりにならないと、（もし）太后に万一のことなどございましたら、長安君はこの趙国で何を頼みとしてゆけばよいのでしょうか。老臣はあなた様が長安君のために考えをめぐらされること、不充分なものと存じます。ですから（長安君を）可愛がられること、燕后には及ばない、とお見受けしたのでございます。」

（これを聞いて）太后は

「わかりました。あなたのなさりたいようにして下さい。」

と言った。そこで長安君のために車百乗を仕立てて斉に人質として送ったところ、（斉は）援軍を出動させたのであった。

子義はこの話を聞いて、次のように述べた。

「人主の子といえば、（人主にとって）もっとも近しい間柄の存在である。それにしてなお功績の伴わぬ尊位、働きの伴わぬ俸禄を保持し、金玉などの財宝を守りぬくことはできないのである。（であれば）ましてや人臣については、なおさらであろう。」●五百六十九

第一九章　秦客卿造謂穰侯章

●胃穰侯。(一)秦封君以陶、(二)假君天下數年矣。攻齊之事成、陶爲萬乘、長小國、衛以朝、(三)天下必聽、五伯之事也。(四)攻齊不成、陶爲廉監、(五)而莫〔之〕據。故攻齊之於陶也、存亡之幾○也。君欲成之、侯不使人胃燕相國曰。(六)○聖人不能爲時、時至亦弗失也。舜雖賢、非適禺堯、不王也。湯武雖賢、不當桀紂、不王天下。三王者皆賢矣、不曹時不王。(七)今天下攻齊、此君之大時也。因天下之力、伐讎國之齊、報惠王之醜、(八)成昭襄王之功、(九)除萬世之害、此燕之利也、而君之大名也。詩曰、樹徳者莫如茲、除怨者莫如盡。(一〇)呉不亡越、越故亡呉、(一一)齊不亡燕、燕故亡齊。(一二)呉亡於越、齊亡於燕、余疾不盡也。非以此時也成君之功、除萬世之害、秦有它事而從齊、齊趙親、其讎君必涙矣。挾君之讎以於燕、(一三)後雖悔之、不可得已。君悉燕兵而疾贊之、(一四)天下之從於君也、如報父子之仇。誠爲鄰、(一五)世世无患。顧君之剸志於攻齊而毋有它慮也。

●三百　●大凡二千八百七十(一六)

●穰侯に胃（謂）う。「秦、君を封ずるに陶を以てし、君に天下を假《か》すこと數年なり。攻齊の事成れば、陶は萬乘と爲らん。小國に長たりて、衛（率）いて以て朝せば、天下必ず聽かん。五伯《ご》（覇《は》）の事なり。攻齊成らざれば、陶は廉監と爲りて、之に據る莫し。故に攻齊の陶に於けるや、存亡の幾（機）なり。君之を成さんと欲すれば、侯《なん》ぞ人をして燕の相國に胃（謂）いて曰わしめざる。『聖人は時を爲す能わざるも、時至れば亦た失わざるなり。舜賢なりと雖も、適《たまた》ま堯に禺（遇）うに非ざれば、王たらざるなり。湯・武賢なりと雖も、桀・紂に當らざれば、天下に王たらず。三王なる者は皆賢なるも、時に曹（遭）わざれば、王たらず。今天下齊を攻むるは、此れ君の大時なり。天下の力に因り、讎國の齊を伐ち、惠王の醜《はじ》に報い、昭襄王の功を成し、萬世の害を除くは、此れ燕の利にして、君の大名なり。『詩』に曰わく、徳を樹《た》つ者は茲（滋《ま》）すに如くは莫く、怨を除く者は盡すに如くは莫しと。呉、越を亡さずして、越故（顧《かえ》）りて呉を亡ぼし、齊、燕を亡ぼさずして、燕故（顧）りて齊を亡ぼせり。呉、越に亡ぼされ、齊、燕に亡ぼされしは、疾を余（除）きて盡さざればなり。此の時を以て君の功を成し、萬世の害を除くに非ずして、秦に它（他）事有りて齊に從い、齊・趙親めば、其の君に讎なすこと必ず湥（深）し。君の讎を挾みて以て燕に…すれば、後に之を悔ゆると雖も、得可からざるのみ。君燕兵を悉《つく》して疾く之を賛（贊《たす》）けば、天下の君に從うや、父子の仇に報ゆるが如し。誠に鄰（鄰）と爲れば、世世患《うれ》い无（無）からん。顚（願）わくは君の志を攻齊に剸（專）らにして它（他）慮有る毋からんことを』と。」●三百　●大凡二千八百七十

【注釈】

（一）胃（謂）穰侯——本章の故事は『戦国策』秦策三に見え、進言者を秦客卿造とする。『史記』穰侯列伝に、昭王三十六年（前二七一年）に、穰侯が客卿竈《そう》という人物に対して、斉を伐って剛・寿という地を取り、封邑の陶を広げたいと述べた記事がある。本章下文に攻斉が陶の拡張と関連付けて述べられており、小組注は造と竈とを同一人物としている。馬雍「背景」および楊寛『輯証』は、本章を前二七一年に編年している。穰侯については第一五章注（三）を参照。

（二）秦封君以陶——穰侯が陶を領地としたのは、前二八四年以降のことと考えられる。一五章注（二〇）ならびに朋友本一四二頁を参照。

（三）衛（率）以朝——秦策は「率以朝天子」に作り、帛書に「天子」はない。小組注は「小国の長となり、彼らを率いて秦に朝する」と解釈するが、五覇の事業に擬せられているので、「朝」の対象は秦策と同様天子と考えられる。

（四）五伯（覇）之事也——「伯」は「覇」に通じる。上古音はともに魚部幇母。五覇については第五章注（一一）を参照。

（五）陶爲廉監——未詳。小組注は「廉監」を磏礛（砥石）と読み、陶を有しながら斉を攻めなければ、玉を磨かないのと同じことで、価値のない砥石に過ぎないことを表わす比喩と解釈する。秦策三は「陶為鄰恤」（陶は隣国に憐れまれる）に作る。

（六）侯不使人胃（謂）燕相國曰——「侯」は理由を尋ねる疑問副詞。『史記』司馬相如列伝「君乎君乎、侯不邁哉」（君よ、君よ、なんぞ行かざるや）のように、伝世文献にも用例がある。小組釈文は「何」の仮借とするが、「侯」は侯部、「何」は魚部で韻部が異なる。

「燕相國」は、小組注によると成安君公孫操。

（七）聖人不能爲時……不讐（遭）時不王――ここで挙げられている舜・湯・武に関する事例は、戦国後期の儒家が「天人之分」を説く時にしばしば引き合いに出されるもので、『荀子』、『呂氏春秋』や郭店楚簡『窮達以時』等儒家系文献に散見される。「天人之分」は、たとえ賢人であっても時節に遇わなければ功を成し遂げられず、しかも時に遇うか否かは天に属し人間には如何ともしがたいものとする一方で、それに左右されずに人間はまじめに修養すべきことを説く。詳しくは池田知久「郭店楚簡『窮達以時』の研究」（『郭店楚簡の思想史的研究』第三巻、東京大学郭店楚簡研究会、二〇〇〇年）を参照。しかしここで展開されている主張は、同じ事例を素材としながらも、時を察してそれに応じた行動を取る重要性が説かれており、儒家とは相当の開きがある。むしろ馬王堆帛書『十六経』観篇「當天時、與之皆斷、當斷不斷、反受其亂」（天の時に応じて判断を下す。判断すべき時にしなければ、却ってその災いを受ける）のような道家的な議論との共通性が感じられる。なお『呂氏春秋』恃君覧・召類篇に「聖人不能為時、而能以事適時、事適於時者其功大」（聖人は時機を作り出すことはできないが、事を時機に適応させることができる。事が時機に適応すればその功も大きい）と見える聖人像は、本文の趣旨と類似している。「讐」字は、精装本は直接「曹」と釈すが、図版によって改める。「曹」字は本来「輮」に従う。

（八）報恵王之聭――燕の恵王が、仲の悪かった将軍楽毅を騎劫に代えたことが仇となって、前二七九年斉の田単に打ち破られ、先代の昭王が斉から得た土地を悉く奪い返された事件を指す。なお精装本は、「聭」を「耻」の仮借とするが、破読の必要はない。

（九）成昭襄王之功――前二八四年、秦・楚・三晋とともに斉を攻め、楽毅率いる燕軍が斉の都臨淄を陥落させた故事を指す。「昭襄王」は恵王と対置されていることから、燕の昭襄王と考えられる。

（一〇）詩曰、樹徳者莫如茲（滋）、除怨者莫如盡――秦策（姚本）は「詩」を「書」に作る（鮑本は「詩」）。『尚書』泰誓に「樹徳務滋、除悪務本」という類似の語句があるが、泰誓は偽古文である。

（一一）呉不亡越、越故（顧）亡呉――呉王夫差《ふさ》と越王句践《こうせん》の故事を指す。句践に父闔閭《こうりょ》を殺された夫差は、前四九四年夫椒の戦いで越を破り復讐を遂げる。しかし越の賄賂を受けた太宰嚭《たいさいひ》の進言を取り入れて句践を許したため、後に句践の攻撃を受け、夫差は自殺して呉は前四七三年に滅亡することになった。

（一二）齊不亡燕、燕故（顧）亡齊――帛書一五章にも見えるように、前三一四年、斉は燕の禅譲事件を契機とする内乱に乗じて燕都を攻め落とした。この時斉王が燕を取るか取らないか悩んだ話が『孟子』梁恵王下篇に見える。結局楽毅の策謀によって趙・魏・楚三国が干渉したため（『戦国策』趙策三）、斉は燕の存続を認めざるを得なかった。その後即位した燕の昭王は前二八四年秦・三晋とともに斉を撃ち、都臨淄を攻め落とし、斉王は莒《きょ》に逃れたが殺された。

（一三）挾君之讎以於燕――「以」と「於」の間に動詞が一語脱落している。秦策によれば「誅」字が入る。

（一四）君悉燕兵而疾贊（贊）之――「贊」字は、精装本は直接「贊」と釈すが、図版によれば「贊」がよい。『集韻』換韻に「贊、隷作贊」と言う。

（一五）誠爲鄰（鄰）――表現が唐突で、脱字があるものと思われる。秦策三は「誠能亡齊、封君於河南、爲萬乘、達途於中國、南與陶爲鄰」（もし斉を滅ぼし、君を河南に封じ、万乘の国となって、中原に通じるなら、南は陶と隣り合わせになり）に作り、こちらの方が文意は明瞭である。但し、本章文末の字数は「三百」と記され、実際の字数も二九九字で殆ど違いがない。

（一六）●三百　●大凡二千八百七十――一五章から一九章の各章は、末尾に章毎の字数が記され、ここに五章の総字数が記されている。そのためこの五章は、第一章から第一四章、第二〇章から第二七章とは別の出自を持つと考えられている。なお各章末尾の字数を合計しても二八六〇字にしかならず、一〇字少ない。

【口語訳】

●（あるものが）穰侯に次のように述べた。

「秦はあなたを陶の地に封じ、天下（を切り回す権力）を貸すこと数年になります。（このたびの）斉攻撃の挙がもし成功したあかつきには、陶は万乗の大国です。（周囲の）小国に君臨し、それらを率いて（天子に）入朝すれば、天下（の諸国）は必ずや服従いたしましょう。これぞ（まさに）五覇の功業（にも等しいもの）です。（しかし逆に）斉攻撃が失敗に終われば、陶は「宝の持ち腐れ」となってしまうでしょう。ですから（このたびの）斉攻撃は、陶にとって存亡の分かれ目なのです。あなたがこれを成功させようとお望みならば、どうして使いをやって燕の相国に（このように）言わせないのですか。

聖人は時節というものを作り出すことはできませんが、時節が到来すれば、それを見逃すことはありません。舜は賢明ではありませんでしたが、堯（の治世）にめぐりあっていなければ、王とはなれませんでした。湯・武も賢明ではありますが、桀・紂（の治世）にめぐりあっていなければ、天下に王と（して君臨することに）はなりませんでした。これら三人の王はいずれも賢明ではありますが、時節にめぐりあっていなければ、王とはなれなかったのです。いま天下は斉を攻撃しておりますが、これこそあなたにとっての、またとない時節というものです。天下の力によって、仇敵の斉を伐ち、恵王の恥に報い、昭襄王の功業を成しとげ、万世にわたる害を取り除く、これは燕の利益ではありますが、あなたにとっても大変な名誉となりましょう。『詩』に「徳を樹つるは滋《しげ》きに如かず、怨みを除くは盡くすに如かず」と申します。呉は越を亡ぼさなかったばかりに、かえって越が呉を亡ぼしました。斉は燕を亡ぼさなかったばかりに、かえって燕が斉を亡ぼしました。呉が越に亡ぼされ、斉が燕に亡ぼされてしまったのは、禍根を徹底的に取り除かなかったためであります。（ですから今回の場合でも）この好機にあなたの功業を成し遂げ、万世にわたる害を取り除くことをしないのであれば、秦が何かのことで斉と和睦し、さらに斉が趙とよしみを通じた暁には、あなたのことを仇敵として怨むこと、きっと深いものでありましょう。（このように斉が）あなたへの報復を胸にして燕に臨む、ということになってからでは、後で悔やんでもどうしようもありません。（ですから）あなたとしては燕の軍隊を総動員して、ただちに（斉攻撃の挙に）同調することです。天下が（すすんで）あなたに従うこと、あたかも親の仇を伐つかの如きでありましょう。（その後、斉を分け取りした同士で）隣り合うこととなるならば、代々心配などありますまい。どうかあなたには斉を攻撃することに専念されて、それ以外の御心配などなさいませぬように。」●三百

●都合二千八百七十

第二〇章　謂燕王章

●胃燕王曰(一)、列在萬乘(二)、奇質於齊(三)、名卑而權輕。奉萬乘助齊伐宋(四)、民勞而實費(五)。夫以宋加之淮北(六)、強萬乘之國也(七)。而齊兼之、是益齊也(八)。九夷方一百里(九)、加以魯衛、強萬乘之國也。而齊兼之、是益二齊也。夫一齊之強、燕猶弗能支、今以三齊臨燕、亓過必大。唯然、夫知者之〔擧〕事、因過〔而爲〕福、轉敗而爲功(一〇)。齊紫敗素也、賈十倍(一一)。句淺棲會稽(一二)、亓後殘吳、霸天下。此皆因過爲福、轉敗而爲功。今王若欲因過而爲福、轉敗而爲功、則莫若招霸齊而尊之(一三)。使明周室而棼秦符(一四)、曰、大上服秦(一五)、亓次必長擯之(一六)、秦□擯以侍破(一七)、秦王必患之(一八)。秦五世伐諸侯(一九)、今爲齊下、秦王之心茍得窮齊、不難以國壹棲(二〇)。然則王何不使辯士以若說說秦王曰、燕趙破宋肥齊、尊之、爲之下者、燕趙非利之也。燕趙弗利而埶爲者(二一)、以不信秦王也。然則王何不使可信者棲收燕趙、如經陽君、如高陵君(二二)、先於燕趙、曰、秦有變、因以爲質、則燕趙信秦。秦爲西帝、燕爲北帝、趙爲中帝、立三帝以令於天下。韓魏不聽則秦伐、齊不聽則燕趙伐、天下孰敢不聽。天下服聽、因迿韓魏以伐齊、曰、必反宋(二三)、歸楚淮北。反宋、歸楚淮北、燕趙之所利也。並立三王(二四)、燕趙之所顯也。夫實得所利、尊得所顯、燕趙之棄齊、說沙也(二五)。今不收燕趙、齊伯必成。諸侯贊齊而王弗從、是國伐也。諸侯伐齊而王從之(二六)、是名卑也。今收燕趙、國安名尊、不收燕趙、國危而名卑。夫去尊安、取卑危、知者弗爲。秦王聞若說、必如諫心(二七)。然則〔王〕何不使辯士以如說〔說〕秦(二八)、秦必取、齊必伐矣。夫取秦、上交也、伐齊、正利也。尊上交、務正利、聖王之事也(二九)。

●燕王に胃（謂）いて曰く。「列、萬乘にあるも、質を齊に奇（寄）するは、名卑しくして權輕し。萬乘を奉じて齊を助け宋を伐つは、民勞《つか》れて實費《つい》ゆ。夫れ宋を以て之に淮北を加ふれば、萬乘の國に強《あた》るなり。而して齊之を兼ぬれば、是〔一の〕齊を益すなり。九夷は方一〈七〉百里なるも、加うるに魯・衛を以てすれば、萬乘の國に強るなり。而して齊之を兼ぬれば、是二の齊を益するなり。夫れ一齊の強きも、燕は猶（猶）支うる能わず。今三齊を以て燕に臨まば、亓（其）の過（禍）必ず大ならん。然りと唯（雖）も、夫れ知（智）者の事を擧ぐるは、過（禍）に因りて福と爲し、敗を轉じて功と爲す。齊に敗素を紫にせば、賈（價）十倍す。句《こう》淺（踐《せん》）會稽《かいけい》に棲《す》み、亓（其）の後呉を殘《そこな》い、天下に覇たり。此れ皆過（禍）に因りて福と爲し、敗を轉じて功と爲す。今、王若し過（禍）に因りて福と爲し、敗を轉じて功と爲さんと欲すれば、則ち招《かか》げて齊を覇として之を奠（尊）ぶに若く莫し。周室に明（盟《ちか》）いて秦の符を棼〈棼（焚）〉き、『大（太）上は秦を服《したが》え、亓（其）の次は必ず長く之を坒（擯《しりぞ》）く』と曰わしめば、秦は□坒（擯）けられて以て破らるるを侍（待）たん。秦王必ず之を患《うれ》えん。秦五世諸侯を伐つも、今齊が下と爲る。秦王の心、笱（苟）くも齊を窮《くるし》むるを得ば、國を以て壹に棲〈捷《か》〉つを難しとせず。然らば則ち王何ぞ辯士をして若《こ》の説を以て秦王に説かしめざらんや。曰く。『燕・趙、宋を破り齊を肥やし、之を奠（尊）びて之が下と爲るは、燕・趙之を利とするに非ざるなり。燕・趙利とせざるに、埶（勢）いとして爲すは、秦王を信ぜざるを以てなり。然らば則ち王何ぞ信ずべき者をして燕・趙を棲〈捷（接）〉收せしめざらんや。如《も》しくは經（涇《けい》）陽君《ようくん》、如しくは高陵君《こうりょうくん》をして燕・趙に先だちて、秦に變有らば、因りて以て質と爲せと曰わしめば、則ち燕・趙、秦を信ぜん。秦は西帝と爲り、燕は北帝と爲り、趙は中帝と爲り、三帝を立てて以て天下に令せん。韓・魏聽かざれば秦伐ち、齊聽かざれば燕・趙伐たば、天下孰れか敢えて聽かざらんや。天下服聽すれば、因りて韓、魏を迿（驅）りて以て齊を伐ちて曰く。必ずや宋に〔地を〕反（返）し、楚に淮北を歸せと。宋に〔地を〕反（返）し、楚に淮北を歸すは、燕・趙の利とする所なり。三王を並立するは、燕・趙の顯（願）う所なり。夫れ實は利とする所を得、奠（尊）は顯（願）う所を得ば、燕・趙の齊を棄つること、沙（躧《ぞうり》）を説（脱）ぐ〔が如し〕。今燕・趙を收めざれば、齊伯（覇）は必ず成らん。諸侯齊を贊《たす》けて王從わざれば、是れ國伐たるなり。諸侯齊を伐ちて、王之に從えば、是れ名卑し。今燕・趙を收むれば、國安んじて名奠（尊《たか》）し。燕・趙を收めざれば、國危くして名卑し。夫れ奠（尊）安を去りて卑危を取るは、知（智）者爲さず』と。秦王若《こ》の説を聞けば、必ずや心を諫（刺）さるるが如し。然らば則ち王何ぞ辯士をして如《こ》の説を以て秦に説かしめざらんや。秦必ず取られ、齊必ず伐たれん。夫れ秦を取るは上交なり。齊を伐つは正利なり。上交を奠（尊）びて、正利に務むるは、聖王の事なり」と。

【注釈】

（一）胃（謂）燕王曰——『史記』蘇秦列伝付蘇代列伝、『戦国策』燕策・斉伐宋宋急章では、「斉伐宋、宋急、蘇代乃遺燕昭王書曰」に作り、蘇代が燕昭王に出した書簡とする。本章の年代については、『史記』『戦国策』の故事を含めて朋友本二五二頁注（一）に諸説の紹介がある。近年の説に限って紹介すると、馬雍「背景」は第一次伐宋時に書かれた書簡として、前二八八年後半とする。但し第一次伐宋の年代については異説が多い。第三章注（三）を参照。工藤元男一九九四は、前二八八年に秦斉が称帝しかつ帝号を捨てた直後に発せられたものと思われるという。平勢隆郎『年表』六二五頁は前二八七年、楊寛『輯証』七九二頁は前二八五年に置く。一方唐蘭「史料」は、本章の内容が前三世紀前半の実際の状況と乖離していることを指摘しつつ、戦国末期の縦横家が蘇秦の口調を真似た偽作であると考え、繆文遠一九八四もこれに従っている。

（二）列在萬乘——「萬乘」は一万台の兵車、もしくはそれを出せる国のことで、大国を指す。

（三）奇（寄）質於齊——帛書第一一章に、燕王が子供を人質として斉に差し出し、斉の伐宋を助けたことが記されている。また第四章には、燕の王族である襄安君が斉に行き、そこで客死したことが記されている。

（四）奉萬乘助齊伐宋——『戦国策』では「秦齊之伐宋」とするが、おそらくは誤り。当時、斉に服属していた燕が宋攻撃に加勢していたことは、『呂氏春秋』恃君覧・行論などにも見える。

（五）民勞而實費——『史記』及び『戦国策』では、話者はこの後に「楚の淮北を攻めて斉を肥大させるのは国の害になる」と指摘し、「寄質於齊」「奉萬乘助齊伐宋」と合わせてこれら三つの行為は国益を損なうとして反対している。

（六）夫以宋加之淮北——『戦国策』では「足下以宋加之淮北」とするが、おそらくは誤り。淮北は本来楚の領土で、斉に隣接する東方地域であるが、前四世紀末にその一部を宋に奪われている。従って当時は宋の淮北と楚の淮北があった。第八章注（三）を参照。また第一四章には、斉の第一次伐宋に際し、宋が淮北を斉に割譲して講和した記事が見える。

（七）強萬乘之國也——「強」は「相当する」という意味。『爾雅』釈詁に「強、當也」とある。

（八）是益齊也——『史記』、『戦国策』では「是益一齊也」に作る。帛書は「一」を落としている。

（九）九夷方一〈七〉百里——楊寛『戦国史』二八六頁によれば、「九夷」は泗水・淮水と長江との間に居住していた少数民族で、西周時代の淮夷である。『論語』子罕に「子欲居九夷」とあり、『後漢書』東夷伝に「夷有九種、曰畎夷・于夷・方夷・黄夷・白夷・赤夷・玄夷・風夷・陽夷、故孔子欲居九夷也」と言う。『史記』『戦国策』は「北夷方七百里」に作るが、「北」が「九」の誤りであることは、王念孫『読書雑志』が夙に指摘している。図版では「一百里」の「一」は中間部分が残欠しており、「七」であった可能性がある。なお「九夷」に関する諸説は、朋友本二五四頁注（七）に詳しい。

（一〇）夫知（智）者之〈擧〉事、因過（禍）〔而爲〕福、轉敗而爲功——欠字は『史記』・『戦国策』・精装本によって補う。

（一一）齊紫敗素也、賈（價）十倍——「紫」は動詞で、「紫色に染める」。「敗素」はヨレヨレの白絹。『韓非子』外儲説左上に、斉の桓公が紫の衣服を好んだので、国中の人が紫の衣服を着るようになり、紫の布の値段が高騰した故事がある。これに便乗して古い白絹を紫に染め、高値で売りつけるあざとい商法も横行したのであろう。

（一二）句淺（踐）棲會稽——「句淺」は、『史記』は「句踐」、『戦国策』は「勾踐」に作る。小組注によると近年発見の越王剣の銘文は本章と同じく「淺」字を用いている。句践は春秋末期の越の王で、一時呉に敗れて会稽山に追いつめられたが、艱難辛苦の末に呉を滅ぼしたことは、「臥薪嘗胆」の故事として有名。

（一三）則莫若招霸齊而奠（尊）之——「招」は『戦国策』では「遥」に作るが、ここでは「持ち上げる」の意味で解釈する。『集韻』に「招、擧也」とある。

（一四）使明（盟）周室而𢍰〈棼（焚）〉秦符——「𢍰」は「棼」の誤写で「焚」と読む。「秦の符を焼き捨てる」とは、秦と外交関係を断絶すること。ここに見える会盟や符については、本章注（二）に引く工藤氏論文に詳しい。

（一五）大（太）上服秦——「服」字は、精装本は「破」と釈すが、裘錫圭「札記」により改める。

（一六）亓（其）次必長毖（擯）之——「毖」は、『史記』『戦国策』はともに「賓」に作る。「賓」は「擯」（斥ける）の意。「毖」は上古音幇母脂部の「比」を声符とする諧声字と考えられるから、幇母真部の「擯」とは仮借可能である。

（一七）秦□毖（擯）以侍破——□は、図版は玨に作るが未詳。『史記』は「挾賓」、燕策一は「挾賓客」に作る。小組注は一説に「挾」

の誤字ではないかという。

（一八）秦王必患之――「秦王」は秦の昭襄王（在位：前三〇六年～前二五一年）。

（一九）秦五世伐諸侯――『戦国策』では「秦五世以結諸侯」に作る。この「五世」は献公（在位：前三八四年～前三六一年）、孝公（同前三六一年～前三三八年）、恵文王（同前三三八年～前三一一年）、悼武王（同前三一一年～前三〇七年）と昭襄王の五代を指す。

（二〇）不難以國壹棲〈捷〉――「棲」は裘錫圭「札記」が指摘するように、「捷」（勝つ）の誤写であろう。『史記』では「不憚以國爲功」、『戦国策』では「不憚以一國都爲功」に作る。「爲功」は勝利を挙げるという意味である。小組注では「棲」を「接」の音通と見なし、その「接」を後出の「接収燕趙」の「接」と同じく「結合」の意味にとるが、心母脂部の「棲」と従母葉部の「接」が仮借しえたか疑問である。

（二一）燕趙弗利而埶（勢）爲者――「埶」字は、精装本は「執」と釈すが、裘錫圭「札記」により改める。

（二二）如經（涇）陽君、如高陵君――「經陽君」は『史記』、『戦国策』に従って「涇陽君」と読む。涇陽君・高陵君は秦の昭王の同母弟公子市と公子悝。穰侯魏冉は叔父に当たる。涇陽君・高陵君兄弟は昭王時、穰侯・華陽君とともに権勢と奢侈を誇ったが、後に范雎の進言により関中から追放された。

（二三）必反宋――『史記』、『戦国策』に「反宋地」とあるのに従って「地」を「宋」の下に補う。

（二四）並立三王――「三王」は恐らく「三帝」の誤り。

（二五）説（脱）沙（躧）也――『史記』は「如脱躧矣」、『戦国策』は「猶釋弊躧」に作る。帛書は「如」または「猶」を脱す。「沙」は「躧」（草履、靴）の仮借と考えてよい。「躧」の上古音は歌部説と支部説とがあるが、本章で歌部の「沙」が使われているところを見ると、歌部説が支持されよう。

（二六）諸侯伐齊而王從之――「伐齊」は、『史記』は「贊齊」、『戦国策』は「戴齊」に作る。文脈から見て「伐」は誤写の可能性がある。口語訳の解釈は『史記』『戦国策』に従う。

（二七）必如諫（刺）心――「諫」字は、精装本は「諫」と釈すが、裘錫圭「札記」により改める。

（二八）然則〔王〕何不使辯士以如説〔説〕秦――欠字は『史記』・『戦国策』・精装本によって補う。

（二九）聖王之事也――『史記』『戦国策』ではこの後に、この書簡を高く評価した燕の昭王が蘇代を召し寄せ、ともに伐斉を謀り、その結果斉の湣王が出走したという故事を付け加える。

【口語訳】

●燕王に次のように申し上げた。

「(お国が)万乗の大国の一つでありながら、斉に人質を出(すような従属的なことを)しておられるのは、御令名にさわり、国威をそこなうものでございます。万乗のお国を傾けて斉が宋を伐つのを加勢なさるのは、民を疲弊させ、蓄えを消耗させるものでございます。そもそも宋に淮北の地を加えれば、優に万乗の国に相当するでありましょう。しかるに斉がそれを併せるとなれば、これすなわち(斉にもう一つの)斉を足したこととなります。九夷は(七)百里四方の土地があり、それに魯・衛を加えれば優に万乗の国に相当するでありましょう。しかるに斉がそれを併せるとなれば、これで斉二つ分を足したこととなります。いったい斉一つ分の強さでさえも燕はそれを支えきれないというのに、いま斉三つ分(の勢力)で燕に対することともなれば、その禍は必ずや大きいものとなりましょう。

とは申せ、智者が事を運ぶには、禍によって福となし、失敗を転じて成功とするものでございます。斉では粗悪な絹も紫に染めると、その値段は(元の)十倍にもなるのです。(越王)句践は会稽の地に逼塞していたものの、その後、呉を滅ぼして天下に覇をとなえたのでした。これらはみな禍によって福となし、失敗を転じて成功としたものであります。

いま王様がもし禍によって福となし、失敗を転じて成功となさりたいのでございましたら、(諸侯を)会同させ(そこで)斉を覇者として奉戴なさるのが、何よりでございましょう。周の王室のもとで(諸侯が)盟約をかわして秦の符を焼き捨て、「最上は秦を屈服させること、次善は必ずこれを長く排斥すること」と誓い合うのです。(かくして)秦は(諸侯に)排斥され破られるのを待つばかり、となれば秦王は必ずやこれを憂慮することでございましょう。秦は五代にわたって諸侯を伐ってまいりましたのに、いま斉の下風に立つ仕儀となれば、秦王の心境としては、かりにも斉を窮地に追い込むことができるのであれば、国を挙げての勝負に出ることを厭いますまい。とすれば王様には(このまたとない好機に)どうして弁士を使って、秦王にこのように吹き込ませる、ということをなさらないのでございますか。燕・趙が宋を破って斉を太らせ（るのに手を貸し）、これを尊び、これの下風に立っているのは、そうすることが有利であるからというわけではありません。燕・趙が有利ではないと知りつつも、勢いそうしておりますのは、秦王を信じていないからでございます。とすれば王様といたしましては、どうして信頼できる方を使いとして燕・趙をお味方に引き込まれないのですか。涇陽君なり高陵君なりといった方を燕・趙より先に（まずは秦の側から送り込んで）「（万一）秦が外交方針を転換して裏切るような場合（のための）人質としてください」と申し出るならば、燕・趙は秦を信頼するでしょう。（こうして同盟が成立したら）秦は西帝となり、燕は北帝となり、趙は中帝となり、この三帝を立てて天下に号令するのです。韓・魏が逆らうようであれば秦がこれらを伐ち、斉が逆らうならば燕・趙がこれを伐つ、ということであれば、天下で誰が逆らったりなどいたしましょうか。天下が言いなりになったならば、そこで韓・魏を駆り立てて斉を伐ち、「必ず宋に（地を）返し、楚に淮北を返還せよ」と迫ります。宋に（地を）返し、楚に淮北を返還することは、燕・趙の利益とするところであります。三王（帝）として並立することは、燕・趙の願うところであります。このように実利という点では利益を得、名誉という点でも望みがかなうというのであれば、燕・趙が斉を見捨てること、靴を脱ぐよう（に簡単）でありましょう。

いま燕・趙を味方に取り込んでおかなければ、斉の覇権は必ず成ってしまいます。諸侯が斉を奉っているときに王様が従われないのであれば、お国は伐たれることとなりましょう。（かといって）諸侯が斉を奉っているときに王様も追随されるのであれば、御体面をそこなうこととなりましょう。

（このように）いま燕・趙を味方に取り込んでおかれれば、お国は安泰で御令名も高まりますが、燕・趙を味方に取り込んでおかなければ、国は危うく、御体面もそこなってしまわれるのです。いったい尊貴と安寧を捨てて恥辱と危険を取るなどということは、智者のすることではございません。

秦王がこの言葉を聞けば、必ずや胸を刺される思いで（それを受け入れることで）ございましょう。とすれば王様には、どうして弁士を使って秦王にこのように吹き込ませることをなさらないのでございますか。（そうすれば）秦を必ず味方につけることができ、（そして）斉を必ず伐つことができるのです。そもそも秦を味方に取り込むのは上交と申すもの、（また）斉を伐つのは正利と申すもの。上交を尊び、正利に務める、これこそ聖王のなされようでございます。」

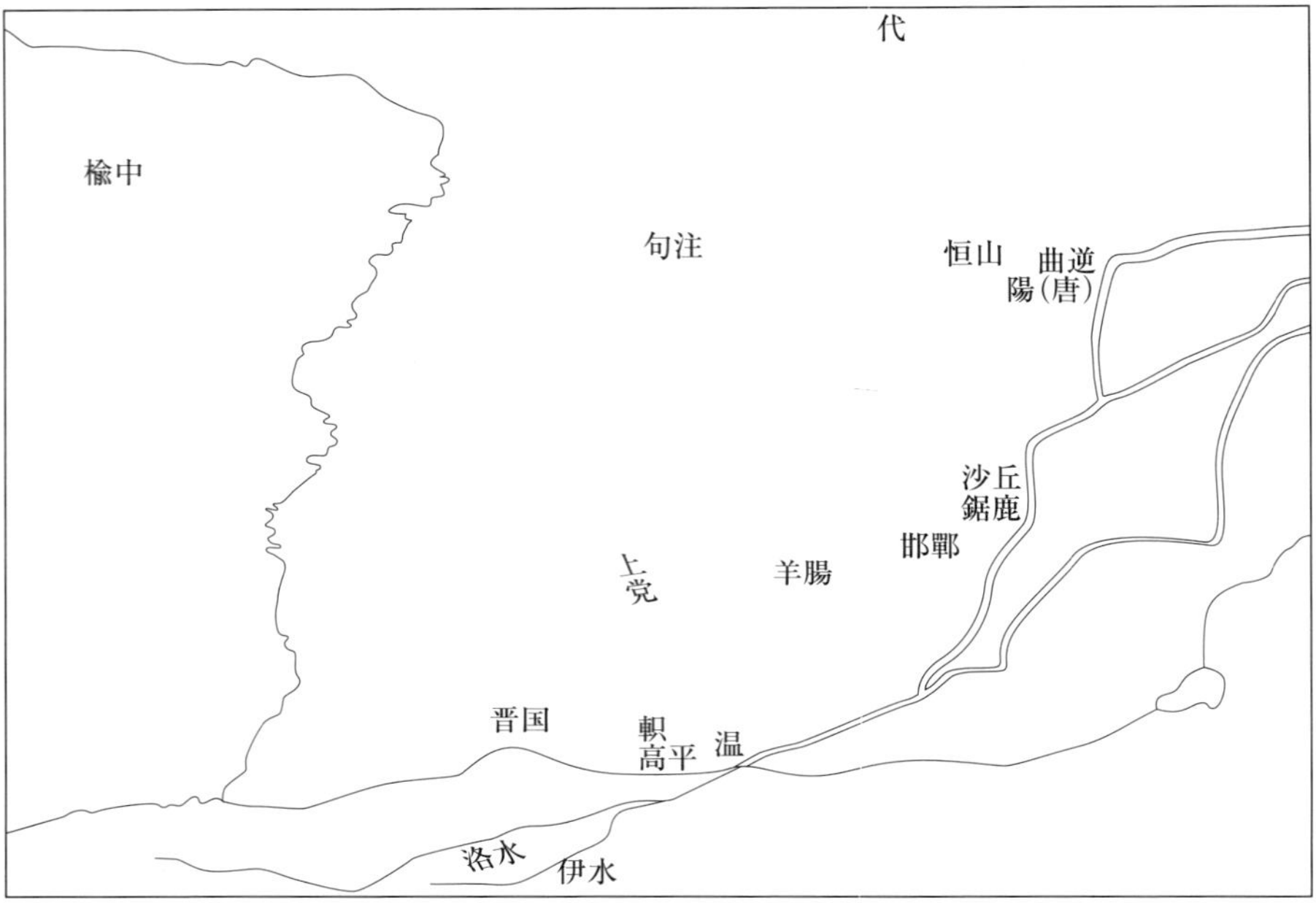

地図３　第二一章関連地図（譚其驤一九八二をもとに作成）

第二一章　獻書趙王章

●獻書趙王(一)。臣聞〔甘〕洛降(二)、時雨至、禾穀絳盈、衆人喜之、賢君惡之(三)。今足下功力非數加於秦也(四)、怨竺積怒非深於齊、下吏皆以秦爲夏趙而曾齊(五)。臣竊以事觀之、秦幾夏趙而曾齊戈。欲以亡韓呻兩周(六)、故以齊餌天下(七)。恐事之不○誠、故出兵以割革趙魏(八)。恐天下之疑己、故出摯以爲信(九)。聲徳兵國(一〇)、實伐鄭韓(一一)。〔臣〕以秦之計必出於此(一二)。且説士之計皆曰、韓亡參川(一三)、魏亡晉國(一四)、市○○朝未罷(一五)、過及於趙。且物固〔有勢〕異而患同者(一六)。昔者、楚久伐、中山亡(一七)。今燕盡齊之河南(一八)、距莎丘巨鹿之囿三百里(一九)。距麇關(二〇)、北至于〔榆中〕者千五百里(二一)。秦盡韓魏之上黨(二二)、則地兵王布屬壤芥者七百里(二三)。秦以強弩坐羊腸之道(二四)、則地去邯鄲百廿里。秦以三軍功王之上常而包亓北、則注之西非王之有也(二五)。今增注、茝恒山而守三百里(二六)、過燕陽曲逆(二七)、此代馬胡狗不東(二八)、綸山之玉不出(二九)、此三葆者、或非王之有也。今從強秦久伐齊、臣恐亓過出於此也。且五國之主嘗合衡謀伐趙、疏分趙壤(三〇)、箸之鈑芋(三一)、屬之祝譜。五國之兵出有日矣、齊乃西師以唫強秦、史秦廢令(三二)、疏服而聽(三三)、反温軹高平於魏(三四)、反王公符逾於趙(三五)、此天下所明知也。夫齊之事趙、宜正爲上交、乃以柢罪取伐(三六)、臣恐後事王者不敢自必也(三七)。今王收齊、天下必以王爲義矣。齊抱社禝事王、天下必重王。然則齊義、王以天下就之、齊逆、王以天下□之(三八)。是一世之命制於王也。臣顚王兵下吏羊計某言而竺慮之也。

●書を趙王に獻ず。「臣聞くならく、甘洛(露)降り、時雨至りて、禾穀絳(豐)《ほう》盈《えい》すれば、衆人之を喜ぶも、賢君之を惡むと。今足下の功力數《しばし》ば秦に加はるに非ず、怨竺(毒)積怒、齊に深(深)きに非ず。下吏皆秦を以て趙を夏〈憂(優)〉し齊を曾(憎)むと爲す。臣竊《ひそ》かに事を以て之を觀るに、秦幾(豈)に趙を夏〈憂(優)〉し齊を曾(憎)まん戈(哉《や》)。

以て韓を亡ぼし兩周を呻（呑）まんと欲し、故に齊を以て天下を餌す。事の誠（成）らざるを恐れ、故に兵を出し以て趙・魏を割革す。天下の己を疑うを恐れ、故に摯（質《ち》）を出して以て信と爲す。兵〈与（與）〉國に徳せんと聲して、實は鄭韓を伐たんとす。臣以《おも》えらく、秦の計必ず此より出ず。且つ説士の計皆曰く。『韓、參（三《さん》）川《せん》を亡《うしな》い、魏、晉國を亡えば、市朝未だ罷まずして、過（禍）趙に及ぶ』と。且つ物に固より勢異なりて患同じき者有り。昔者楚久しく伐たれて、中山亡ぶ。今燕、齊の河南を盡せば、莎（沙《さ》）丘《きゅう》・巨（鉅《きょ》）鹿《ろく》の囿（域）を距《へだ》つること三百里なり。纍關《びかん》を距て、北のかた楡中《ゆちゅう》に至る者千五百里なり。秦、韓・魏の上黨《じょうとう》を盡せば、則ち地の王と布屬《ふしょく》・壤《じょう》芥（界《かい》）する者七百里なり。秦強弩《きょうど》を以て羊腸《ようちょう》の道に坐せしめば、則ち地邯鄲《かんたん》を去ること百廿里なり。秦、三軍を以て王の上常（黨）を功（攻）め、亓（其）の北を包めば、則ち注の西は王の有に非ざるなり。今注を増し、恒山を茬（跇《こ》）えて三百里を守り、燕の陽（唐）・曲逆《きょくげき》を過ぐれば、此れ代の馬・胡の狗東せず、綸（崙《ろん》）山《さん》の玉出ず、此の三葆（寶）なる者は、或は王の有に非ざるなり。今強秦に從いて久しく齊を伐てば、臣亓（其）の過（禍）此に出づるを恐るなり。且つ五國の主嘗て合衡して、趙を伐ちて趙壤を疏分せんことを謀り、之を鈑（盤）芋（盂）に箸《あらわ》し、之を祝譜（籍）に屬《つづ》る。五國の兵出るに日有り。齊乃ち師を西して以て強秦を唫（禁）ぜり。秦をして令を廢し、疏（素）服して聽《したが》い、温・軹《し》・高平を魏に反（返）し、王公・符逾《ふゆ》を趙に反（返）さしめしは、此れ天下の明知する所なり。夫れ齊の趙に事《つか》うるは、宜しく正に上交と爲すべきに、乃ち以て罪に柢（抵《あた》）りて伐を取る。臣、後の王に事うる者敢て自ら必せざることを恐るなり。今王齊を収むれば、天下必ず王を以て義と爲さん。齊社禝（稷）を採（抱《ささ》）げて王に事うれば、天下必ず王を重んぜん。然らば則ち齊義たれば、王天下を以て之に就き、齊逆らえば、王天下を以て之を□せよ。是れ一世の命王に制《さだ》まるなり。臣顚（願）わくは王下吏と羊（詳《つまび》）らかに某の言を計り、之を竺（篤）慮せんことを」と。

【注釈】

（一）献書趙王——本章に類似の故事は、『史記』趙世家、『戦国策』趙策一・趙収天下且以伐斉章に見える。献書者は『史記』では蘇厲とし、

『戦国策』では蘇秦とする。

（二）臣聞〔甘〕洛（露）降――欠字は『史記』・『戦国策』・精装本によって補う。

（三）賢君悪之――「悪」は、不安に思う。この一節は、賢君は身に覚えのない僥倖には用心すべきであるという意味であろう。

（四）今足下功力非數加於秦也――「功力」は功労、功績。なお『戦国策』鮑注では戦伐との解釈を取る。

（五）下吏皆以秦爲夏〈憂（優）〉趙而曾（憎）齊――「夏」は「憂」の誤写。両字は字形が近いため、帛書ではしばしば混用される。『史記』『戦国策』はともに「愛」に作るが、後世「憂」を「愛」に誤ったものであろう。帛書では「愛」は「㤅」と書かれるから、「夏」「憂」と混用する可能性は低い。「憂」は「優」に通じ、「優待、優遇」の意。

（六）欲以亡韓呻（吞）兩周――「呻」は『戦国策』『史記』ともに「吞」に作る。「呻」の上古音は書母真部、「吞」は透母文部でやや音が異なるが、戦国秦漢出土資料に真、文両部の通用は頻繁に見られる。また書母はしばしば舌音系声母字と通用する。「兩周」は東周と西周。戦国時代、周王朝は洛陽一帯を支配する小国に衰退していたが、前四紀半ばに至ってさらに東周と西周に分裂した。東周は現在の河南省鞏県付近、西周は現在の洛陽市付近。なお当時の洛陽は東周に属していた。

（七）故以齊餌天下――「餌」は餌で誘き寄せる、関心を引きつける意。秦が斉を憎んでいるように見えるのは、韓を亡ぼすという真の目的を天下からカムフラージュしようとするにすぎないことをいう。

（八）故出兵以割革趙魏――「割革」は『戦国策』では「佯示」（偽って見せびらかす）、『史記』では「劫」（脅迫する）に作る。小組注は「割」は「宰割」（裂く）、「革」は「勒」に通じ、無理強いするという意味であるとする。裘錫圭「札記」に、「割」を「劫」の仮借とする異説があるが、「割」「害」声の通用範囲は祭、月、元部及び魚部に限られるから、葉部の「劫」に仮借したとは考えにくい。

（九）故出摯（質）以爲信――「摯」は『戦国策』『史記』ともに「質」に作る。「摯」「質」は中古音ではともに至韻に属すが、上古音では「摯」が緝部、「質」が脂部で韻が合わない。裘錫圭「簡帛古籍的用字方法是校読伝世先秦秦漢古籍的重要根拠」（曹亦冰主編『両岸古籍整理学術研討会論文集』、江蘇古籍出版社、一九九八年）によると、「執」と「埶」とは字形が近いため、武威漢簡『儀礼』などで混用されるという。なお「執」字で「質」を表記する例は、清華大学戦国竹簡『繫年』35号簡に「惠公安以其子懐公執（質）于秦」（恵公はそこで息子の懐公を秦に人質とした）とあり、古くからの用字である。李方桂『上古音研究』（商務印書館、一九八〇年）は、「摯」の発音が緝部から微部へ変化したとする。このような字音の変化が背景にあったのかもしれない。

（一〇）聲徳兵〈与（與）〉國――「兵」は「与」の誤字で、「與」と読む。「與國」は同盟国。小組注は趙、魏を指すと解釈している。

（一一）實伐鄭韓――「鄭韓」は韓を指す。韓は哀侯二年（前三七五年）に鄭を滅ぼしてそこに都したことからこのように言う。

（一二）〔臣〕以秦之計必出於此――欠字は『史記』・精装本によって補う。

（一三）韓亡參（三）川――「三川」は洛陽一帯の地域。黄河、洛水、伊水の三河川が合流することからこの名がある。

（一四）魏亡晉國――「晉國」は、『史記』本条に付された『史記正義』では、「河北之地、安邑、河内」とする。魏の旧都安邑を含む黄河東岸地域を指す。

（一五）市〇〇朝未罷――「市朝未罷」は、時間の短いことを言う。「市朝」は市と朝廷の謁見。小組注は「市朝」を朝市のことと解釈する。

（一六）且物固〔有勢〕異而患同者――欠字は『史記』・『戦国策』・精装本によって補う。

（一七）楚久伐、中山亡――中山は前二九六年、趙に滅ぼされた。『戦国策』鮑注は、楚が秦に征伐されたため、趙には秦の患いがなくなり、それに乗じて中山を滅ぼしたことを言うと説明している。

（一八）今燕盡齊之河南――「齊之河南」は、『史記』は「齊之北地」に作る。北地は、黄河北岸の燕に隣接する地域を言う。小組注は、「河南」は「河北」の誤りとする。下文に「沙丘、鉅鹿あたりから三〇〇里（約一二〇キロ）」と説明されているので、「河南」では近すぎることになる。

（一九）距莎（沙）丘・巨（鉅）鹿之囿（域）三百里――「沙丘」、「鉅鹿」は現在の河北省平郷県付近で、趙の沙丘宮があった。「囿」は「域」に通じる。

（二〇）距麋關――この文は主語を欠くが、『史記』によれば「秦之上郡」である。「麋關」は未詳。『史記』では「（近）挺關」に作り、『戦国策』では「扞關」（一説に現在の陝西省綏徳県の東南という）に作る。小組注は、陝西省東北部の延安一帯ではないかと推測している。楊寛一九八二は、「麋」は魏の長城付近の古邑麃（鄜、鄜、現在の陝西省洛川県の東南）であると言う。

（二一）北至于〔榆中〕者千五百里――「榆中」は欠損しているが、『史記』・『戦国策』・精装本により補う。譚其驤一九八二では、現在の内蒙古自治区の黄河西岸域を当てている。

（二二）秦盡韓魏之上黨――「上黨」は現在の山西省東南部。後文に「（趙）王之上黨」とあるように、当時は三国に分有されていたようである。

（二三）則地兵〈与（與）〉王布屬壤芥（界）者七百里――「布屬」は連続する。『爾雅』釈詁一に「布、列也」とある。「壤界」は国境を接する。

第一七章にもあり、『史記』孫子呉起列伝に「又與彊秦壤界」（強秦と国境を接する）という語が見える。

（二四）秦以強弩坐羊腸之道――「羊腸之道」は、太行山を横切る坂道。上党から邯鄲への経路に当たる。羊腸のように曲がりくねっているのでその名がある。羊腸には三あるが、ここでは『漢書』地理志に見える上党郡壺関県（現在の山西省壺関県）の羊腸坂を指すという（清の程恩沢『国策地名考』の説）。

（二五）則注之西非王之有也――「注」は句注山《こうちゅうさん》のこと。現在の山西省代県、朔県一帯。「西」は、『史記』では「南」に作る。上党は句注山の南に位置しており、『史記』が正しいようである。

（二六）⿱艹世（跇）恒山而守三百里――「⿱艹世」は小組注に従い、「跇」（越える）の仮借字とする。恒山は五岳の一つで、主峰は現在の河北省曲陽県の西北にある。

（二七）過燕陽（唐）・曲逆――「燕陽」は、『戦国策』は「燕之唐」に作る。「陽」「唐」の上古音はともに陽部に属し、小組注に従い音通と見なす。唐は現在の河北省唐県の東北。「曲逆」は、現在の河北省保定市の西南。

（二八）此代馬胡狗不東――「代馬」は胡馬。「胡狗」は、『史記』では「胡犬」に作り、『史記正義』は郭璞の説を引いて「胡地の野犬は狐に似て小さい」と言う。

（二九）綸（崙）山之玉不出――「崙山」は崑崙山。古来玉の産地として有名。

（三〇）五國之主嘗合衡謀伐趙、疏分趙壤――帛書第四章や『戦国策』斉策四・蘇秦謂斉王章などからは、秦と斉がともに帝号を称して趙を挟撃する盟約を交わしたが（前二八九年）、宋攻撃を優先する斉の方針転換によって逆に斉・趙同盟が成立し、両国を中心とする五国同盟軍が秦を攻撃したことが知られ、本章の以降の記述と対応する。なお「疏」字は、精装本は「疎」とするが、裘錫圭「札記」に従い改める。

（三一）箸之飯（盤）于（盂）、屬之祝譜（籍）――盟約の辞を青銅器に刻み、簡帛に記すこと。「祝籍」は小組注によると、祭祀に用いる帳簿。工藤元男一九九四は、盟辞の正本にあたるものは、彝器に刻されて宗廟に収蔵され、いわば副本として冊籍にもその盟辞が書写されたのではあるまいかと推測している。

（三二）史（使）秦廢令――「史」は小組注に従い、使役動詞「使」と読む。「廢令」は帝号を廃すること。

（三三）疏（素）服而聽――『戦国策』は「素服」に作る。素服は白もしくは素地の衣服。凶事に用いる。なお「疏」字は、精装本は「疎」

とするが、裘錫圭「札記」に従い改める。

（三四）反（返）温・軹・高平於魏――「温・軹・高平」は地名。小組注によれば、温は現在の河南省温県の西南、軹は同・済源県の南、高平は同・済源県の西南。

（三五）反（返）王公符逾於趙――「王公・符逾」は、地名と考えられるが未詳。『史記』では「巠分・先兪」、『戦国策』では「三公・什清」に作る。朋友本は、本章ならびに『戦国策』と『史記』との間で地名の相違が多いことから、後者は別系統の資料による可能性を指摘する。

（三六）乃以柢（抵）罪取伐――斉が趙のために罪を受けて征伐されることを言う。「取」の後に動詞を置くのは一種の受身表現。

（三七）臣恐後事王者不敢自必也――「必」は信頼する、～に心を決める、～につくという意味。『史記』淮陰侯列伝に「而自必於漢以撃楚」（漢を信頼して楚を撃つ）。

（三八）王以天下□之――欠字を『史記』は「禁」に、『戦国策』は「收」に作る。「禁」の方が文意にかなう。

【口語訳】

●趙王に書を献じ（て次のように申し上げ）た。

「わたくしは、

（とくにこれといったことをしたわけでもないのに）甘露が降り、時節に応じた雨にも恵まれて豊作となるのは、人々は喜んでも賢君はこれを忌むものである――身に覚えのない僥倖には用心するものである。

と聞いております。いま足下は秦に対してさのみ貢献してこられたわけではなく、また斉に対して特段の怨みつらみがおありになるわけでもありません。（にもかかわらず）お下役の方々はいずれも秦が趙のことを優遇して、斉を憎んでいると思い込んでおられるようでございますが、わたくしがつらつら拝見いたしますに、秦はどうして趙のことを優遇して斉を憎む、などということがありましょうか。（秦の本心は）韓を滅ぼして（東西）両周を併呑したいのでありまして、そのために斉を餌として天下の関心をそちらに引きつけようとしているのでございます。そして事がうまく運ばないと困るので兵を出して趙・魏に無理強いし（て同調させ）、天下に（その野心を）疑われても困るので人質を出して信頼の証としているのです。表向きは同盟国を応援するように見せかけながら、その実は韓を伐つ——わたくしのにらんだところでは、秦の計略はこうした意図のもとに立てられているのでございます。

さらに論者の議論はいずれも

韓が（秦によって）三川を奪われ、魏が晋国を奪われるならば、朝市が終わらない（ほどの短い）うちに禍は趙に及ぶことでございましょう。

としております。かつ物事には状況は異なっていても、同様に憂うべき（事態に立ち至る）場合があるものでございまして、かつて楚が久しく攻撃を受け続けたため、中山が亡びました（例などは、それでございましょう）。いま燕が斉の黄河以南（北？）をことごとく領有してしまうならば、（お国）の沙丘・鉅鹿からは三百里ほどでしかありません。（秦の上郡は）䆃関を隔てて北のかた（楡中）まで千五百里ありますが、秦が韓および魏の上党をことごとく攻略してしまうならば、その版図は王（のお国）と境を接すること七百里にもなりましょう。（さらに）秦が強力な弩弓部隊を羊腸の道に配備するならば、その領土は邯鄲から（わずか）百二十里となってしまいます。（その上に）秦が三軍を動員して王の上党を攻撃し、その北を席巻することともなれば、（句）注の西はもはや王様のものではございますまい。さらに句注の軍を増強して、恒山を越え三百里にわたる防衛線を設定し、（それが）燕の唐・曲逆にまで連結してしまうならば、代の馬・胡の犬は東（の趙）へはもたらされず、崑崙の玉（の輸送）も途絶して、この三つの貴重な宝は王様のものではなくなってしまうかもしれません。いま（お国が）強秦に従って久しく斉を伐ったならば、これだけの禍の出来することが心配されるのでございます。

それに（秦・斉・韓・魏・燕）五国の君主たちがかつて東西に結んで趙を伐ち、その領土を山分けにしようとたくらんだ時のこと、（各国は）その盟約の内容を盤盂に刻み、祝籍に書きつけて（確認しあい）、五国の軍隊が出動するまであと何日もない、という状況でありました。ところが斉は軍を西に進めて強秦の前に立ちふさがり、その秦に帝号を返上させ、素服して要求を受け入れさせ、温・軹・高平を魏に、王公・符逾を趙に返還させるよう仕向けたこと、天下周知のところでございます。（とすれば、このように大恩のある）斉が趙にお仕えしてくるのに対しては、格別な優遇があって然るべきものでございますのに、何と（その斉が趙に）制裁を受けて伐たれる羽目になるようでは、今後、王様にお仕えする者は（このような恩を仇で返すような趙の態度を）信頼でき（ずに寄りついてこ）なくなるのではないかと危惧する次第でございます。（逆に）いま王様が（窮地にある）斉と結んでおやりになるならば、天下は必ずや王様を信義に厚い方とお見受けすることでありましょう。（そして）斉が社稷を挙げて王様にお仕えすることとなるならば、天下は必ずや王様のことを重んじることでありましょう。そうなれば、斉が信義を守るのであれば天下とともにこれと結び、斉が信義に背くのであれば天下とともにこれを叩けばよいのです。これは天下の情勢を王様が左右される、ということにほかなりません。

どうか王様には、わたくしの話をお下役の方々と詳細に御検討いただきまして、とくと御勘考賜りますよう、お願い申し上げます。」

第二二章　謂陳軫章

●齊宋攻魏、(一)楚回翁是、(二)秦敗屈匃。(三)胃陳軫曰、(四)顚有謁於公、亓爲事甚完、便楚、利公。(五)成則爲福、不成則爲福。今者秦立於門、(六)客有言曰、(七)魏王胃韓倗張羛、(八)煮棘將楡、(九)齊兵有進、子來救〔寡〕人可也、(一〇)不救寡人、寡人弗能枝。(一一)槫辝也。(一二)秦韓之兵毋東、旬餘、魏是槫、韓是從、(一三)秦逐張羛、交臂而事楚、此公事成也。陳軫曰、若何史毋東。合曰、韓倗之救魏之辝、必不胃鄭王曰、(一四)倗以爲魏。必將曰、倗將槫三國之兵、(一五)乘屈匃之敝、(一六)南割於楚、故地必盡。張羛之救魏之辝、必〔不〕胃秦王曰、(一七)羛以爲魏。〔必將〕曰、(一八)羛且以韓秦之兵東巨齊宋、羛〔將〕槫三國之兵、乘屈匃之敝、〔東割於〕楚、(一九)名存亡〔國、實伐三川〕而歸、此王業也。(二〇)公令楚〔王與韓氏地、使〕秦制和。(二一)胃秦曰、〔請與韓地、而王以〕施三〔川〕。(二二)韓是之兵不用而得地〔於楚〕、□□□□□何。(二三)秦兵〔不用而得三川、伐楚韓以窘〕魏、(二四)魏是不敢不聽。(二五)韓欲地而兵案、聲□發於魏、(二六)魏是□□□□□□□□魏是(二七)〔轉〕、秦韓爭事齊楚、王欲毋予地。(二八)公令秦韓之兵不〔用而得地、有一大〕德。(二九)秦韓之王劫於韓倗張羛而東兵以服魏、公常操□芥、(三〇)而責於〔秦韓。此其善於〕公、(三一)而〔惡張〕羛多資矣。(三二)

●齊・宋、魏を攻め、楚、翁(雍《よう》)是(氏《し》)を回(圍《かこ》)み、秦、屈匃《くつかい》を敗る。陳軫《ちんしん》に胃(謂)いて曰く。「公に謁《つ》ぐ有ることを顚(願)う。亓(其)の事を爲すこと甚だ完く、楚に便ありて、公に利あり。成れば則ち福と爲り、成らざるも則ち福と爲る。今者、秦門に立つに、客に言える有りて曰く、『魏王、韓倗《かんほう》・張羛(儀)に胃(謂)う。煮《しゃ》棘(棗《そう》)将に楡(渝《かわ》)らんとし、齊兵有(又)進む。子來りて寡人を救えば可なるも、寡人を救わざれば、寡人枝(支)うる能わず』と。槫(轉)辝なり。秦・韓の兵東すること毋くんば、旬餘にして、魏是(氏)槫(轉)じ、韓是(氏)従わん。秦張羛(儀)

を逐い、臂を交わして楚に事えん。此公の事成るなり」と。陳軫曰く、「若何せば東すること毋からしめん」と。合（答）えて曰く、「韓倗の魏を救うの辭、必ず鄭王に胃（謂）いて『倗以て魏の爲にす』と曰わず、必ず將に『倗將に三國の兵を榑（摶《あつ》）め、屈匄の敝に乘じ、南のかた楚より割かば、故地必ず盡く』と曰わん。張羛（儀）の魏を救うの辭、必ず秦王に胃（謂）いて『羛（儀）以て魏の爲にす』と曰わず、必ず將に『羛（儀）且に韓・秦の兵を以て東のかた齊・宋を巨（拒《ふせ》）がんとす。羛（儀）將に三國の兵を榑（摶）め、屈匄の㡀（敝）に乘じ、東のかた楚より割かば、名は亡國を存し、實は三川を伐ちて歸る。此王業なり』と曰わん。公、楚王をして韓氏に地を與えしめ、秦をして和を制せしめよ。秦に胃（謂）いて『韓に地を與えんことを請う。而して王以て三川に施《か》えよ』と曰え。韓是（氏）の兵用いられずして、地を楚より得。……何ぞや。秦兵用いられずして三川を得、楚・韓を伐ちて以て魏を窘《くる》しむれば、魏是（氏）敢て聽かずんばあらず。韓地を欲して兵案ぜられ、聲□魏に發すれば、魏是（氏）……魏是（氏）轉じ、秦・韓爭いて齊・楚に事《つか》うれば、王地を予うる毋きことを欲せん。公秦・韓の兵をして用いずして地を得しめば、一の大德有るなり。秦・韓の王、韓倗・張羛（儀）に劫《おびや》かされて、兵を東して以て魏を服さんとするも、公常に□芥（契）を操りて秦・韓を責めよ。此其の公に善くして張羛（儀）を惡むに資多し」と。

【注釈】

（一）齊宋攻魏——本章と同じ故事が『史記』田敬仲完世家に見え、この部分を「（湣王）十二年、攻魏」とする。なお湣王一二年は、楊寛『戦国史』では宣王八年、平勢隆郎『年表』では湣宣王八年に該当する。西暦はいずれも前三一二年。

（二）楚回（圍）翁（雍）是（氏）——「雍氏」は韓の邑。現在の河南省禹県の東北。

（三）秦敗屈匄——屈匄は楚の将軍。『史記』では「屈丐」に作る。「丐」は「匄」の俗字。『竹書紀年』によれば、前三一二年、楚の景翠が韓の雍氏を囲み、秦は韓を助けて楚の屈丐を敗った。しかし『史記』秦本紀及び楚世家・韓世家等によれば、屈丐が敗れたのは丹陽（現在の河南省南陽市の西方）であって雍氏ではない。また『史記』韓世家・襄王一二年（前三〇〇年）の条に、楚が雍氏を囲んだ記事があるが、そのときに秦の公孫昧と韓の公仲との間に交わされた問答は、本章に反映された情勢に非常に近い。『史記正義』は両者を同一の事件であると見なしている。楚の雍氏包囲の年代は史料が錯綜しており、本章の年代は未詳とするしかないが、概ね前四世紀末期であろう。

（四）胃（謂）陳軫曰——原文では説者が記されておらず、『史記』では「蘇代謂田軫曰」となっているが、後出の「秦立於門」の「秦」を一人称であるとみれば、説者は蘇秦であると考えられる。陳軫は楚臣。もと張儀とともに秦の恵文王に仕え、寵を争ったが敗れ、楚に亡命した。このように陳軫は秦の張儀と個人的に敵対関係にあり、それが本章での議論の背景ともなっている。なお『史記』田敬仲完世家では「田軫」に作るが、「陳」「田」は上古音がともに定母真部で、発音が極めて近く、しばしば通用する。

（五）便楚、利公——『史記』では「使楚利公」（楚を利用してあなたに有利にさせる）に作る。

（六）今者秦立於門——注（四）でも述べたようにここで「秦」が一人称として使われていることから、本章での説者が蘇秦であることが知られる。平勢隆郎『年表』はこの「秦」を国名であると解釈している。また、ここでの説者を蘇代とする『史記』では、この部分を「臣立於門」に作る。

（七）客有言曰——「客」は、他国からの「客」であるか、陳軫の「門客」であるか、両方の可能性が考えられる。

（八）魏王胃（謂）韓倗張羛（儀）——「魏王」は、『史記』六国年表などによれば、哀王（在位：前三一八年〜前二九六年）。楊寛『戦国史』では襄王、平勢隆郎『年表』では襄哀王（いずれも在位年は同じ）。「韓倗」は、韓の人。宣恵王（在位：前三三二年〜前三一二年）の相。『史記』では「韓馮」に作る。「公仲」、「韓朋」ともいう。第二四章では、張儀を通じて秦との講和を主張する一方で、楚の陳軫と外交戦を展開する話が見えているが、こうした張儀との盟友関係、陳軫との敵対関係という図式は本章でも確認される。「張儀」は、魏の人（?〜前三〇九年）。秦の恵文王に仕え、相となった。連衡策を推し進めた人物として有名。なお、「羛」字は「義」の或体。精装本は直接「義」に釈すが、図版により改める。

（九）煮棘（棗）将榆（渝）——「煮棗」は魏の邑。現在の山東省荷沢県の西方。「榆」は小組注に従い、「渝」（変わる、変事がある）の仮借と解釈する。『史記』は「抜」（陥落する）に作る。

（一〇）子來救［寡］人可也——欠字は『史記』・精装本によって補う。「寡人」は君主の一人称。

（一一）寡人弗能枝（支）——「枝」は小組注に従い「支」と読む。『史記』では「弗能抜」に作る。

（一二）榑（轉）辭也――小組注は「榑」を「轉」と読み、「策略を変更する」と解釈している。

（一三）魏是（氏）榑（轉）、韓是（氏）従――『史記』では「則魏氏轉韓從秦」（魏は韓にそむいて秦に従う）とあるが、文脈に合わない。この一節は楚に仕える陳軫に有利な状況を述べ立てていると判断され、また後文に「魏氏轉、秦・韓爭事齊・楚」とあるので、「斉宋の攻撃を受けた魏は、秦・韓を見限って斉に降ることに方針を変更し、楚の攻撃を受けた韓もそれに追随して秦を見限って楚に降る」と解釈した。

（一四）必不胃（謂）鄭王曰――「鄭王」は韓王。韓は前三七五年に鄭を滅ぼし、新鄭に遷都した。そこで韓王を鄭王と称する。『史記』六国年表などによれば、当時の王は宣恵王。

（一五）備將榑（摶）三國之兵――『史記』では、韓馮の言葉として、この前にさらに「馮以秦韓之兵東卻齊宋」（馮は秦韓の兵を率いて東征して斉宋を退け）の語がある。後文の張儀の語と比べると、帛書ではこの部分が脱落したと見られる。

（一六）乘屈匄之敝――「匄」字を精装本は「百」とするが、恐らくは誤植。

（一七）必〔不〕謂秦王曰――欠字は『史記』・精装本によって補う。

（一八）〔必將〕曰――『史記』は「必曰」に作る。「將」を補うのは精装本による。

（一九）乘屈匄之㡀（敝）、〔東割於〕楚――欠字部分を『史記』では「南割於」に作る。小組釈文では欠字部分を「東割於」と復元するが、「東」とする論拠は不明である。ただし、第一部分などで見られる、齊を東に置き、燕・趙・魏・韓・楚を南北に連ねた形で理解する考え方からすれば、ここに「東」が入る蓋然性は高い。帛書第二五章に「以秦之強、有梁之勁、東面而伐楚」という言い方がある。また「㡀」字は、精装本は直接「敝」とするが、郭永秉「瑣記」により改める。

（二〇）名存亡〔國、實伐三川〕而歸、此王業也――欠字は『史記』・精装本により補う。三川は黄河・伊河・洛河流域、伊洛盆地一帯を指す。なお『戦国策』秦策・司馬錯与張儀争論於秦恵王前章及び『史記』張儀列伝には、張儀が三川への出兵を主張して「此王業也」とする例が見えており、ここでの記事と対応する。

（二一）公令楚〔王與韓氏地、使〕秦制和――欠字は『史記』・精装本によって補った。上文に於いて、韓、秦の救魏の口実がそれぞれ「楚に奪われた土地の回復」と「三川の獲得」にあると分析した蘇秦は、その口実となる事象を解消することにより、韓、秦の東進を阻止する方策を陳軫に授ける。本文は本章文頭に述べられた韓、楚、秦三国間の紛争を調停し、楚に奪われた韓の旧領を回復することで、韓に東進の口実を与えないよう画策しているのであると考えられる。なお以下脱文が多く、正確な文意は得がたい。『史記』の該当部分も大変難解である。

（二二）〔請與韓地、而王以〕施三〔川〕――欠字は『史記』・精装本によって補う。「請」は、自分の行為または発案について相手の同意を求める場合にしばしば用いられる。ここでは楚の陳軫が秦王に対して述べているから、楚が韓に土地を与える（即ち楚が奪った旧領を返還する）ことに対し、秦の同意を求めていることを表わす。秦の楚に対する出兵の名目は救韓であったから、楚が韓に領土を返還することは、秦楚講和の条件になるのである。「施」字については、『史記』韓世家襄王五十二年条に、秦が韓・楚を破って「施三川而歸」を策していたことが記されている。王念孫『読書雑志』はこの「施」は「移」に通じ、「易」（交換）の意味であることを考証している。

（二三）而得地〔於楚〕、□□□□□何――精装本では「得地」と「何」の間を七字分の欠字とする。『史記』ではこの部分に「於楚。韓馮之東兵之辭且謂秦」（韓馮が東に出兵する口上は、秦に対して次のように言うでしょう）の十二字が入る。なお、瀧川龜太郎『史記会注考証』（東方文化学院東京研究所、一九三二―三四年）では、最後の「秦」字を衍字とする。

（二四）秦兵〔不用而得三川、伐楚・韓以窘〕魏――精装本では「秦兵」と「魏」との間を十一字分の欠字とする。『史記』ではこの部分に「不用而得三川、伐楚韓以窘」の十一字が入る。しかし『史記』では、この部分は韓馮が東進の軍を起こす口実として描かれているが、韓の相である韓馮がなぜ自国の韓を伐つよう主張するかなど、内容のつながりはいまひとつ明らかではない。注（二三）に述べたように『史記』の「韓馮之東兵之辭謂秦何」は帛書には収まりきらない。現行本『史記』の「韓馮」云々は衍文であり、帛書によるならこの部分は蘇秦が陳軫に説いたせりふである可能性がある。いずれにせよ、この部分を正しく解釈するのは困難であり、機械的な訓読は付けたが、口語訳では敢えて訳出しなかった

（二五）魏是（氏）不敢不聽――『史記』では「魏氏不敢東、是孤齊也」（魏は敢えて東に出兵することはできず、斉は孤立することになります）に作る。またその後には「張儀之東兵之辭且謂何」の語があり、以下は張儀の主張であるということになっている。

（二六）韓欲地而兵案、聲□發於魏――「韓」は『史記』では「秦・韓」に作り、また「聲」字の下の欠字には「威」字が入る。なお、裘錫圭「札記」によれば、「聲」の下の残画は「榮」ではないかという。

（二七）魏是……――精装本では「魏氏」の後に八字分の欠字があるとする。『史記』ではこの部分に「魏氏之欲不失齊楚者有資矣」（魏

が斉・楚を失いたくなることに、手がかりができます）の十二字が入る。以上、本章後半部分は欠字が多く、そのため『史記』の対応部分をまずもって参照する必要がある。この部分について『史記』では、説者（蘇代）が韓では韓馮が「楚領となっている故地の奪還」を、また秦では張儀が「三川への進出」をそれぞれ魏への援軍派遣のための理由として主張するものと想定し、これを阻止すべく陳軫に対して、楚から韓へ領土（おそらくは問題の「故地」か）を割譲し、そのぶん韓に三川を秦に割譲させることで、両国の出兵論を封じようという方策を進言する。その上で後半部分は、機先を制された韓馮と張儀とが、さらにどのような論理で魏への救援を主張するかが想定されている。注（二一）でも述べたように、この部分は不明なところも多いが、大筋において韓馮は「斉を孤立させる」という出兵によるメリット、また張儀は「魏の親斉・楚派の巻き返し」という出兵しないことによるデメリットを主張するものと想定しているかのようである。ただし、注（二三）や（二四）において見てきたように、この後半部分については、本章の他の部分のように欠字文の字数と『史記』での字数とが必ずしも一致しておらず、また縦横家書ではこの二つの主張が、区別されずに連続した一つの話として記されているかのようであるなど、齟齬する点もいくつか見られ、その点からすると、縦横家書のこの部分は『史記』の記事とは対応していない可能性が考えられる。そこでここでは、『史記』の記載からは離れて、「楚の領土を割譲するという方策については韓にとっても秦にとっても有利であるため、両国はそれを受け入れて、魏を積極的に救援することはせず、そのため魏は両国に見切りをつけて斉・楚の陣営に転じるであろう」という、方策の効果について述べたもの、という方向で解釈した。

（二八）王欲毋予地――典型的な能願文の否定形で、「王は土地を与えたくない」との意。当初は韓に土地を返却することを講和の条件としていても、魏の方針転換により、秦、韓が楚に擦り寄らざるを得なくなれば、楚王は約束を履行したくなくなり、領土を割譲しなくてもすむようになることを述べている。なお『史記』では「楚王欲而無與地」（楚王はそれを望みながら、韓に土地を与えない）となっており、帛書とは意味が異なる。

（二九）公令秦韓之兵不〔用而得地、有一大〕徳――欠字は『史記』・精装本により補う。

（三〇）公常操□芥（契）――精装本に従い、「芥」は「契」の仮借字とする。『史記』では「執左券」に作る。契約の際の割り符のことを指す。

（三一）而責於〔秦韓。此其善於〕公――欠字は、『史記』・精装本により補う。

（三二）而〔悪張〕羛（儀）多資矣――精装本では「而」と「儀」の間に二字分の欠字があるとし、『史記』ではこの部分に「悪張」が入り、

「儀」を「子」に作る。

【口語訳】

●斉・宋両国が魏を攻撃し、楚は（韓の）雍氏を包囲して、また秦は（楚の）屈匄の軍を破った。（このような情勢の中で蘇秦は楚の）陳軫に（以下のように）申し上げた。

「何卒、あなた様に申し上げたき儀がございます。それはとても完璧な方策でありまして、楚国の御為になり、あなたにとっても有利なお話でございます。これが成功すれば福となり、成功しなくともこれまた福となるでしょう。（と申しますのは）今しがた、秦が私《わたくし》のご門のところに立っておりましたところ、客が申されますことに、『魏王は韓倗、張儀に『煮棗はまさに陥落寸前であり、斉軍がさらに進攻して来ようとしておる。あなた方が（援軍をもって寡）人を救いに来てくれればよいものの、（もし）救いに来てくれないようであれば、寡人は持ちこたえることができないであろう』と伝えたそうである。』とのことでございました。（この魏王の発言の真意は、秦と結んで斉と対抗するという現在の）外交方針の転換を示唆したものであります。（ですから）秦と韓の援軍が東（＝魏）に進発しなければ、十日あまりで魏は外交方針を転換し（て秦の陣営を離脱して斉の軍門に降り）、韓もそれに追随するでしょうし、（となれば）秦は（その責任を問い、魏との窓口となっていた）張儀をお払い箱にして、低姿勢で楚にすり寄ってくることでありましょう。これすなわち、あなたの思い通りに事が運ぶ、ということでございます。」

（そこで）陳軫が「（しからば）どのようにして（秦と韓の援軍を）東（＝魏）に向かわないようにさせるのか」とたずねると、（以下のように）答えて言った。

「（韓で）韓倗が魏の救援を主張する場合（について想定してみますと）、必ずや鄭（＝韓）王に『倗は（自らの利害に関わる）魏のために（出兵をおすすめ）しているのです』

とは言わずに、必ず
『偏は（この出兵によって秦・韓・魏）三国の兵をたばねて、屈匃の敗戦で疲弊しているのに乗じ（て楚を攻撃し）、南のかた楚から領地を割譲させましょう。（さすれば）韓の故地は必ずやことごとく戻ってくることとなりましょう』
と申すでしょうし、（秦で）張儀が魏の救援を主張する場合も、必ずや秦王に
『儀は魏のために（出兵をおすすめ）しているのです』
とは言（わずに、必ず）
『儀は（この出兵によって）韓・秦の兵をもって東のかた斉・宋の軍を防ぎとめ、（さらに）三国の兵をたばねて屈匃の敗戦で疲弊しているのに乗じ（て楚を攻撃し、東のかた）楚から（領土を割譲）させましょう。（さすれば）名目としては亡（びかけた国（＝魏）を救い、実際には三川で軍事行動を展開して）帰るということとなり、これこそ王業（を成すもの）でございます』
と申すことでございましょう。
（ですから）あなたは（それを逆手に取って）楚王（に韓へ土地を与えるよう）にさせ、また秦に講和の主導権を取らせるようになさいませ。（すなわち）秦（王）に
『（貴国に領土を割譲する代わりに韓に領土を割譲いたしますので、どうか王様には、その代替地として、韓の）三（川の地をそことの）交換（という形でお納め）ください』
と持ちかけるのです。（それによって韓では）軍を動かすことなく領土を（楚から）得ることとなり、…………何でしょうか。秦も軍を（動かすことなく三川を得ることとなり…………）魏を……となると、魏は言いなりにならないわけにはいかなくなるでしょう。韓が領土欲しさに軍の進発を留めたまま、魏の救援が口先ばかりであるようならば、魏は…………（でしょう）。魏が（外交方針を転換して斉につけば）、秦・韓は争って斉・楚にすり寄ってくることとなり、（そのような状勢になってしまえば、楚）王も領土を与えないですまそうと思し召しにな（り、実際与えないですむこととな）りましょ

う。あなたにしても、秦・韓の軍を（用いることなく、領土が獲得できるよう取り計らったことにはなるわけで、両国に大きな恩得を施したことになります。万一）秦・韓の王が韓倗や張儀に引きずられて軍を東に向けてしまい、魏をその陣営に引き留める事態になったとしても、（その場合は）あなたはいつでも（領土を与える約束の）証文をタテにとって（秦・韓両国に）違約行為をお責めになればよいわけで（やはり領土を割譲することはありません。かくして、両国が領土を獲得できる話を持ってきた）あなたに（好意を持つ一方で、領土を獲得できる話を台無しにしてしまった張）儀（を憎むようになる）充分な布石となることでございましょう」

第二三章　虞卿謂春申君章

●胃春申君曰(一)、臣聞之、於安思危、危則慮安(二)。今楚王之春秋高矣(三)、〔君之封〕地不可不蚤定(四)。爲君慮封、莫若遠楚。秦孝王死、公孫鞅殺(五)。惠王死、襄子殺(六)。公孫央功臣也、襄子親因也(七)、皆不免、封近故也。大公望封齊(八)、召公奭封於燕(九)、欲遠王室也。今燕之罪大、趙之怒湥(一〇)。君不如北兵以德趙、淺乿燕國(一一)、以定身封、此百世一時也(一二)。所道攻燕(一三)、非齊則魏、齊魏新惡楚、唯欲攻燕、將何道𢦏。封曰(一四)、請令魏王可(一五)。君曰、何。曰、臣至魏、便所以言之(一六)。乃胃魏王曰、今胃馬多力則有(一七)、言曰勝千鈞則不然者(一八)、何也。千鈞非馬之任也。今胃楚強大則有矣、若夫越趙魏、鬬甲於燕(一九)、幾楚之任𢦏。非楚之任而爲之、是敝楚也。敝楚、強楚、亓於王孰便。

春申君《しゅんしんくん》に胃（謂）いて曰く。「臣之を聞く。安きに於いて危うきを思い、危うければ則ち安きを慮《おもんぱか》ると。今楚王の春秋高し。君の封地、蚤（早）く定めざる可からず。君の爲に封を慮るに、楚より遠きに若く莫し。秦の孝王死して、公孫鞅《こうそんおう》殺され、惠王死して、襄子《じょうし》殺さる。公孫央（鞅）は功臣なり、襄子は親因（姻）なり。皆免れざるは、封近きが故なり。大（太《たい》）公望《こうぼう》齊に封ぜられ、召公奭《しょうこうせき》燕に封ぜらるるは、王室より遠ざかるを欲すればなり。今燕の罪大にして、趙の怒り湥（深）し。君兵を北して以て趙に徳し、燕國を淺（踐）乿（亂）して、以て身の封を定むるに如かず。此百世の一時なり」と。「道《よ》りて燕を攻むる所、齊に非ずんば則ち魏なるも、齊・魏新たに楚を惡む。燕を攻めんと欲すと唯（雖）も、將に何《いず》にか道らんとする𢦏（哉《や》）」と。封〈對〉えて曰く、「請うらくは魏王をして可《き》かしめん」と。君曰く、「何ぞや」と。曰く、「臣魏に至る。之を言う所以に便《なら》う」と。乃ち魏王に胃（謂）いて曰く、「今、馬は力多しと胃（謂）うは則ち有るも、言いて『千鈞《きん》に勝《た》う』と曰うは則ち然らざるは、何ぞや。千鈞は馬の任に非ざればなり。今楚は強大なりと胃（謂）うは則ち有るも、夫の趙・魏を越えて甲《よろい》を燕に闕（擐《つらぬ》）くが若きは、幾（豈）に楚の任ならん𢦏（哉《や》）。楚の任に非ずして之を爲すは、是楚を敝《つか》れしむ。楚を敝れしむると、楚を強むると、亓（其）れ王に於て孰か便ならん」と。

【注釈】

（一）胃（謂）春申君曰――「春申君」は楚の封君、黄歇《こうけつ》。『史記』巻七八に伝がある。楚の考烈王元年（前二六二年、但し平勢隆郎『年表』では頃襄王三四年、前二六三年に移す）に楚の令尹（宰相）に任命され、淮北一二県を賜り、春申君と号した。後江東に国替えを申し出て許され、前二四八年呉墟（現在の蘇州）に都を置いた。二五年に渉って令尹を務めたが、前二三八年に李園によって殺された。蘇州博物館『真山東周墓地』（文物出版社、一九九九年）によると、一九九二年蘇州市で発掘された真山D1M1墓は、春申君の墓である可能性が高いという。但し王人聰「真山墓地出土〝上相邦璽〟辨析」（『故宮博物院院刊』一九九六年第四期）のように否定的な見解もある。なお、本章では発言者の名前を記していないが、本章と同じ故事を収める『戦国策』楚策四・虞卿謂春申君章では虞卿とする。虞卿については『史記』巻七六に伝がある。趙の孝成王（在位：前二六五年～二四五年）に仕えて上卿となった。『漢書』芸文志は、『春秋』の伝として趙相虞卿『虞氏微傳』二篇、また儒家の項に虞卿『虞氏春秋』一五篇を著録している。

（二）於安思危、危則慮安――『戦国策』ではこの前に「春秋」の二字があるが、鮑本注ではこれを衍文とする。また朋友本では、『左伝』、『呂氏春秋』、『荀子』、『易』などに類似の表現が見られることを指摘している。

（三）今楚王之春秋高矣――朋友本ではここでの楚王についての諸説を紹介し、これを考烈王とみなす説が有力であるとする。考烈王は在位：前二六二～前二三八年（平勢隆郎『年表』では前二六一年～前二三七年）。

（四）〔君之封〕地不可不蚤（早）定――欠字は『戦国策』・精装本によって補う。

（五）秦孝王死、公孫鞅殺――『戦国策』では「秦孝公封商君。孝公死、而後王不免殺之」（秦の孝公は商君を封じたが、孝公が死ぬと、後王は彼を殺さざるを得なかった）に作る。秦孝王（公）は在位：前三六一年～前三三八年、商鞅（公孫鞅）を登用して秦国発展の基礎を築いた。公孫鞅は衛の人。秦の孝公に仕えて変法を行い、秦国発展の基礎を築いた。於《よ》商の地（現在の陝西省丹鳳県付近）に一五邑を領有して商君と号した。孝公の死後反逆を謀ったとの誣告に遭い、車裂の刑に処せられた。

（六）恵王死、襄子殺――『戦国策』では「秦恵王封冉子。恵王死、而後王奪之」（秦の恵王は冉子を封じたが、恵王が死ぬと、後王はその領地を没収した）に作る。「恵王」は秦の恵文王で在位前三三七年～前三一一年（平勢隆郎『年表』では前三三八年～前三一一年）、「襄子」は穰侯魏冉《ぎぜん》のことで、帛書第一五、一六、一九章参照。『史記』穰侯列伝によれば、魏冉は昭王によって失脚させられた後、殺されることなく領地の陶に退き、死後領地は秦に没収された。この部分は『戦国策』の方が正しいものと思われる。小組注は「殺」は「敓」（「奪」の古字）の誤ではないかと推測している。

（七）襄子親因（姻）也——魏冉は、恵文王の后妃宣太后の弟であり、昭王にとっては叔父にあたる。

（八）大（太）公望封齊——「太公望」は呂尚。周の文王に渭水《いすい》のほとりで見出されたとき、文王が「吾太公望子久矣」（わが祖父太公はあなたを久しく待ち望んでおられた）と言ったという伝説にちなんで太公望と呼ばれる。武王の伐殷に功があり、斉に封ぜられてその開祖となった。

（九）召公奭封於燕——召公奭は周王室の一族で、はじめ召の地を領有したが、武王が殷を滅ぼした後、北燕に封ぜられ、燕の始祖となった。

（一〇）今燕之罪大、趙之怒湥（深）——『史記』燕召公世家の今王喜四年（前二五一年）条に、燕から趙に使者を派遣したところ、趙では長平の敗戦による痛手からまだ立ち直っていない状況であったため、それに乗じて趙を攻撃したところ逆に敗れて国都を包囲されるに至ったことを記し、またそれ以後にも、しばしば趙が燕を攻撃した記事が見られる。

（一一）淺（踐）⿱乳皿（亂）燕國——「⿱乳皿」字は「乳」と「皿」から構成されている。「乳」は「亂」の略体として馬王堆帛書『老子甲本』等で使われている。精装本は「⿱亂皿」とするが、図版により改める。

（一二）此百世一時也——楚策では「此百代之一時也」に作る。『戦国策』には、秦策・謂穰侯章に「宋罪重、齊怒深。殘伐亂宋、徳強齊定身封。此亦百世之一時也已」、趙策・齊攻宋章に「宋罪重、齊怒深。殘伐亂宋、定身封、徳強齊。此百代之一時也」、さらに同・齊將攻宋章に「宋之罪重、齊之怒深、殘亂宋、得大齊、定身封、此百代之一時也」など、これと類似した表現が多く用いられている。なお、「百代」は唐の太宗李世民の諱を避けて「百世」を改めた後世の表現。

（一三）所道攻燕——『戦国策』ではこの前に「君曰」があり、以下は春申君の語である。

（一四）封〈對〉曰——「封」は「對」の誤写。精装本は直接「對」と釈している。

（一五）請令魏王可——「魏王」は安釐王（在位：前二七六年～前二四三年）。「可」は「許可する」。「令」は使役動詞。「請」は自分の行為に対し相手の同意を求める意。話者は、魏王が楚軍の領土通過を認めるよう画策したいと、春申君に申し出ているのである。

（一六）便所以言之――「便」は習熟している、慣れている。直訳すると、説得の方法をよくわきまえているとの意。『戦国策』趙策二・王破原陽以為騎邑章「便其用者易其難」（その用法に習熟しているものは、難事も容易にこなす）の「便」に同じ。朋友本が「すなわち」と訓ずるのは誤り。「便」の直後に「所以」（手段、てだて）という体言があるから、「便」は副詞ではありえない。小組注が「趁便」（ついでに）と解釈するのも、同様の理由で誤りである。『戦国策』は「而使所以信之」に作るが、「使」「信」はそれぞれ「便」「言」の誤写であろう。

（一七）今胥（謂）馬多力則有――『戦国策』楚策四ではこの前に「『夫楚亦強大矣。天下無敵。乃且攻燕。』魏王曰、「郷也子云『天下無敵。』今也子云『乃且攻燕。』者、何也。」對曰」（『そもそも楚も強大で、天下に匹敵するものはありませんが、今度は燕を攻めようとしています。』魏王は言った。『そちは、先には天下に匹敵するものはないと言い、後には今度は燕を攻めようとしていると言うが、どういうことか。』答えて言った。）の語句がある。また『戦国策』韓策・王曰向也子曰天下無道章は、たとえば鮑本注ではこの楚策の文の「脱簡誤衍」であるとされるものであるが、その冒頭部分には「王曰『向也子曰「天下無道」、今也子曰「乃且攻燕」者、何也。』對曰」とある。

（一八）言曰勝千鈞則不然者――「千鈞」は約七・五トンに相当する。ちなみに一鈞は三〇斤、戦国楚出土の分銅では一斤は約二五〇グラムに相当する。邱隆等著、山田慶児・浅原達郎訳『中国古代度量衡図集』（みすず書房、一九八五年）を参照。

（一九）闕（擐）甲於燕――小組注に従い、「闕」は「擐」（よろいを着る）に通じ、第一一章に見える「宦甲」と同様「武装する」の意味と解釈する。戦争することを「よろいを身に着ける」と表現した例に、『韓非子』五蠹篇「言戰者多、被甲者少也」（戦を口にするものは多いが、鎧を身に着けて戦う者は少ない）がある。『戦国策』楚策四・韓策一はともに「鬭兵」（兵を戦わせる）に作る。

【口語訳】

●春申君に次のように申し上げた。

「わたくしは

　安らかな時には危難に（備えて）思いをめぐらし、危難にあっては安寧に（向けて）心をくだくものである。

と聞いております。いま楚王は御高齢のことでもあり、（あなたの封）地は早く定めておかなければなりません。あなたのために封地について考えますに、楚（の国都）から遠いにこしたことはないでしょう。（たとえば）秦の孝王が亡くなると公孫鞅は殺され、恵王が亡くなると襄子は殺されました。公孫央（鞅）は功臣であり、襄子は姻戚でありますす。にもかかわらず、どちらも（この禍を）免れえなかったのは、その封地が（国都に）近かったがためでありますし、（逆に）大（太）公望が斉に封じられ、召公奭が燕に封じられたのは、王室から遠くであろうとしたからなのでございます。

いま燕の罪は大きく、趙の怒りには深いものがあります。（この際）あなたは兵を北に進めて趙に恩を売り、燕国を蹂躙して封地をお定めになるのが何より。これこそ百世に一度の好機でありましょう。」

（これに対して春申君が）

「燕を攻めるために道を借りるとすると、斉でなければ魏であるが、斉も魏も楚との関係が悪化したばかりのところであり、（こうした中で）燕を攻めようにも、どこに道を借りればよいのか」

（と尋ねると）答えて言うには、

「魏王に（領内の通過を）認めさせたいと存じます」

（さらに）春申君が

「どうするのか」

と聞くと、

「わたくしが魏に参りましたら、うまいこと先方に話してみます」

と言って（魏に赴き）、魏王に次のように申し上げたのであった。

「いま『馬は力が強い』といえば、まさにその通りではありますが、『千鈞の重さに耐えうる』といえばそうではないのは、なぜでしょうか。千鈞という重さは、馬の（担いうる）能力を越えているからでございます。（同様に）いま『楚は強大である』といえば、まさにその通りではありますが、もし趙・魏をこえて燕にまで軍を送る、となると、それはどうして楚の能力（でなしうること）でありましょうや。楚の能力をこえているのにそれを行う、というのであれば、これすなわち楚を疲弊させるものであります。楚を疲弊させるのと、楚を強くするのとでは、さてどちらが（お国にとって）好都合でありましょうか。」

第二四章　公仲倗謂韓王章

●秦韓戰於蜀潢、(一)韓是急。公中倗胃韓王曰、(二)治國非可持也。今秦之心欲伐楚、王不若因張蒹而和於秦、(三)洛之以一名縣、兵之南伐楚、此以一爲二之計也。(四)韓王曰、善。乃警公中倗、將使西講於秦。楚王聞之、大恐。召陳軫而告之。(五)陳軫曰、夫秦之欲伐王久矣。今或得韓一名縣具甲、(六)秦韓并兵南鄕楚、(七)此秦之所廟祠而求也。今巳得之、(八)楚國必伐。王聽臣之爲之。(九)警四竟之内、興師救韓、(一〇)名戰車、盈夏路。(一一)發信〔臣、多〕亓車、重亓敝、史信王之救己也。韓爲不能聽我、韓之德王也、必不爲逆以來。(一二)是〔秦〕韓不和也。〔兵雖〕至、楚國不大病矣。爲能聽我、絶和於秦、〔秦〕必大怒、以厚怨韓。韓南〔交楚〕、必輕秦、輕秦、亓〔其〕應必不敬矣。是我困秦韓之兵、免楚國楚國之患也。(一三)楚之若。乃警四竟之内、興師、言救韓、發信臣、多車、厚亓敝、使之韓、(一四)胃韓王曰、不穀唯小、(一五)巳悉起之矣。顯大國肆意於秦、不穀將以楚隹韓。(一六)〔韓王〕説、止公中之行。公中曰、不可。夫以實苦我者秦也、以虚名救〔我〕者楚也。〔恃〕楚之虚名、輕絶強秦之適、天下必芯王。且楚韓非兄弟之國也、有非素謀伐秦也、巳伐刑、(一七)因興師言救韓、此必陳軫之謀也。(一八)夫輕絶強秦、(一九)而強〔信〕楚之謀臣、王必悔之。韓王弗聽、遂絶和於秦。秦因大怒、益師、兵韓是戰於岸門。(二〇)楚救不至、韓是大敗。(二一)故韓是之兵非弱也、亓民非愚蒙也、兵爲秦禽、知爲楚笑者、過聽於陳軫、失計韓倗。故曰、計聽知順逆、唯王可。(二二)

秦韓蜀潢《しょくこう》に戰い、韓是（氏）急なり。公中倗《こうちゅうほう》韓王に胃（謂）いて曰く。「治（與）國は持（恃《たの》）む可きに非ざるなり。今秦の心楚を伐たんと欲す。王、張蒹（儀）に因りて秦に和し、之に洛（賂《まいない》）するに一名縣を以てし、之と南して楚を伐つに若《し》かず。此れ一を以て二と爲すの計なり」と。韓王曰く、「善し」と。乃ち公中倗を警（誡）め、將に使して西のかた秦に講せしめんとす。楚王之を聞き、大いに恐る。陳軫《ちんしん》を召して之に告ぐ。陳軫曰く、「夫れ秦の王を伐たんと欲すること久し。今或（又）韓の一名縣を得て甲を具え、秦韓兵を并《あわ》せて南のかた楚に郷《むか》（嚮）うは、此れ秦の廟祠して求むる所なり。今巳（已）に之を得たれば、楚國必ず伐たる。王臣の之を爲すを聽《ゆる》せ。四竟（境）の内を警め、師を興して韓を救わん〔と言い〕、戰車に名（命）じて、夏路に盈《み》たしめよ。信臣を發し、亓（其）の車を多くし、亓（其）の敝（幣）を重くし、王の己を救うを信じせしめよ。韓爲《も》し我を聽く能わざるも、韓の王を徳とするや、必ず逆を爲して以て來らざらん。是れ秦韓不和なり。兵至ると雖も、楚國大いに病まず。爲《も》し能く我を聽き、和を秦に絶てば、秦必ず大いに怒り、以て厚く韓を怨まん。韓南のかた楚と交われば、必ず秦を輕んず。秦を輕んずれば、亓（其）の應必ず敬ならず。是れ我秦韓の兵を困しめ、楚國の患を免ずるなり」と。楚之〈王〉若（諾）す。乃ち四竟（境）の内を警め、師を興し、韓を救うと言い、信臣を發し、車を多くし、亓（其）の敝（幣）を厚くし、韓に之きて、韓王に胃（謂）わしめて曰く、「不穀《ふこく》小なりと唯（雖）も、巳（已）に悉く之を起せり。顚（願）わくは大國意を秦に肄《ほしいまま》（肆）にせんことを。不穀將に楚を以て韓に佳（殉）せしめん」と。韓王説（悦）び、公中の行を止む。公中曰く、「不可なり。夫れ實を以て我を苦しむ者は秦なり。虚名を以て我を救う者は楚なり。楚の虚名を恃み、輕しく強秦の適（敵）を絶てば、天下必ず王を芯〈笑〉わん。且つ楚韓は兄弟の國に非ざるなり。有（又）素より秦を伐つを謀るに非ざるなり。巳（已）に伐刑（形）ありて、因りて師を興して韓を救うと言うは、此れ必ず陳軫の謀なり。夫れ輕しく強秦を絶ちて、強いて楚の謀臣を信ずれば、王必ず之を悔ゆ」と。韓王聽かず、遂に和を秦に絶つ。秦因りて大いに怒り、師を益し、韓是（氏）と岸門《がんもん》に戰う。楚の救い至らず、韓是（氏）大いに敗る。故に韓是（氏）の兵弱きに非ず、亓（其）の民愚蒙に非ざるに、兵は秦の禽《とりこ》（擒）と爲り、知（智）は楚の笑と爲るは、聽を陳軫に過り、計を韓倗に失えばなり。故に曰く、「計聽に順逆を知れば、王たると唯（雖）も可なり」と。

【注釈】

（一）秦韓戦於蜀潢――本章の記事は『戦国策』韓策一・秦韓戦於濁沢章、『史記』韓世家、『韓非子』十過篇に見える。「蜀潢」は、『史記』、『戦国策』は「濁澤」に作る。濁沢の地望は古来諸説あるが、『続漢書』郡国志の劉昭注や『史記集解』に引く徐広に従い、潁川郡長社県の蜀津（現在の河南省長葛県の西方）と考えるのが妥当であろう。小組注は、「潢」は「瀇」（小津の意）に通じるとしている。『史記』秦本紀、韓世家、六国年表等によると、前三一七年、秦の樗里《ちょり》疾《しつ》は趙韓連合軍を韓の修魚（現在の河南省原陽県の西南）で撃破し、韓将鯫《そう》や申差を濁沢で捕えた。濁沢は韓の都鄭（現在の河南省新鄭県）とは目と鼻の先である。

（二）公中倗胃（謂）韓王曰――「公中倗」は、『史記』では「公仲」、『戦国策』では「公仲明」、『韓非子』十過篇では「公仲朋」に作る。「韓朋」（後文では「韓倗」に作る）ともいう。韓の宣恵王に仕えて相を務めた。

（三）王不若因張義（儀）而和於秦――張儀は魏の人。当時は秦相。第二二章注（八）を参照。

（四）此以一爲二之計也――『史記』、『戦国策』では「以一易二」（一を二に換える）に作る。『史記索隠』によれば、一つの名県と引き換えに、秦との和睦と伐楚という二つの効果が得られることをいう。

（五）召陳軫而告之――「陳軫」はもと秦臣だが、当時楚に亡命していた。第二二章注（四）を参照。

（六）今或（又）得韓一名縣具甲――「或」を「又」に当てるのは楚簡などにしばしば見られる。「具」は備える。「甲」はよろい。秦が韓より新たに得た有力県の兵力を伐楚に振り向けることをいう。

（七）秦韓并兵南鄉（嚮）楚――「并」を精装本が「並」とするのは誤り。裘錫圭「札記」に従い、「并」に改める。

（八）今巳（已）得之――「已」は完了を表す副詞で、「～した後は」という意味。必ずしも過去を表すわけではない。たとえば『史記』魏公子列伝に「已抜趙、必移兵先撃之」（趙を攻め落としたあかつきには、必ず兵を移してそいつをやっつけるぞ）。「得之」は上文「得韓一名縣」を承ける。

（九）王聽臣之爲之――「聽」は許す、認める。「爲之」は「このようにする」。「之」は下文「警四境之内」以下を指す。

（一〇）興師救韓――後文では「興師言救韓」と「言」があり、『史記』、『戦国策』にも「言」がある。「言」を補って解釈する。

（一一）盈夏路――「夏路」は、『史記』、『戦国策』は「道路」、『韓非子』は「下路」に作る。「夏路」は『史記』越王句踐世家にも見え、北方の中原へ通じる道を意味する。

（一二）必不爲逆以來――小組注は「逆」を「敵対」の意と解釈する。『史記』、『戦国策』は「必不為鴈行以來」（決して先頭に立ってやって来たりはしない）に作る。鄭良樹「校釈」は、「逆」は「迎」であり、「韓は秦兵を迎え入れて楚を伐ちに来りはしない」と解釈する。

（一三）免楚國楚國之患也――「楚國」が重複しているのは衍字。

（一四）使之韓――小組注に従い、「之」を「行く」という意味の動詞と解釈する。

（一五）不穀唯（雖）小――「不穀」は君主の謙称。使者が楚王になりかわって口上を述べている。『史記』では「不穀國」、『韓非子』では「不穀之國」、『戦国策』では「弊邑」に作る。なお、「不穀」の語源には様々な説があるが、李水海『老子「道徳経」楚語考論』（陝西人民教育出版社、一九九〇年）は、『戦国策』等の用例に基づき、「不穀」は楚、越、呉等蛮夷の君主の自称であると論じている。

（一六）不穀將以楚隹（殉）韓――「隹」は、『史記』、『戦国策』はともに「殉」に作る。小組注は「隹」を「隼」の誤字として、「殉」の仮借と解釈する。上古音では「隼」は心母文部、「殉」は邪母真部に属す。李玉『秦漢簡牘帛書音韻研究』（当代中国出版社、一九九四年）によれば、帛書において文部と真部はしばしば通用する。なお『韓非子』では、楚の申し出により韓が派遣した使者に、楚側が出兵の準備が整っている事を確認させ、さらに楚王が出兵を約束するという一段がこの後に入る。

（一七）巳（已）伐刑（形）――帛書は「伐」の前に「有」の字が脱落していると考えられる。『史記』は「已有伐形」、『戦国策』は「秦欲伐楚」に作る。

（一八）此必陳軫之謀也――この一文の後、『史記』には「且王已使人報於秦矣、今不行、是欺秦也」（しかも王様は既に人を遣って秦に（和議の件を）通報しておられます。今行かなければ、秦を欺くことになります）という一節があり、『戦国策』にもほぼ同文が入っている。

（一九）夫輕絶強秦――小組注は「強」を誤字衍字と考えているが、そのままでも文意は通る。

（二〇）兵〈与（與）〉韓是（氏）戰於岸門――「岸門」は現在の河南省許昌市の北方。『史記索隠』に引く徐広の説に、潁川郡潁陰県にある岸亭がこれに当たるという。譚其驤一九八二によると、戦国時代、岸門は二箇所あったらしい。『史記』魏世家の哀王五年（前三一四年）の条に、「秦使樗里子伐取我曲沃、走犀首岸門」（秦は樗里子を使わして我が曲沃を攻め取り、走犀首を岸門に逃走させた）という記事があり、『史記索隠』は上掲の徐広の説の他に、河東皮氏県の岸頭亭（現在の山西省河津県の黄河東岸）であるという異説を紹介している。但し曲沃を取られてから秦よりの黄河東岸まで逃げるというのは理解に苦しむ。なお魏の西河を治めていた呉起が、讒言によって魏の武侯に召還されたとき、岸門に至って車を止め、西河を望んで泣いたという記事が、『韓非子』難言三、『呂氏春秋』仲冬紀・長見篇等に収められているが、こちらは恐らく黄河東岸の岸門であろう。

(二一)韓是(氏)大敗――この部分、『史記』韓世家は「(宣恵王)十九年、大破我岸門」として、前三一四年に編年している。また秦本紀の恵文王更元一一年(前三一四年)に「樗里疾攻魏焦、降之。敗韓岸門、斬首萬、其將犀首走」(樗里疾は魏の焦を攻め降し、韓を岸門で敗北させた。一万人を斬首し、将軍犀首は敗走した)とある。なお『韓非子』では「宜陽果抜」とするが、六国年表によれば、秦が宜陽を落としたのは前三〇七年である。

(二二)計聴知順逆、唯(雖)王可――この部分は『戦国策』該当部分には見られないが、秦策二・楚絶斉斉挙兵伐楚章に「計聴知覆逆者、唯王可也」(計略や意見聴取に関してよしあしを弁えているなら、王となっても差し支えない)という類似の一節がある。王念孫『読書雑志』によると、「唯」は「雖」に通じ、「王」は「天下に王となる」の意味であるという。秦策二ではその後に「計者事之本也、聴者存亡之機也、計失而聴過、能有國者寡也」(計略とは国事の根本である。意見聴取は存亡の分かれ目である。計略が当を失し、意見聴取が誤りであって、国を保つことができるものは希である)と続いている。

【口語訳】

●秦・韓両国が蜀潢で戦ったが、韓は(敗れて)窮地に立たされた。公中倗が韓王に

「同盟国は頼りになりません。しかし秦の本心は楚を攻撃することにありますので、王様には張儀をつてに秦と講和して、名縣一つを割譲され、秦とともに南のかた楚を攻撃なさるのが何よりかと存じます。これこそ(秦の攻撃を避けたうえ、楚国を破る)一挙両得の策と申せましょう。」

と申し上げると、韓王も

「よろしい」

と言って公仲に命じ、西のかた秦に使いして和を結ばせることとした。

楚王はこれを聞いて大いに恐れ、陳軫を召して事の次第を伝えると、陳軫が申すには、

「そもそも秦が王様を攻めようとしておりますこと、久しいものがございます。いま韓より名縣一つを割譲されて兵

を整え、両国が足並み揃えて軍を楚に向けるということになりますならば、これこそ秦が宗廟を祀って求めていたところ。こうなったからには、楚国は必ずや伐たれることとなりましょう。（しかし）もし王様が臣の申し上げることをお採りあげ下さるならば（一計がございます。）国中に厳戒態勢をしき、軍をもよおして、韓を救うと（ふれ回り）、戦車を夏路にひしめくように待機させ、（その上で）お使者を（韓に）派遣されますように。一行の車は多く、進物は手厚くし、（先方に）王様が（本気で）韓を救おうとしているのだということを信じさせるのです。（そうすれば）韓がこちら（の救援の申し出）を受け入れなかったとしても、韓は王様のことを徳として、必ずや恩を仇で返して攻めて来るようなことはありますまい。これは秦と韓との足並みが揃わぬということでございます。（とすれば、そのような状態の）軍が楚に攻めてきたとて、我が国にとってさほどの痛手にはなりますまい。（また）もし韓がこちら（の救援の申し出）を受け入れて、秦との講和をとりやめようものなら、秦は必ずや大いに怒り、深く韓を怨みに思うことでありましょう。韓は韓で、南のかた楚との交わりがあるということで必ず秦のことを甘く見るでしょうし、秦を甘く見れば、その対応は当然に丁重さを欠くものとなりましょう。かくしてこちらとしては秦・韓の軍をかみ合わさせて、楚国の危難を回避させる（ことができるという）ものでございます。」

とのことであった。

楚王はそれを承諾すると、（言われた通りに）国中に厳戒態勢をしき、軍をもよおして韓を救援するとふれ回ったうえで、使者を派遣する。一行の車を多くし、進物は手厚くして韓に向かわせ、韓王に対して

「わたし（の国）は小なりといえども、すでに軍勢を総動員しております。どうか貴国におかれましては、秦に対してご存分になされますよう。わたくしも楚を挙げてお国と命運をともにさせていただきますほどに」

と伝えさせたのであった。韓王は（これを聞いて）喜び、公仲の出立を取りやめさせる。公仲は

「いけません。そもそも実際にわが国を苦しめているのは秦であり、口先だけでわが国を救うと言っているのが楚なのです。楚の口約束をあてにして、簡単に強大な秦という敵と（の講和の道を）絶ってしまうようでは、天下は必ず

や王様のことを物笑いの種とするでしょう。かつ楚と韓とは兄弟の（ように親しい間柄の）国ではありませんし、またもともと秦を（いっしょに）攻めようと相談を重ねてきた（いきさつがある）わけでもありません。（にもかかわらず、楚がこのような申し出をしてくるのは、つまりこのままでは自らが秦・韓両国に）攻め込まれるという雲行きになってきたために、（それを免れようと）軍をもよおして、韓を救うとふれまわっている（にすぎない）のでございます。これは必ずや陳軫のさしがねでありましょう。簡単に強秦と（の関係を）絶って、楚の謀臣の口車に乗ってしまうのであれば、王様には必ずや後悔なさることでありましょう。」

と申し上げたが、韓王は聞き入れることなく、ついに秦との講和の話を打ち切ってしまった。秦はそこで大いに怒り、軍を増強して韓と岸門で戦ったが、（はたして）楚の援軍はあらわれず、韓は大敗を喫してしまったのである。

このように、韓の軍は弱いわけではなく、その民も愚かなわけではないのに、兵は秦の擒《とりこ》となり、知は楚の笑い者となってしまったのは、判断を誤って陳軫の（たくらんだ）策を聞き入れ、韓朋（公仲）のはかりごとを採り上げなかったことにある。なればこそ、「はかりごとの採否を的確に判断できれば、王たる資格が備わっている」というのである。

第二五章　李園謂辛梧章

●秦使辛梧據粱（一）、合秦粱而攻楚、李園憂之（二）。兵未出、謂辛梧、以秦之強、有粱之勁、東面而伐楚、於臣也（三）、楚不侍伐、割摯馬免而西走（四）。秦餘楚爲上交（五）、秦禍案環中粱矣。將軍必逐於粱、恐誅於秦。將軍不見井忌乎（六）。爲秦據趙而攻燕、拔二城（七）。燕使蔡鳥股符胠璧（八）、姦趙入秦、以河間十城封秦相文信侯（九）。文信侯弗敢受、曰、我无功。蔡鳥明日見、帶長劍、案其劍、擧其末（一〇）、視文信侯曰、君曰、我无功。君无功、胡不解君之璽以佩蒙驁王齮也（一一）。秦王以君爲賢、故加君二人之上。今燕獻地、此非秦之地也、君弗受、不忠。文信侯敬若。言之秦王、秦王令受之（一二）。餘燕爲上交、秦禍案環歸於趙矣。秦大擧兵東面而齎趙（一三）、言毋攻燕。以秦之強、有燕之怒、割勺必突（一四）。趙不能聽（一五）、逐井忌、誅於秦。今臣竊爲將軍私計、不如少案之、毋庸出兵。秦未得志於楚、必重粱。粱未得志於楚、必重秦。是將軍兩重。天下人无不死者、久者壽、顚將軍之察之也。粱兵未出、楚見粱之未出兵也、走秦必緩。秦王怒於楚之緩也、惌必深（一六）。是將軍有重矣。粱兵果六月乃出（一七）。

●秦、辛梧《しんご》をして粱（梁）に據り、秦粱（梁）を合して楚を攻めしめんとし、李園之を憂う。兵未だ出ざるに、辛梧に謂う。「秦の強きを以て、粱（梁）の勁《つよ》き有りて、東面して楚を伐てば、臣に於くるや、楚は伐たるを侍（待）たず、割《かっ》摯（縶《ちゅう》）の馬のごとく免れて西走せん。秦、楚と上交を爲せば、秦禍案（焉）ち《すなわ》環（還）りて粱（梁）に中《あた》らん。將軍必ず粱（梁）より逐われ、恐らく秦に誅せられん。將軍、井忌《せいき》を見ずや。秦の爲に趙に據りて燕を攻め、二城を拔く。燕、蔡鳥《さいちょう》を使わして符を股《もも》にし璧を胠《わき》にして、趙を姦（間）《しの》びて秦に入り、河間《かかん》十城を以て秦相文信侯を封ぜんとす。文信侯敢て受けず、曰く。『我に功无（無）し』と。蔡鳥明日見《まみ》え、長劍を帶び、其の劍を案（按）じ、其の末を擧げ、文信侯を視て曰く。

『君、我に功无（無）しと曰う。君に功无（無）くば、胡ぞ君の璽を解きて以て蒙𩑶《もう》（鷔《ごう》）・王齮《おうぎ》に佩びしめざらんや。秦王、君を以て賢と爲し、故に君を二人の上に加う。今燕地を獻ず。此れ秦の地に非ざるなり。君受けざるは、不忠なり』と。文信侯敬みて若（諾）す。之を秦王に言へば、秦王之を受けしむ。燕と上交を爲し、秦禍案（焉《すなわ》）ち環（還）りて趙に歸せり。秦大いに兵を擧げ、東面して趙を齎（擠《お》）し、燕を攻むる毋かれと言う。秦の強きを以て、燕の怒り有れば、勺（趙）を割くこと必ず突（深）し。趙聽［かざる］能はず、井忌を逐ひ、秦に誅せらる。今臣竊《ひそ》かに將軍の爲に私《ひそ》かに計るに、少しく之を案（按）じ、出兵を庸《もち》うる毋かれ。秦未だ志を楚に得ざれば、必ず梁（梁）を重んぜん。梁（梁）未だ志を楚に得ざれば、必ず秦を重んぜん。是れ將軍兩《ふた》つながら重んぜらる。天下の人に死せざる者无（無）く、久しき者壽《ことほ》がる。顚（願）わくは將軍の之を察せんことを。梁（梁）兵未だ出ざれば、楚、梁（梁）の未だ兵を出さざるを見るや、秦に走ること必ず緩し。秦王、楚の緩きに怒るや、惌（怨）み必ず湥（深）し。是れ將軍重き有らん」と。梁（梁）兵果して六月にして乃ち出ず。

【注釈】

（一）秦使辛梧據梁（梁）――「辛梧」は、文献に見えない人物。本章から秦の将軍であったことがうかがわれる。『史記』秦始皇本紀二十年条では、燕攻撃の将軍として、王翦とともに辛勝の名が見えており、王氏や蒙氏のように辛氏も秦の将軍を出す一族であるとすれば、本章に見える辛梧もその一人である可能性がある。「梁」は魏。魏国を「梁」と称するのは帛書第一部分の特徴であり、第二、第三部分では国を「魏」、都を「（大）梁」と称する使い分けが見られる。しかし第二五章、二六章は第一部分同様、国を「梁」と称しており、第三部分の中でも来源が異なる可能性がある。鄭良樹一九八二Bを参照。

（二）李園憂之――「李園」は、趙の人。楚の春申君の舎人となる。楚の考烈王には子が無かったが、李園は計略によって春申君の子を身ごもった妹を楚王に献上することに成功する。やがて生まれた男子は太子（後の幽王）、妹は皇后となり、李園は権力を掌握する。春申君の口から秘密が漏れることを恐れた李園は、考烈王が死ぬと刺客を使って春申君を暗殺し、その家を滅ぼした。李園の故事は『戦国策』楚策四・楚考烈王無子章および『史記』春申君列伝にほぼ同内容の記事があり、『越絶書』越絶外伝春申君第十七に異聞が見える。しかし春申君殺害後の李園の動向については、それについて記した史料がなく、まったく不明であった。本章は、こうした文献史料の欠落を埋める貴重な資料であるといえる。

（三）於臣也――わたくしの考えでは。「於」は本来場所を表す前置詞だが、人を表す名詞の前について、その人の見方を表す用法がある。現代中国語の「在我看来」と同様の表現である。『史記』呉王濞列伝に「今呉楚反、於公何如」（今呉楚が謀反したが、あなたはどう思うか）。なお小組注はこの「臣」を李園のこととするが、朋友本では「李園の使者」のことであるとする。辛梧に直接説いているのは李園の使者であろうが、これを李園の伝言であるとすれば、小組注の解釈で問題はないと思われる。

（四）割摯（縶）馬免而西走――「摯」は小組注に従い、「縶」（馬を繋ぐ縄）の仮借と解釈する。「割縶馬」はきずなを解かれた馬。副詞的に動詞「免」を修飾している構造。「割挈馬免而西走」という語は『戦国策』趙策一・謂趙王曰章にあるが、この章には本章と類似の表現が多い。

（五）秦餘（與）楚爲上交――「餘」は小組釈文に従い前置詞「與」の仮借とする。両字の声母は中古音では同じく以母だが、上古音では「餘」が前舌音、「與」が奥舌音で通用しない。このような仮借は当時両者の発音が接近していた新たな変化を反映している。

（六）將軍不見井忌乎――「井忌」は未詳。小組注は秦将であるとする。

（七）爲秦據趙而攻燕、拔二城――小組注は、この事件は史書に見えないとしつつも、後文の蒙驁《もうごう》、王齮《おうぎ》の卒年から見て、前二四九年から前二四四の間に起こったとする。いっぽう、馬雍「背景」は、趙将李牧が燕の武遂、方城を抜いた事件（『史記』燕召公世家、趙世家、六国年表、廉頗藺相如列伝に見える）がこれに該当するとして、その年代を前二四四年と推定している。楊寛『輯証』は、この事件を井忌誅殺まで含めて前二四八年に置き、荘襄王三年に信陵君が五国を合縦して秦兵を退けた以前、荘襄王二年に秦が趙の太原を取り、趙が連年燕を攻める後のこととする。

（八）燕使蔡鳥股符胠璧――「蔡鳥」は未詳。『史記』范雎蔡沢列伝によると、秦の昭王の相となり、孝文王、荘襄王、始皇帝に仕え、秦と燕との外交に従事した蔡沢は燕人である。あるいは蔡鳥はその関係者として秦への使いとされたのかもしれない。

（九）以河間十城封秦相文信侯――「河間」は、小組注によると河北省河間県一帯。朋友本では、『戦国策』での「河間」はいずれも趙地となっていることを指摘し、燕のそれも趙との境界地域にあるごとくであるが、なお不明であるとする。「文信侯」は、呂不韋（？～前二三五年）の封号。呂不韋については『史記』に本伝があり、それによれば彼はもともと陽翟（現在の河南省禹県付近）の大商人であったが、趙都邯鄲で人質となっていた秦の公子子楚を支援して、王位継承者となるよう奔走、前二四九年、子楚が即位（荘襄王）すると、その功により相邦に任ぜられたうえ、文信侯に封ぜられ、藍田の十二県を食み、ついで河南洛陽十万戸を食邑とした。荘襄王死後、秦王政（のちの始皇帝）が幼年で即位してからも専権を振るったが、やがて秦王が成長すると、嫪毐《ろうあい》の乱をきっかけとして翌前二三七年に失脚、ついで自殺に追い込まれた。

（一〇）案（按）其劍、擧其末——小組注によると、剣の柄を押さえ、切っ先を上に向けるのは、鞘から剣を抜こうとする姿勢であると言う。

（一一）胡不解君之壐以佩蒙勢（驁）、王齮也——「壐」は、秦代以前は印章の一般的呼称として用いられていた。「解壐」は辞任を意味する。「蒙驁」は斉の人。秦の昭王に使えて上卿となり、荘襄王、始皇帝の将軍として戦功を挙げた。前二四〇年卒。なお、精装本は「敖」と釈すが、図版により「勢」に改めた。「王齮」は秦の将軍。王齕《こつ》ともいう。秦の昭王の時に左庶長となり、長平の戦い（前二五九年）では白起の裨将として趙を破った。卒年は『史記』秦始皇本紀、六国表によると始皇三年（前二四四年）だが、これが蔡鳥の故事の年代の下限となる。

（一二）秦王令受之——小組注によれば、文信侯が河間に封地を領有したのはこの時であり、『戦国策』秦策五に「文信侯が趙を攻撃して河間を拡張しようとした」というのは、かつて穰侯魏冉が斉を攻めて陶邑を拡張しようとしたのと同様に、自己の封邑を広げるのが目的であったとする。

（一三）秦大擧兵東面而齎（擠）趙——裘錫圭「札記」に従い、「齎」を「擠」の仮借と解釈する。「擠」は、押す、圧迫するの意。

（一四）割勺（趙）必突（深）——「勺必突」三字は、「割」とその下の「趙」の左側に小字で書き加えられている。趙を「勺」字で表記するのは帛書第一部分の特徴であり、第二、第三部分ではここの他に見られない。

（一五）趙不能聽——文意から考えて、「聽」の上に「不」が脱落していると判断した。

（一六）窓（怨）必㴱（深）——精装本は「㴱」字を直接「深」と釈す。しかしこの字の右旁は「宷」に作り、「深」の右旁「突」とは形が異なる。「宷」の上古音は侵部であり、同部の「深」と読むのは仮借である。

（一七）粱（梁）兵果六月乃出——「乃」はやっと、ようやく。小組注は、『史記』六国年表秦始皇十二年（前二三五年）条の「發四郡兵助魏擊楚」、楚幽王三年条の「秦、魏擊我」がこのことを指すとする。

【口語訳】

●秦が辛梧を梁（＝魏）に駐在させ、秦・梁二国で連合して楚を攻めようとしたので、李園はこれを憂慮し、軍がまだ出動しないうちに、（次のように）辛梧に伝えた。

「秦の強さに梁の勁さが加わって、東に向かい楚を伐つ、となれば、わたくしの見るところ、楚は坐して伐たれるのを待つよりは、縄から解き放たれた馬のように速やかに西のかた（秦との講和）に走ります。（その結果）秦と楚とが親密な外交関係を結ぶこととなろうものなら、秦の禍はすなわち梁へと転化されることでありましょう。（となれば）将軍は必ずや梁より退去させられ、秦で誅殺されることにもなりかねません。

将軍には、井忌の例をご覧になりませんでしたか。（彼は）秦のために趙に駐在して燕を攻め、二城を抜いたのでありました。（すると）燕は蔡鳥を派遣して、太股には符を、脇の下には璧をば忍ばせて、ひそかに趙を通過させ、秦に入るや河間の十城をもって秦相・文信侯を封じ（ることで秦を味方にし）ようとしたのでございます。（しかし）文信侯はこれを受け取らず、

『わたくしには功績がございませんので』

と（体よく）辞退いたしました。蔡鳥はあくる日、文信侯へのお目通りに長剣を帯びてまいりましたが、その剣の柄に手をかけて、切っ先をあげ（今にも剣を抜かんばかりの体勢で）文信侯を見据えたうえで、

『あなたは「わたくしには功績がございませんので」とおっしゃいましたが、もしあなたに功績がないのであれば、どうしてあなたの相印を解いて、蒙敖・王齮に佩びさせ（てその位を譲られ）ませぬ。秦王はあなたが賢だと思し召しになられたからこそ、あなたをこの二人の上（の地位）に置かれているのです。いま燕が地を献上してまいりましたが、これは秦の地ではない（ものが手に入る）わけであります。あなたがそれを受け取られないというのは、不忠というものでございましょう』

と言ったところ、文信侯は謹んで承諾し、これを秦王に申し上げ、秦王もこれを受納させました。そして燕と親密な外

交関係を取り結ぶこととなり、（かくして）秦の禍はすなわち趙へと転化されたのでございます。秦は大挙して兵を挙げ、東に向かって趙の地を侵略し、燕を攻めぬよう申し入れました。秦の強さに燕の怒りが加われば、趙への侵略は必ずや深刻な事態に立ち至ります。趙はこれを聞き入れない（わけにはゆかず、その結果）井忌を退去させ、（井忌は）秦で誅殺されてしまったのでありました。

いま、わたくしが密かに将軍のために考えますに、ここは少しく（作戦行動を）抑制されて、兵を出されぬのにこしたことはございません。秦は楚を攻撃してその目的を充分に達成できないうちは、必ずや梁を重んじることでありましょう。梁も楚を攻撃してその目的を充分に達成できないうちは、必ずや秦を重んじることでありましょう。これすなわち、将軍が両国から重んじられるということでございます。天が下の人間で死なぬものとてありませぬが、（なればこそ）長生きは目出たいものでございます。どうか将軍には、この辺のところをお察しくださいますように。（また）梁の軍隊が出動しないうちは、楚も梁がいまだ出兵しないのをよいことに、秦との講和にも本腰を入れないことでありましょう。（さすれば）秦王は楚の講和への取り組みが鈍いのに立腹なされ、（楚への）怨みも必ずや深いものとなりましょう。これすなわち（楚への攻撃に当たられる）将軍が重みを増す、ということでございます。」

（これを受けて）梁軍は、果たして六ヶ月もたってから出動したのであった。

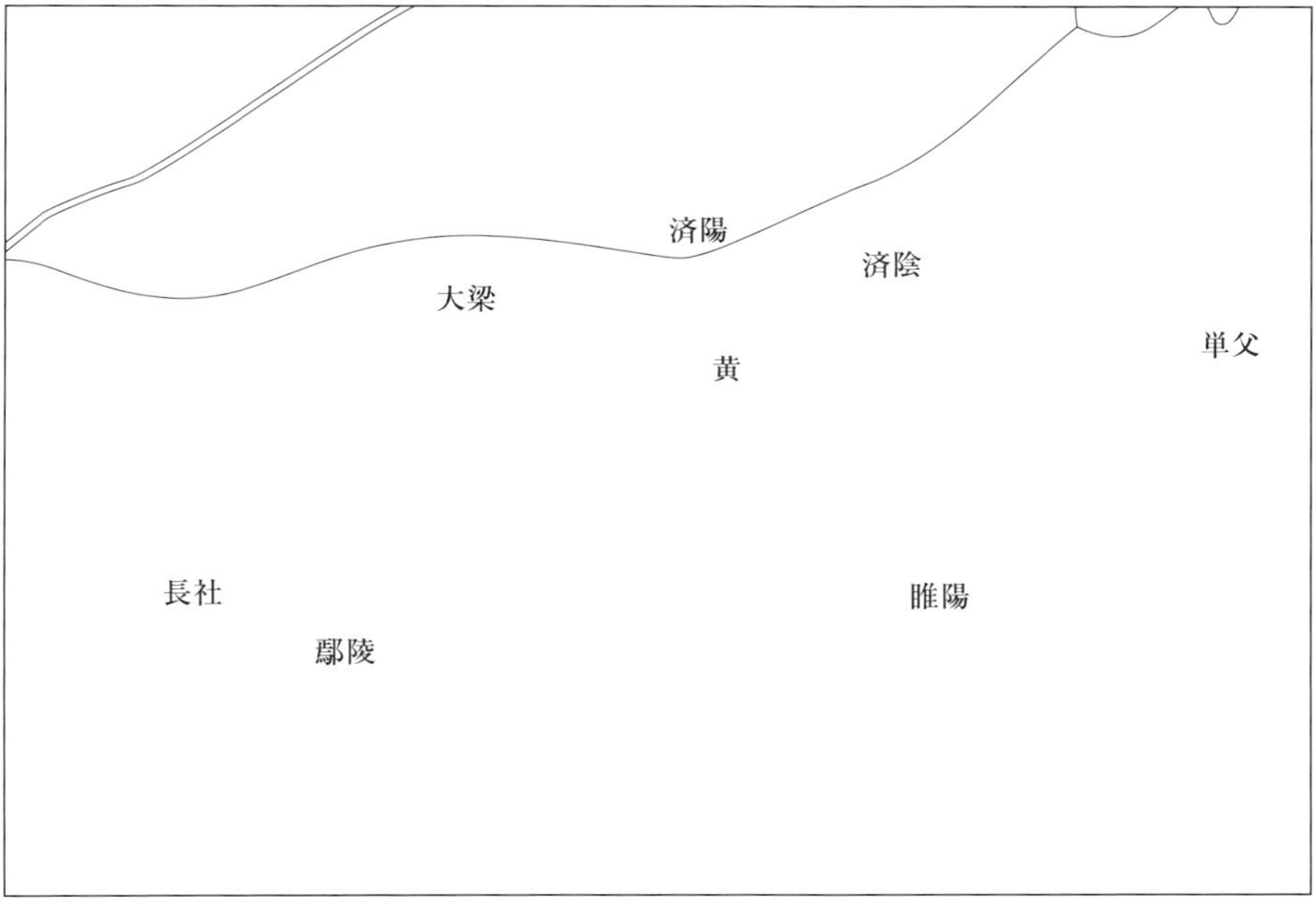

地図４　第二六章関連地図（譚其驤一九八二をもとに作成）

第二六章　見田併於梁南章

●見田併於梁南[一]、曰、秦攻鄢陵[二]、幾拔矣。梁計將奈何。田併曰、在楚之救梁。討曰、不然。在梁之計、必有以自恃也。无自恃計、傳恃楚之救、則梁必危矣。田併曰、爲自恃計奈何。曰、梁之東地、尚方五百餘里、而與梁。千丈之城、萬家之邑、大縣十七、小縣有市者卅有餘。將軍皆令縣急急爲守備、譔擇賢者、令之堅守、將以救亡。令梁中都尉[三]□□大將、其有親戚父母妻子、皆令從梁王葆之東地單父[四]、善爲守備。田併〔曰〕、梁之羣臣皆曰、梁守百萬、秦人无奈梁何也。梁王出、顧危。對曰、梁之羣臣必大過矣、國必大危矣。梁王自守、一舉而地畢、固秦之上計也。今梁王居東地、其危何也。秦必不倍梁而東、是何也。多之則危、少則傷。所説謀者爲之、而秦无所關其計矣[五]。危弗能安、亡弗能存、則奚貴於智矣。顚將軍之察也。梁王出梁、秦必不攻梁、必歸休兵、則是非以危爲安、以亡爲存邪[六]、是計一得也。若秦拔鄢陵、必不能棓梁黃濟陽陰睢陽而攻單父[七]、是計二得也。若欲出楚地而東攻單父、則可以轉禍爲福矣、是計三得也。若秦拔鄢陵而不能東攻單父、欲攻梁、此梁楚齊之大福巳。梁王在單父、以萬丈之城、百萬之守、五年之食、以梁餌秦、以東地之兵爲齊楚爲前行、出之必死、擊其不意、萬必勝。齊楚見亡不叚、爲梁賜矣。將軍必聽臣、必破秦於梁下矣。臣請爲將軍言秦之可可破之理[八]、顚將軍察聽之〔也〕。今者秦之攻□□□□將□以□行幾二千里、至、與楚梁大戰長社[九]、楚梁不勝、秦攻鄢陵。秦兵之□□□死傷也、天下之□見也。秦兵戰勝、必收地千里。今戰勝不能倍鄢陵而攻梁者、□少也[一〇]。鄢陵之守、〔城百〕丈、卒一萬。今梁守、城萬丈、卒百萬。臣聞之也、兵者弗什弗圍、弗百弗□軍[一一]。今梁守百萬、梁王有出居單父、秦拔鄢陵、必歸休兵。若不休兵、而攻虛梁、守必堅。是〔何〕也。王在外、大臣則有爲守、士卒則有爲死、東地民有爲勉、諸侯有爲救梁、秦必可破梁下矣。若梁王不出梁、秦拔鄢陵、必攻梁、必急、將卒必□□、守必不固。是何也。之王則不能自植士卒、（一二）之將則以王在梁中也必輕、之武（一三）則□□□如不□梁中必蚻、之東地則死王更有大慮、（一四）之諸侯則兩心、无□□无□□□地、之梁將（一五）則死王有兩心、无以出死救梁、无以救東地而□□□□□□□王不出梁之禍也。田佯曰、請使宜信君載先生見（一六）□□□□□□□□□□□□不責於臣、不自處危。今王之東地尚方五百餘里、□□□□□□□□□□□□責於臣。若王不□、秦必攻梁、是梁无東地憂而王□□□□□□□□□□□□□□梁中、則秦〔之〕攻梁必急、王出、則秦之攻梁必疑、是三（一七）□□□□□□□□□□□□□□□□□□大破□□□□□□□□□□□□□□□□□□□□□□□□□□臣來獻□計□□□王弗用、臣則□□□。

●田佯に梁（梁）南に見《まみ》えて曰く、「秦、鄢陵《えんりょう》を攻め、幾ど抜けんとす。梁（梁）の計は將に奈何せん」と。田佯曰く、「楚の梁（梁）を救うに在り」と。討〈對〉えて曰く、「然らず。梁（梁）の計に在りては、必ず以て自ら恃《たの》む有れ。自恃の計无（無）く、傳（専）ら楚の救うを恃めば、則ち梁（梁）必ず危うからん」と。田佯曰く、「自恃の計を爲すは奈何せん」と。曰く、「梁（梁）の東地、尚お方五百餘里にして梁（梁）と與《とも》にし、千丈の城、萬家の邑たる大縣十七、小縣の市有る者卅有餘あり。將軍、皆縣に令（命）じて急急に守備を爲さしめ、賢者を譔（選）擇し、之に令（命）じて堅守せしめば、將に以て亡ぶを救わん。梁（梁）中の都尉に令（命）じて……大將……、其の親戚・父母・妻子有れば、皆梁（梁）王に從いて之を東地單父《ぜんぽ》に葆《まも》らしめば、善く守備を爲さん」と。田佯曰く、「梁（梁）の羣臣皆曰く、『梁（梁）守は百萬、秦人、梁（梁）を奈何ともする无（無）きなり』と。梁（梁）王出ずれば、顧《かえ》りて危し」と。對えて曰く、「梁（梁）の羣臣必ず大いに過《あやま》てり。國必ず大いに危うし。梁（梁）王自ら守り、一擧にして地畢《おわ》るは、固《もと》より秦の上計なり。今梁（梁）王東地に居れば、其の危きは何ぞや。秦必ず梁（梁）を倍（背）として朿せざるは、是れ何ぞや。之を多くすれば則ち危く、少ければ則ち傷つかん。説く所の謀なる者之を爲せば、秦其の計を闕（貫《つらぬ》）く所无（無）からん。危くして安んずる能わず、亡びんとして存する能わざれば、則ち奚《なん》ぞ智を貴ばんや。顚（願）わくは將軍の察せられんことを。梁（梁）王梁（梁）を出ずれば、秦必らず梁（梁）を攻めず、必ず兵を歸休せしめん。則ち是れ危きを以て安きと爲し、亡ぶを以て存すると爲すに非ずや。是れ計の一得なり。若し秦、鄢陵を拔くも、必らず梁（梁）・黄・濟陽陰《せいよういん》・睢陽《すいよう》を掊（背）にして單父を攻むる能わず。是れ計の二得なり。若し楚地より出でて東のかた單父を攻めんと欲すれば、則ち以て禍いを轉じて福と爲す可し。是れ計の三得なり。若し秦、鄢陵を拔きて東のかた單父を攻むる能わず、梁（梁）を攻めんと欲すれば、此れ梁（梁）・楚・齊の大福なるのみ。梁（梁）王單父に在り、萬丈の城・百萬の守・五年の食を以て、梁（梁）を以て秦に餌《くら》わせ、東地の兵を以て齊・楚が爲《ため》に前行と爲し、之を出すに死を必し、其の不意を擊てば、萬に必ず勝たん。齊・楚亡ぶに叚（遐《いとま》）あらざるを見れば、梁（梁）が賜《たまもの》を爲さん。將軍必ず臣を聽けば、必ず秦を梁（梁）下に破らん。臣、將軍が爲に秦の破る可きの理を言わんことを請う。願わくは將軍之を察聽せよ。今者、秦の……を攻め……將……以……行くこと幾ど二千里にして至り、楚・梁（梁）と大いに長社《ちょうしゃ》に戰い、楚・梁（梁）勝たず、秦鄢陵を攻む。秦兵の……死傷するは、天下の……見なり。秦兵戰勝すれば、必ず地千里を收む。今戰勝するも鄢陵を倍（背）にして梁（梁）を攻むる能わざるは、□少なければなり。鄢陵の守は、城百丈にして卒一萬なり。今梁（梁）の守は、城萬丈にして卒百萬なり。臣之を聞く、兵なる者は什ならざれば圍まず、百ならざれば□軍せずと。今梁（梁）守は百萬なり。梁（梁）王有（又）出でて單父に居れば、秦鄢陵を拔くも、必ず兵を歸休せしめん。若し兵を休めずして虛梁（梁）を攻むれば、守り必ず堅し。是れ〔何〕ぞや。王外に在れば、大臣に則ち爲に守る有り、士卒に則ち爲に死す有り、東地民に爲に勉む有り、諸侯に爲に梁（梁）を救う有り、秦必ず梁（梁）下に破る可し。若し梁（梁）王梁（梁）を出でずして、秦鄢陵を拔けば、必ず梁（梁）を攻め、必ず急ならん。將卒必ず……、守り必ず固からず。是れ何ぞや。王に之《いた》りては則ち自ら士卒を植《ひき》いる能わず、將に之りては則ち王梁（梁）中に在るを以て必ず輕く、武に之りては則ち……如不……梁（梁）中必ず乿（亂）れ、東地に之りては則ち王に死すに更に大慮有り、諸侯に之りては則ち兩心ありて、……无（無）く、地を……无（無）く、梁（梁）

將に之りては則ち王に死すに兩心有りて、以て死を出して梁（梁）を救う无（無）く、以て東地を救いて……する无（無）く……王梁（梁）を出でざるの禍なり」と。田併曰く、「請うらくは宜信君をして先生を載せ、……に見えしめ……」「……臣を責めず、自ら危きに處らず。今王の東地尚お方五百餘里なり。……臣を責め……。若し王□せざれば、秦必ず梁（梁）を攻めん。是れ梁（梁）東地の憂い无（無）くして、王……梁（梁）中……則ち秦の梁（梁）を攻むること必ず急ならん。王出づれば、則ち秦の梁（梁）を攻むること必ず疑わん。是れ三……大破……臣來りて□計を獻ず……王用いざれば、臣則ち……」と。

【注釈】

（一）見田併於梁（梁）南――「併」（字音不明）字は、小組注では「併」（「兵」字の古文）とし、江村治樹一九八九では「儐」字に釈す。また、裘錫圭「札記」では、武威漢簡の例から、この字は「僕」と釈せるのではないかとする。馬雍「背景」は、「田併は恐らく梁国の将軍で、大梁の南に駐屯していたのだろう」とする。「梁南」は、小組注は「大梁之南」とする。本章では、国名としての「梁」（魏）、都である「大梁」、いずれの意味でも「梁」字が用いられている。なお、本章の年代については、唐蘭「史料」は秦始皇二二年（前二二五年）に王賁《おうほん》が魏を攻めた時のこととし、馬雍「背景」は後文に見える長社の戦いを手がかりに前二七四年とするなど、時代背景に対する解釈に大きな違いがある。ただし、馬雍説に従うならば、その当時宋の故地は秦相穰侯の封地であり、それらを含む「東地」によって秦に抵抗しようとする本章の状勢と合致しない。第一五章注（二五）を参照。

（二）秦攻鄢陵――「鄢陵」は、繆文遠一九九八によれば、安陵のことであり、鄢陵故城は現在の河南省鄢陵県西北にあるという。馬雍「背景」は「秦はこの時正に鄢陵を攻めており、鄢陵は今にも陥落しそうであった。鄢陵は大梁の西南に程近く、大梁も危うい状態に置かれていた」ことを指摘する。

（三）梁（梁）中都尉――「都尉」は、『中国歴史大辞典』（上海辞書出版社、一九九六年）先秦史巻では、「武官の名称。戦国時代に設置された。地位は将軍よりやや低い。趙秦等の国は皆都尉を置いた」とする。戦国諸国の都尉の事例については明・董説『七国考』巻一や繆文遠一九九八に詳しい。本章での例から、魏国にも都尉の官の存在したことがはじめて確認された。大西克也「試論上博楚簡《緇衣》

中的『〓』字及相関諸字」（『第四届国際中国古文字学研討会論文集』、香港中文大学、二〇〇三年）は、燕や三晋の璽印において従来「都丞」と釈されてきた印文が、実は「都尉」であることを論じている。

（四）皆令従梁（梁）王葆之東地單父――「單父」は、朋友本では、「魏の地名。今の山東省曹県。もと魯の地で、戦国時代に衛に属したことが、帛書一五章および『戦国策』魏策三にみえ、本章によって単父はその後に魏の領有になったことがわかる」とする。「葆」は、『墨子』号令篇には「葆宮」の警備を厳重にすべきことが説かれており、岑仲勉『墨子城守各篇簡注』（古籍出版社、一九五八年）では、この「葆宮」について、同篇の「盡召五官及百長以富人重室之親、舍之官府、謹令信人守衛之、謹密爲故」（五官と百長を全て召し出して、富豪人や主だった家柄の親族を官府に収容し、謹んで信用のおける人に護衛させ、機密を守ることが大事である）を引き、「富人、重室的親属所住之舍」（富豪や主だった家柄の親族の住む宿舎）とする。すなわち「人質を収容する建物」の意味である。なお、『同書』備城門篇には「城小人衆、葆離郷老弱國中及他大城」（城が小さいのに人が多い場合は、老人や子供をそこから離れた都または他の大城で保護する）の例も見え、『墨子城守各篇簡注』ではこれについて「葆」は保全の意としており、この意味でも本章のこの部分を解釈することは可能であり、その場合は「（縁者を）梁王とともに単父に（移送し）保全しておけば、（大梁に残った将帥たちも安心して）しっかりと守備に励むことでありましょう」という意味になる。

（五）所説謀者爲之、而秦无（無）所關（貫）其計矣――小組注では「關」は「貫」に通るとし、さらに『広雅』釈詁の「貫、行也」を引き、この部分の意味は「この計画によってことを運べば、秦はその技を施すすべがない」と解釈する。「關」、「貫」の上古音はともに見母元部で仮借可能である。

（六）以亡爲存邪――精装本は「邪」を「耶」と釈すが、図版によれば本字は「耳」に従わず、左旁は「牙」に似る。「邪」に改める。

（七）必不能掊（背）梁（梁）黄濟陽陰睢陽而攻單父――「黄」は、『史記』趙世家敬侯八年条に「伐魏黄城」とあり、その正義所引『括地志』に、旧黄城は魏州冠氏県の南方十里に位置すると述べる。また繆文遠一九九八では、魏は黄河以北を内とし、黄河以南を外としたので、内黄・外黄の名があること、内黄・外黄および小黄はいずれも「黄」と省略されうること、外黄・内黄はいずれも済陽と近いことを述べる。「濟陽陰」は、済陽と済陰。済陽は、『竹書紀年』には「梁惠成王三十年、城濟陽」とあり、『韓非子』内儲説下には魏の封君として「濟陽君」の名が見える。繆文遠一九九八では、済陽故城は現在の河南省蘭考県東北五十里の堌陽集にあり、遺址がなお存しているとし、現在の山東省曹県西南にあったとする説を否定する。済陰は、朋友本によれば、山東省定陶県の西北で、前漢の済陰郡の治所であるという。「睢陽」は、繆文遠一九九八によれば、もと宋の国都で、睢陽故城は現在の河南省商丘県にあるという。なお、この時代の睢陽城については、近年調査が行われており、その城壁は西段で三〇一〇メートル、南段で三三五〇メートルにも達するという。中国社会科学院考古研究所・美国哈佛大学皮保徳博物館「河南商丘県東周城址勘査簡報」（『考古』一九九八年第一二期）参照。

（八）臣請爲將軍言秦之可可破之理――原文は「可」字を重ねるが、小組注に従い、衍字とみなす。

（九）與楚梁（梁）大戰長社――「長社」は、繆文遠一九九八によれば、長社故城は現在の河南省長葛県東北にあるという。

（一〇）□少也――小組注では、ここでの「少」字は、上文の「多之則危、少則傷」から、兵の少ないことを指すものとする。

（一一）兵者弗什弗圍、弗百弗□軍――『孫子』謀攻篇には「故用兵之法、十則圍之、五則攻之」（故に兵法では、兵力が十倍であれば敵を包囲し、五倍であれば敵を攻める）とある。

（一二）之王則不能自植士卒――小組注は「之」を「此」の意と説く。しかし「之」が名詞を修飾する場合、先行詞を有する代名詞ではなく近称の指示詞（「この王様」のような意味になる）として用いられるのが通常であるが、そのように解釈しても指示対象が不明で、文意が通らない。後出の「之將」「之武」「之東地」「之諸侯」全て同様である。「至る」という意味で用いられる動詞「至」や「如」が、「～については」という前置詞に転用されるのと同様の用法かとも思われるが、後考に俟ちたい。「植」は、小組注では『左伝』宣公二年条の杜預注の「植、將主也」を引いて、「率いる」の意味であるとする。

（一三）之武――小組注は「武」を「士卒」の意味とする。

（一四）之東地則死王更有大慮――小組注は、「死王」を「梁王の為に死ぬ」とする。動詞「死」は『左伝』文公一八年「死君命」（君命の為に死ぬ）のように、目的語が受益者を表わすことが多い。「為動用法」と呼ばれることがある。「有大慮」は、朋友本では、『漢書』巻一一哀帝紀建平四年条の師古注の「慮、謂策謀思慮」を引き、「魏王が移ってこないため、大梁以東の地の士卒の間に本気で戦おうとしない気運が生じる可能性を指摘したもの」と解したうえで、「大梁以東の地が故宋の地であることを考慮に入れると、この地域に対する魏の支配力が脆弱なものであったことを反映している」可能性を指摘する。

（一五）之梁（梁）將――小組注は「梁將」を「大梁を守る将軍を指す」とするが、ここでは後文とのつながりから、梁国の将軍と解した。

（一六）請使宜信君載先生見――「宜信君」は、小組注では「魏の貴族」とし、「田偖は宜信君にこの謀士を送って魏王に会いに行かせたのであり、下文は魏王に対する遊説であろう」とする。なお李学勤一九八三は、「梁上官鼎」に見える「宜諍（信）」が本章の宜信君に該当すると指摘している。

（一七）王出、則秦之攻梁（梁）必疑、是三――「必疑、三」三字は、郭永秉「瑣記」の綴合による。

【口語訳】

●田倂に（大）梁の南で面会して

「秦は（梁の）鄢陵を攻撃して、いまにも陥落させそう（な勢い）ですが、梁はいかがなさるおつもりなのですか」

とたずねると、

「楚が梁を救ってくれるか（否か）にかかっている」

との返事であった。それに対して

「そうではありません。梁としては、必ずや自力救済の方途を講じるべきでございます。自力救済の策もなくして、ただただ楚の救援を当てにしているようでは、梁は必ずや危殆《きたい》に瀕することでありましょう」

と述べたところ、

「自力救済の方途をとるには、どうしたらよろしいか」

と田倂が尋ねたので、次のように申し上げた。

「梁の東地は、なお五百余里四方もあって梁につき従っており、（そこには）千丈（四方）の城壁で一万戸（規模）の大県が十七、小県で市を備える（規模の）ものが三十あまりございます。将軍にはあまねく（これらの）県に命じて大至急に守りを固め、有能なものを選ばせて、それぞれに堅守させるなら、滅亡を回避することもできましょう。（大）梁中の都尉は大将に……、彼らに親戚・父母・妻子などの縁者があれば、それらはみな梁王に従わせて東地の単父に（移送し）人質としておけば、（大梁に残った将帥たちも）しっかりと守備に励むことでありましょう」

（これに対して）田併が

「梁の群臣たちは皆『（大）梁の守備兵は百万もいるのであるから、秦は（大）梁をどうすることもできぬであろう』と言っている。（にもかかわらずあなたの言うように）梁王が（このような大梁を）離れてしまうのは、かえって危険なのではあるまいか」

と言うと、答えて申し上げるには、

「梁の群臣がたは完全に誤っておいでありまして、（これでは）お国も必ずや大いに危うくなるでしょう。（なぜなら）梁王が御自ら（大梁にとどまって）守りに当たられた場合、（万一、大梁が陥落しようものなら、その）一挙でもって梁国のすべては終わってしまうのです。これこそ、秦にとっては上計というものでありましょう。（それに対して）もし梁王が東地におわしますならば、いったい何の危険がございましょうや。秦は必ずや（大）梁を背後に（捨て置き）、東（地）へ兵を進めたりなどいたしませぬ。それは何故でありましょう。（このように敵中深くさしむける軍隊が）大規模であれば（全軍覆滅の）危険があるし、小規模であればむざむざ敗退する（のが明らかである）からです。（このように）いま申し上げた策を実行されるのであれば、秦もその計画通りに事を運ぶわけにはまいりますまい。危難を安んじることができず、存亡の危機を救うこともできない、というようでは、どうして「智」などを尊重したりいたしましょう（「智」を働かせれば苦境も脱することが可能である）。どうか将軍にはとくと御勘考あそばれますように。梁王が（大）梁をお出になりますならば、秦は必ずや（大）梁を攻めることなく、必ずや軍を返して兵を休めることでありましょう。となれば、これこそ危難を安んじ、存亡の危機を救うということではございますまいか。これがこの策の利点の第一であります。（また）もし秦が鄢陵を陥落させたところで、必ずや梁・黄・済陽・済陰・睢陽（などの梁の諸城を）背後に捨て置いて単父を攻める（などといった危険な）ことはできますまい。これがこの策の利点の第二であります。（また）もし（秦が）楚の領域を侵犯して（そこから）東のかた単父を攻めようとするのであれば、（これは楚と秦が戦うことになるわけですから、楚の救援を期待している梁にとっては）禍を転じて福となすものでございましょう。これがこの策の利点の第三であります。（また）もし秦が鄢陵は陥落させたものの、東のかた単父を攻めることができずに（大）梁を攻めようとするならば、これは梁・楚・斉の諸国にとっては、もっけの幸いというものでございます。梁王は単父におわしながら、万丈（四方）の城壁、百万の守備兵、五年分の食糧（という万全の備え）でもって（大）梁を秦へのおとりとし、東地の兵を斉・楚の（同盟軍の）先鋒とし、決死の覚悟で出撃して秦の不意を撃つならば、万間違いなく必ずや勝ちをおさめることができましょう。斉・楚両国も（このままでは自らの）滅亡が遠くないことを悟れば、梁を救援いたしましょう。将軍がわたくし（の申し上げること）をお聞き入れくださるならば、必ずや秦を（大）梁の城下に破ることができるのです。（以下に）秦を破ることができる理由を申し述べさせていただきますので、どうか将軍にはとくと御勘考のうえでお取り上げくださいますように。

いま秦が……を攻め、……二千里近くも軍を進めて楚・梁と長社で大いに戦い、（その結果）楚・梁は敗れて、秦は鄢陵を攻めております。秦軍の……死傷すること、天下の……周知するところであります。秦軍は戦って勝てば、必ずや地を占領すること千里にも及ぶわけですが、（しかし）いま、戦って勝利をおさめながら、鄢陵を背後に捨て置き（大）梁を攻めることができないでいるのは、（その兵力が）寡少であるからでございましょう。鄢陵の守りは（城壁は百）丈（四方）で守備兵は一万（でしかないの）でありますが、（大）梁の守りともなると、城壁は万丈（四方）で守備兵も百万もいるのでございます。わたくしの聞き及びますところでは、「兵力が（相手の）十倍でなければ包囲をしてはならず、百倍でなければ……をしてはならない」とか。いま（大）梁の守備兵が百万もいるうえに、梁王が単父に御動座あそばしているとなれば、秦は鄢陵を陥落させたところで、必ずや（軍を）返して兵を休める（ほかない）でありましょう。もし（軍を返して）兵を休めることをせず、王のおられぬ（大）梁を攻めたところで、（大梁の）守りは必ずや堅固で（陥落させることなどできないで）ありましょう。それは何故でありましょうか。王が（大梁の）外におわしますならば、大臣の方々は（大梁に残留して）王のために篭城戦を指揮され、士卒は王のために死力を尽くして力戦し、東地の民は王のために奮励し、諸侯も梁を救援するでしょうから、秦は必ずや（大）梁の城下に撃破することができるのです。（これに対して）もし梁王が（大）梁をお出にならなければ、秦は鄢陵を陥落させるや必ず（大）梁を攻撃することでしょうし、それも必ず激しいものとなるでしょう。将兵は必ず……、守備も必ずや堅固ではありえないことでございましょう。それはどうしてでありましょうか。（その理由は）王は（大梁に残留しても）自ら士卒を指揮することができるわけではなく、将軍は王が（大）梁のうちにおられるために、（相対的にその権威は）必ず軽くなります。武（卒）は……もし……でなければ、（大）梁の城中は必ずや混乱いたしましょう。東地は東地で、王のために死力を尽くそうにも、様々な思惑が出て（きて充分には励まないことにもなって）くることでありましょうし、諸侯にしても（梁を救援するのに）異心をもって……なく、……地を……ないでしょう。梁（国）の将軍たちは王に対して死力を尽くそうにも異心を抱くこととなり、決死の覚悟で（大）梁を救援することなく、東地を救援することもなく……（であろうからなのです。これが）王が（大）梁よりお出にならない場合に憂慮される事態なのでございます。」

（これを聞いて）田併は

「どうか宜信君に先生を車でお送りさせますので、（王様に）お目通りしていただき……」

（と言った。そこで梁王にお目にかかって以下のように申し上げた）

「……わたくしを責めず、自ら危地に立たれることもございません。いま王様の東地は、なお五百余里四方もございまして……もし王様が（大梁をお出に）ならないならば、秦は必ず（大）梁を攻めてまいりましょう。これは梁にとって東地の心配は無いものの、王は……梁の中を……れば、秦（の大）梁を攻めること、必ず激しいことでございましょう。（それに対して）王様が（大梁を）お出になれば、秦の（大）梁を攻めること、必ずや迷いを生じるでしょう。これは三………大いに破り………わたくしが参上して□計を献じ……王様がわたくし（のはかりごと）をお取り上げにならないのであれば、……でありましょう。」

第二七章　鼙皮對邯鄲君章

〔●〕□□□□〔邯〕鄲(一)□□□□□□□□未將令也(二)、工君奚洫曰(三)、子之來也、其將請師耶。彼將□□□重此□、如北兼邯鄲、南必□□□□□□□□□城必危、楚國必弱、然側吾將悉興以救邯〔鄲〕(四)、吾非敢以爲邯鄲賜也、吾將以救吾□□。〔鼙〕皮曰(五)、主君若有賜、興□兵以救敝邑、則使臣赤敢請其日以復於□君乎(六)。工〔江〕君奚洫曰、大緩救邯鄲、邯鄲□□□鄲。進兵於楚、非國之利也。子擇亓日歸而已矣、師今從子之後(七)。鼙皮歸、復令於邯鄲君曰(八)、□□□□□和於魏、楚兵不足侍也。邯鄲君曰、子使、未將令也、人許子兵甚俞(九)、何爲而不足侍〔也〕(一〇)。鼙皮曰、臣之□□〔不足〕侍者(一一)、以亓俞也。彼亓應臣甚辨(一二)、大似有理。彼非卒然之應也。彼笥齊□□□□□守亓□□□利矣。□□□兵之日不肎告臣(一三)。類然進亓左耳而後亓右耳(一四)、台乎亓所後者、必亓心與□□□□□俞許〔我〕兵(一五)、我必列地以和於魏。魏必不敝、得地於趙、非楚之利也。故俞許我兵者、所勁吾國、吾國勁而魏氏敝、〔楚〕人然后舉兵兼承吾國之敝(一六)。主君何爲亡邯鄲以敝魏氏、而兼爲楚人禽戈。故蔞和爲可矣(一七)。邯鄲君榣於楚人之許己兵而不肎和。三年、邯鄲俴(一八)。楚人然后舉兵、兼爲正乎兩國。若由是觀之、楚國之口雖□□、亓實未也。故□□應。且曾聞亓〔其〕音以知亓〔其〕心(一九)。夫類然見於左耳、鼙皮已計之矣(二〇)。

……邯鄲……未だ令〔命〕を將《おこな》わざるに、工〔江〕《こう》君奚洫《けいじゅつ》曰く。「子の來るや、其れ將に師を請わんとするか。彼將に……重此……如《も》し北のかた邯鄲を兼ぬれば、南必ず……城必ず危《あやう》く、楚國必ず弱からん。然れば側〔則〕ち吾將に悉興《しっきょう》して以て邯鄲を救わん。吾敢て以て邯鄲に賜《たまもの》を爲すに非ざるなり。吾將に以て吾が□□を救わんとす」と。鼙皮《べいひ》曰く。「主君若し賜有りて、□兵を興して以て敝邑を救わんとすれば、則ち使臣赤（亦）敢て其の日を請いて以て□君に復せんか」と。工（江）君奚洫曰く。「大（太《はなは》）だ緩やかに邯鄲を救えば、邯鄲……鄲、兵を楚に進めば、國の利に非ざるなり。子亓（其）の日を擇びて歸るのみ。師今子の後に從わん」と。䲨（䲨）皮歸り、令（命）を邯鄲君に復して曰く、「……魏に和し、楚兵侍（恃）むに足らず」と。邯鄲君曰く、「子使《つかい》し、未だ令（命）を將《おこな》わざるに、人、子に兵を許すこと甚だ兪（愉《こころよ》）し。何爲《なんす》れぞ侍（恃）むに足らざるや」と。䲨（䲨）皮曰く。「臣の……侍（恃）むに足らざるは、亓（其）の兪（愉）きを以てなり。彼亓（其）の臣に應うること甚だ辨《あきら》かにして、大いに理有るに似たり。彼卒（猝《そつ》）然の應に非ざるなり。彼、齊が……笥（伺）い、亓（其）の……を守り、……利を……。……兵の日、臣に告ぐるを肎（肯《がえん》）ぜず。頪然として亓（其）の左耳を進めて亓（其）の右耳を後にす。亓（其）の後にする所に台するは、必ず亓（其）の心……と……兪（愉）く我に兵を許さ〔ざれば〕、我必ず地を列（裂）きて以て魏に和さん。魏必ず敝《つか》れず、地を趙より得るは、楚の利に非ざるなり。故に兪（愉）く我に兵を許すは、吾が國を勁《つよ》くする所なり。吾が國勁くして魏氏敝《つか》れ、楚人然る后（後）に兵を擧げ、兼ねて吾が國の敝を承けん。主君何爲《なんす》れぞ邯鄲を亡ぼして以て魏氏を敝《つか》れしめ、兼ねて楚人が禽（擒《とりこ》）と爲らんや。故に蔞（數《すみや》）かに和すを可と爲す」と。邯鄲君、楚人の己に兵を許すに榣（搖）れ、而して和するを肎（肯《がえん》）ぜず。三年にして邯鄲俴（殘）す。楚人然る后（後）に兵を擧げ、兼ねて兩國に正（征）を爲す。若し是れに由りて之を觀れば、楚國の口……と雖も、亓（其）の實は未だし。故に……應す。且つ曾《なん》ぞ亓（其）の音を聞きて以て亓（其）の心を知るや。夫れ頪然として左耳に見《あらわ》れ、䲨皮巳（已）にして之を計れり。

【注釈】

（一）〔●〕□□□□〔邯〕鄲――本章は、前四世紀中頃、趙の都邯鄲が魏の攻撃を受けて陥落するいわゆる「邯鄲之難」前後の時期における、楚と趙の外交上の駆け引きを描いたもので、本帛書の中では最も古い時期が場面となっている。朋友本、楊寛『輯証』は、邯鄲陥落の年代を前三五三年とする。なお精装本に従い、「鄲」字の前に「邯」を補う。

（二）未將令（命）也――「將命」は、使者が主君の命を相手に取り次ぐこと。主語は趙の使者鸁皮で、以下は楚王に会う前に楚の江君と交わした会話である。

（三）工（江）君奚洫曰――「江君奚洫」は楚の昭奚恤。『戦国策』楚策一に、趙から救援の要請を受けた楚王に対し、昭奚恤は趙・魏両国を疲弊させるため、それに応じないよう進言したが、楚王は景舎の議論を採用し、救援の兵を出したことが記されており、本章における江君奚洫の主張とは異なっている。小組注は、「江」は昭奚恤の封地で、現在の河南省正陽県と解釈する。敦煌写本『春秋後国語』楚語（羅振玉『鳴沙石室佚書正続編』、北京図書館出版社、二〇〇四年）によれば、楚の宣王の相。

（四）然側（則）吾將悉興以救邯〔鄲〕――「悉興」は、総軍を動員すること。『商君書』徠民に「臣之所謂兵者、非謂悉興盡起也」（私の言ういくさとは、総動員のことではありません）。精装本に従い、「鄲」字を補う。

（五）〔鸁〕皮曰――精装本に従い、「鸁」字を補う。「鸁皮」は人名、文献には見えないが、会話の内容から趙の使者と判断される。

（六）則使臣赤（亦）敢請其日以復於□君乎――「敢」は謙譲の口調を表す副詞。文末に疑問詞「乎」を加えて、いっそうへりくだった物言いをしている。直訳すれば、「失礼ながらその日をお伺いして主君に報告してもよろしゅうございましょうか。」

（七）師今從子之後――「今」は、すぐさま。

（八）復令（命）於邯鄲君曰――「邯鄲君」は趙の成侯。『史記』趙世家によると、趙は敬侯元年（前三八六年）、初めて邯鄲に都を置いた。国主が首都名を冠して呼ばれることは、朋友本が指摘するように、『戦国策』でしばしば見られる。

（九）人許子兵甚俞（愉）――小組注に従い、「俞」を「愉」と読む。「愉」は喜んで従うこと。『爾雅』釈詁上の郭璞注に、「喜んで服従することを謂う」とある。

（一〇）何爲而不足侍（恃）〔也〕――精装本に従い、「也」字を補う。

（一一）臣之□□（不足）侍（恃）者――精装本に従い、「不足」二字を補う。

（一二）彼亓（其）應臣甚辨――「辨」は明晰であること。応対の仕方が明快で淀みないことを言う。

（一三）□□□兵之日不肎（肯）告臣――「肎」を精装本は直接「肯」と釈すが、図版によって改める。

（一四）類然進亓（其）左耳而後亓（其）右耳――「類」の図版は[illegible]に作り、左旁は「美」に似ている。「微」に通じると考えれば、「微然」は「かすかに」の意味となる。小組注は未詳とし、一説として「𡘲《けつ》」の別体と見て、頭を傾ける意と言う。なお白於藍二〇〇二は、本字を「頳」と見た上で「頳然」を「頳赧」（恥ずかしさのために赤らめる様）と解釈している。しかし本字の左旁は「赤」とはやや異なる点に難がある。

（一五）兪（愉）許〔我〕兵――精装本に従い、「我」字を補う。文脈から「愉許」の前には否定詞があると推測される。

（一六）〔楚〕人然后（後）舉兵兼承吾國之敝――精装本に従い、「楚」字を補う。また精装本は「后」を直接「後」と釈すが、図版によって改める。

（一七）故蔞（數）和爲可矣――小組注は「蔞」を「數」と読んだ上で、「速」に通じるとする。「蔞」「數」はともに「婁」声に従い、また「數」「速」はともに上古音侯部に属し、仮借の範囲内である。段玉裁『説文解字注』は、「數」の派生義はだいたい「速」と「密」の二義に包摂されると述べている。なお「蔞」は、精装本は「簍」と釈すが、図版は「艸」に従う。

（一八）邯鄲俴（殘）――小組注は「俴」と釈し、「拔」に相当する表現と考えている。郭永秉「瑣記」に従い改める。

（一九）且曾聞亓（其）音以知亓（其）心――「且」は文頭に置かれる語気詞で、新たに話題や議論を提示する働きをする。そもそも、いったい。「曾」は理由を尋ねる疑問副詞。

（二〇）聻（麛）皮巳（已）計之矣――「巳」は「已而」に同じ。ほどなく。

【口語訳】

●魏が趙を攻めて国都・邯（鄲）を包囲したので、趙では麛皮を楚に派遣して救援を要請した。ところが麛皮が）使命（である救援要請の件）についてまだ切り出しもしないうちから、（応対した楚の相である）江君（すなわち）昭奚洫の方から、

「あなたがお出でになったのは、援軍を求められてのことであろう。かの魏国は…………重此…………であり、もし北のかた邯鄲を併呑してしまうならば、南方ではきっと…………となって、□城は必ずや危殆に瀕し、（そうなれば）楚国も間違いなく弱体と化してしまうであろう。しからば、当方としては、総力を挙げて邯（鄲）をお救いすることといたしたい。これは邯鄲のためにではなく、わが国に降りかかる危難を振り払うためなのである。」

と言ってきた。（そこで麛）皮が

「あなた様が幸いにも兵を出してわが国をお救いくださるということでありますならば、わたくしといたしましては、

敢えて（出兵の）期日をおうかがいした上で、主君に復命してもよろしゅうございましょうか。」

と請うたところ、江君・昭奚洫の返事は、

「邯鄲の救援が手遅れとなってしまえば、邯鄲は…………、（魏は？）楚国に兵を向けてくることとなり、（そうなれば）わが国にとっても由々しきことである。（それゆえただちに救援するから）あなたは（心配しないで）吉日を選んでお帰りになるがよい。その後を追うようにわが軍も出動するであろう。」

とのことであった。

　龐皮は帰国すると邯鄲君に復命して、

「…………魏と講和（なさるべきで）、楚はあてにはなりません。」

と申し上げた。邯鄲君が、

「あなたが使者に立ち、まだ（救援要請の）用件を切り出しもしないうちから、先方が援軍出動を実に快く承知してくれたというのに、どうして『あてにならない』と申すのか。」

とたずねたところ、龐皮はこのように答えたのであった。

「わたくしが『（楚が）あてにならない』と申し上げましたのは、まさにその『快く』（承知した）ということによってなのでございます。先方のわたくしに対する申しようはまったく淀みなく、非常に説得力のあるものでございました。おそらく、その場で考えついた受け答えではありますまい（前もって用意していた返答である）。先方は斉が…………を伺い…………その…………守る…………有利なのです。（ですから）援軍の（出動する）時期をわたくしに明言しようとはしなかったのです。（会見の際に昭奚洫は）頭を傾けて左の耳をこちらに、そして右耳を向こう側に向けておりましたが、その向こう側に向けているのに台する（不詳）のは、必ずやその本心が（口にしたこととは異なっているのです。もし楚が）当方への援軍を快諾しなければ、わが国は必ずや領土を魏に割譲して和を結ぶことになるでしょう。（となれば）魏は定めし消耗することなく（国力を温存して）領土を趙からせしめることになるわけで、それは楚にとって望ましいことではありませぬ。だからこそ（楚が）このたび当方への援軍を快諾したのは、それによってわが国を強気にさせるためなのであり、（援軍を約束することによって）わが国が強気にな（り講和せずに徹底抗戦することとな）れば、（それに対して力攻めを余儀なくされる）魏も国力を消耗することとなり、楚はそうなってからはじめて兵を出して（魏だけではなく）わが国の消耗したところにも乗じるつもりなのです。わが君は何の義理があって、邯鄲を失ってまで（徹底抗戦することで）魏の国力を消耗させておやりになり、さらにはともども楚人の擒になろうとしておいでなのですか。このような次第ですから、すみやかに講和を結んでおしまいになるのが何よりかと存じます。」

（しかし）邯鄲君は、楚が援軍を承知してくれたということに引かれて講和を結ぼうとはしなかった。（その結果）三年後に邯鄲は（孤立無援のまま）陥落、そうなってからはじめて楚は挙兵し、（消耗に乗じて）両国に攻め込んできたのである。

これによって見るならば、楚国は口先では……であるものの、その実はそうではなかったと言えよう。それゆえ返答を……したのである。また、相手の声音を聞くことで、その心を知ることもできるものなのであろうか。（この場合では）頭を傾けて左耳を向けるという仕草によって、䶮皮は（昭奚洫の本心を）見抜いたのである。

あとがき

ほぼ全ての原稿を書き終えた昨年末、訳注のために作ったパソコン内のフォルダを眺めていて愕然とした。最も古いファイルの日付が一九九三年二月二六日だったのである。最初の作業から脱稿まで二十年以上を要したことになる。

私と『戦国縦横家書』との付き合いは、一九八七年に修士論文を執筆した時からである。馬王堆帛書を使って、否定詞「弗」の用法を検証したのだが、言語研究資料としての重要さ以上にこの資料の面白さに惹きつけられた。解題にも触れられているように、戦国中期終盤の緊迫した情勢が、現場に身をおいた人間ならではの生々しさで伝わってくるのである。しかし同時に、当事者にとって自明な情報は何も語られず、本帛書や伝世文献によってそれらを補いつつ読むのは、相当骨の折れる仕事であった。

一九九五年四月に東京大学文学部に赴任すると、演習の題材としてまず選んだのが本帛書である。三年間続いた演習で読み終えたのは前半四章ほどでしかなかったが、院生諸君と交わした議論は本訳注にも息づいている。参加されたのは井ノ口哲也、大山潔、小方伴子、金恵京、近藤浩之、塚越千史、芳賀良信、宮本徹、李承律の各氏である。謝意とともにお名前を記す。ゼミで解読をすすめつつ、私なりの見解や各章の編年を文章にまとめ始めたのもこのころである。

本訳注の執筆を池田知久先生から内々に打診された時、私は単独で執筆することを躊躇した。中国古代史を専門としない私が、何か致命的なミスを犯しかねない不安がどうしても拭えなかった。大櫛敦弘さんとの共著としたい旨を、既に高知大学に赴任しておられたご本人の内諾も得ないまま提案したが、ご快諾いただけたことは大変ありがたかった。大櫛さんとは松丸道雄先生の西周金文のゼミでご一緒して以来のお付き合いで、学問的にもお人柄もとても信頼のおける方だと思っていた。

東方書店から正式に執筆依頼を受けたのは一九九七年三月、締め切りは一九九八年八月だった。大きく三つの部分からなる本帛書の訳注は、効率を優先すれば分担作業とすることも考えられたが、私たちはそうしなかった。第一部分については私が、第三部分については大櫛さんが先行してたたき台を作成したが、相互にそれを検討し、お互いに納得できるまで定稿とはしなかった。東京や高知での打合せ、メールによる数えきれない意見交換、それは脱稿後校正に至るまで続いた。私の思い違いが訂正されたことは数多く、単著にしなくて本当に良かったと思う。

編集委員会から示された原稿字数は原文の約十二倍、本帛書の場合約二十万字であったが、この制約にも苦慮した。執筆依頼に先立って作っていた訳注稿はかなり詳細なもので、様々な考証を書き込んでいたら、とてもこの範囲には収まる見込みは立たなかった。あるところで覚悟を決めてばっさり切り落とした。初めの頃に作った第四章などは、三分の二程度に切り詰めている。本シリーズの刊行が始まり、送られてきた献本の中には大部なものもあったが、些か複雑な思いを禁じ得なかった。

一九九八年に郭店楚簡が出版されたことを契機として、学界には楚簡研究ブームが沸き起こり、馬王堆帛書は主役の座を譲り渡したかのように見える。私自身も楚簡にのめり込み、その分この仕事が疎かになったことは否めない。執筆者に選んでくださった池田先生、最初に編集を担当された阿部哲さん、早世された阿部さんの後を引き継がれた川崎道雄さんには申し訳ない気持ちで一杯である。昨年、復旦大学を中心とする研究者たちよる『長沙馬王堆漢墓簡帛集成』が中華書局から出版された。あらたに撮影されたカラー図版を掲載し、綴合も行われ、今後の研究の基礎となる文献である。『戦国縦横家書』を担当されたのは復旦大学の郭永秉氏で、文字学的に非常に緻密な釈文と注釈を提供している。初稿ゲラが出た後突きあわせを行ったが、これ以上の遅延や注番号の変更を伴う改訂は望ましくないことから、本訳注への反映は遺憾ながら見合わせざるを得なかった。原文に対する解釈の違いについては、読者諸賢のご判断に委ねることをお許し願いたい。新しい『集成』の驥尾に付し、本訳注が馬王堆帛書への関心が深まる一助となれば望外の幸いである。

二〇一五年八月二九日

大西克也

『戦国縦横家書』論著目録

アンリ・マスペロ一九三三　蘇秦的小説（馮承鈞訳）、『国立北平図書館館刊』第七巻第六号。

江村治樹一九八九　戦国時代の都市とその支配、『東洋史研究』第四十八巻第二号。『春秋戦国秦漢時代出土文字資料の研究』（汲古書院、二〇〇〇年）に収録。

于兵二〇一三　→　陳建明主編二〇一三

大川俊隆一九九一　秦漢期の帛書の出土と研究の紹介、『古代文化』四三巻九号。

大櫛敦弘二〇〇一　斉王に見せた夢——『戦国縦横家書』における覇権のかたち、『人文科学研究』第八号、高知大学人文学部人間文化学科。

大櫛敦弘二〇〇二　書簡と使人——『戦国縦横家書』より見た外交活動の一側面、『人文科学研究』第九号、高知大学人文学部人間文化学科。

大櫛敦弘二〇〇四　韓夤との密約——『戦国縦横家書』第一部分の理解に向けて、『人文科学研究』第一一号、高知大学人文学部人間文化学科。

大櫛敦弘二〇〇五　「機密」のゆくえ——『戦国縦横家書』に見る情報伝達と史料的性格、『資料学の方法を探る（4）——情報発信と受容の視点から』（平成一六年度愛媛大学法文学部学部長裁量経費研究成果報告書）。

大櫛敦弘二〇一一　「第三章」からの風景——『戦国縦横家書』第一部分の理解のために、『海南史学』第四九号、高知海南史学会、二〇一一年八月。

大西克也一九八八　上古中国語の否定詞『弗』『不』の使い分けについて、『日本中国学会報』第四〇集、日本中国学会。

大西克也二〇〇六　戦国時代の文字と言葉—秦・楚の違いを中心に—、長江流域文化研究所編『長江流域と巴蜀、楚の地域文化』、雄山閣。

王貴元一九九五　馬王堆帛書文字考釈、『古漢語研究』第三期。

王貴元一九九六　漢墓帛書字形辨析三則、『中国語文』第四期。

王菡一九九〇　従帛書『戦国縦横家書』対三晋史的若干訂正、『文物季刊』第一期。

王靖宇一九九九　従帛書『戦国縦横家書』来看今本『戦国策』和『史記』的関係、『張以仁先生七秩寿慶論文集』上冊、学生書局。

王牧一九九二　重評蘇秦、『史学月刊』第五期。

何建章一九九〇　『戦国策注釈』、中華書局。
夏平一九七八　従帛書『戦国策』的借字看経典中的借字、『急就二集』、中華書局香港分局。
郭永秉二〇一二　馬王堆帛書『戦国縦横家書』整理瑣記（三題）、『文史』第二期。（「瑣記」）
管見一九七九　是〝觸龍〟還是〝觸讋〟、『実践』第二期。
魏培泉二〇〇一　『弗』、『勿』拼合説新証、『歴史語言研究所集刊』第七二本第一分、中央研究院歴史語言研究所。
裘錫圭一九八二　『戦国策』〝觸讋説趙太後〟章中的錯字、『文史』第一五輯。
裘錫圭一九九二　読『戦国縦横家書釈文註釈』札記、『文史』第三六輯。（「札記」）
裘錫圭一九九八　簡帛古籍的用字方法是校読伝世先秦秦漢古籍的重要根據、『両岸古籍整理学術研討会論文集』、江蘇古籍出版社。
工藤元男一九八四　馬王堆出土『戦国縦横家書』と『史記』、早稲田大学文学部東洋史研究室編『中国正史の基礎的研究』、早稲田大学出版部。
工藤元男一九九四　戦国の会盟と符――馬王堆漢墓帛書『戦国縦横家書』20章をめぐって、『東洋史研究』第五三巻第一号。
厳一萍一九七六　『帛書竹簡』、藝文印書館。
高雲海一九九五　関於『史記』所載蘇秦史料的真偽、『古籍整理研究学刊』第四期。
呉晶廉一九八九　戦国縦横家書与相関古籍之関係、台湾国立中興大学『文史学報』第一九輯。
呉哲夫・呉昌廉一九八四　『中華五千年文物集刊　帛書篇一』、中華五千年文物集刊編輯委員会。（台湾本）
小南一郎代表一九八七　『帛書戦国策文字索引』、昭和六一年度科学研究費補助金（一般研究C）研究成果報告書（「戦国策」の基礎的研究）。
近藤浩之二〇〇四　『戦国縦横家書』に見える蘇秦の活動に関する試論、『中国哲学』第三二号。
近藤浩之二〇〇七　『戦国縦横家書』蘇秦紀事本末案、『中国哲学』第三五号。
佐藤武敏監修　工藤元男・早苗良雄・藤田勝久訳注『戦国縦横家書』、朋友書店。（朋友本）
車新亭一九九〇　『戦国縦横家書』与蘇秦史料辨正、『北京師範大学学報（社科版）』第三期。
秦丙坤二〇〇二　『戦国縦横家書』所見蘇秦散文時事考辨、『西北師大学報』第四期。
蕭漢明二〇〇五Ａ　蘇秦生平考略、『楚地簡帛思想研究』（二）、湖北教育出版社。
蕭漢明二〇〇五Ｂ　論蘇秦的外交思想、『楚地簡帛思想研究』（二）、湖北教育出版社。

蕭旭二〇一〇　馬王堆帛書『戦国縦横家書』校補、復旦大学出土文献与古文字研究中心論文、二〇一〇年八月二二日。http://www.fdgwz.org.cn/Web/Show/1239

徐朔方一九八四　帛書『戦国策』和『史記・蘇秦列伝』的分岐、『史漢論稿』、江蘇古籍出版社。

徐中舒一九六四　論『戦国策』的編写及有関蘇秦諸問題、『歴史研究』第一期。（また同氏『徐中舒歴史論文選輯』中華書局、一九九八年に収録。）

周書燦二〇一四　論徐中舒『戦国策』考辨与蘇秦史事考訂、『中原文化研究』第三期。

周鵬飛一九八五Ａ　蘇秦張儀年輩問題考辨、『人文雑誌』第六期。

周鵬飛一九八五Ｂ　蘇秦兄弟排行及事迹考、『社会科学』第三期。

諸祖耿一九七八　関於馬王堆帛書類似『戦国策』部分的名称問題、『南京師院学報』第四期。

青城一九九五　帛書『戦国縦横家書』前十四章結構時序考辨、『管子学刊』第二期。

曾小潔・柳菁二〇〇二　『戦国縦横家書』〝之〟字用法考、『湖南第一師範学報』第二期。

曾鳴一九七五　関於帛書『戦国策』中蘇秦書信若干年代問題的商権、『文物』第八期。（「商権」）

孫瑞・李可欣二〇一〇　『戦国縦横家書』中上行文書的結構及格式、四川大学歴史文化学院編『紀念徐仲舒先生誕辰一一〇周年国際学術研討会論文集』、巴蜀書社。

高橋均一九八三　「春秋事語」と戦国策士、『中国文化・漢文学会会報』第四一号。

田中東竹一九九〇　『中国法書選10　木簡・竹簡・帛書』、二玄社。

譚其驤一九八二　『中国歴史地図集』第一冊、地図出版社。

張其昀一九七九　合縦連横的縦横家、『文義復興月刊』第一〇三期。

趙生群一九九四　論『史記』『戦国縦横家書』史料価値考論、『太史公書研究』、陝西人民出版社。

趙生群二〇〇七　『戦国縦横家書』所載〝蘇秦事迹〟不可信、『浙江師範大学学報』社会科学版第一期。

張伝曾一九八五　従秦漢竹帛中的通假字看入変為去当在両漢之交、『両漢漢語研究』、山東教育出版社。

晁福林一九九六　垂沙之役考、『江漢論壇』第三期。

趙芳遠一九九五　浅論『戦国策』及其文学価値、『邢台師専学報』第四期。
趙鵬団二〇一三　従秦漢学術的層累現象看蘇秦事迹真偽的考訂、『寧夏社会科学』第四期。
張烈一九八六　戦国縦横家辨―兼与徐中舒先生商権蘇秦等問題、『社会科学戦線』第三期。
陳建明主編二〇一三『馬王堆漢墓研究』、岳麓書社、第九章第一節（于兵担当）。
陳松長一九九六『馬王堆帛書藝術』、上海書店出版社。（芸術本）
陳松長二〇〇〇『漢帛書戦国縦横家』、上海書画出版社。
陳昭容一九九二　先秦古文字材料中所見的第一人称代、『中国文字』新十六期。
陳平一九九五『燕史紀事編年会按』、北京大学出版社。
鄭傑文一九九九　秦至漢初時戦国策文的流伝、『古籍整理研究学刊』第一期。
鄭傑文二〇〇〇　由帛書『戦国縦横家書』説蘇秦死因、姚小鷗主編『出土文献与中国文学研究』、北京広播学院出版社。
鄭良樹一九七六　帛書本『戦国策』的整理問題、『新加坡南洋大学李光前文物館匯刊』二号（また同氏『戦国策研究』（増訂三版）、学生書局、一九八二年に収録）。
鄭良樹一九八二A　帛書本『戦国策』校釈、『竹簡帛書論文集』、中華書局（また同氏『戦国策研究』（増訂三版）、学生書局、一九八二年に収録）。（「校釈」）
鄭良樹一九八二B　論帛書本『戦国策』的分批及命名、『竹簡帛書論文集』、中華書局（また同氏『戦国策研究』（増訂三版）、学生書局、一九八二年に収録）。
鄭良樹一九八二C　帛書本戦国策三三事、『戦国策研究』（増訂三版）、学生書局。
鄧廷爵一九八一　奉陽君考辨、『中国古代史論叢』第三期。
唐蘭一九四一　蘇秦考、『文史雑誌』第一巻第一二期。
唐蘭一九七六　司馬遷所没有見過的珍貴史料――長沙馬王堆帛書『戦国縦横家書』、『戦国縦横家書』、文物出版社。（「史料」）
唐蘭等一九七四　座談長沙馬王堆帛書、『文物』第九期。
西林昭一二〇〇三『馬王堆帛書精選一』、天来書院。

馬王堆漢墓帛書整理小組一九七五　馬王堆漢墓出土帛書《戦国策》釈文、『文物』第四期。（文物本）
馬王堆漢墓帛書整理小組一九七六　『馬王堆漢墓帛書戦国縦横家書』、文物出版社。
馬王堆漢墓帛書整理小組一九七八Ａ　『馬王堆漢墓帛書（参）』、文物出版社。
馬王堆漢墓帛書整理小組一九七八Ｂ　一九七三年馬王堆出土帛書《戦国策》釈文、『戦国策』下冊、上海古籍出版社。
馬王堆漢墓帛書整理小組一九八三　『馬王堆漢墓帛書（参）』、文物出版社。（精装本、小組注、図版）
馬振方二〇〇九　『戦国策』之小説辨析、『中国典籍与文化』第三期。
馬雍一九七五　帛書『別本戦国策』各篇的年代和歴史背景、『文物』第四期。（「背景」）
馬雍一九七六　帛書『戦国縦横家書』各篇的年代和歴史背景、『戦国縦横家書』、文物出版社。
馬雍一九七八　再論『戦国縦横家書』第四篇及其相関的年代問題・・答曾鳴同志、『文物』第一二期（のち同氏『西域史地文物叢考』、文物出版社、一九九〇年に収録）。
白於藍二〇〇二　『戦国縦横家書』〝頼〟字考、『古籍整理研究月刊』第四期。
范祥雍一九八五　蘇秦合縦六国年代考信、『中華文史論叢』第四輯。
潘定武二〇〇九　蘇秦行年試説、『黄山学院学報』第一一巻第二期。
平勢隆郎一九九三　戦国時代徐州の争奪―滅宋・滅越問題を中心として―、川勝守編『東アジアにおける生産と流通の歴史社会学的研究』、中国書店。
平勢隆郎一九九五　『新編史記東周年表』、東京大学東洋文化研究所報告。（『年表』）
平勢隆郎一九九六　『中国古代紀年の研究』、東京大学東洋文化研究所。
平勢隆郎一九九九　パソコンで古代史料を読み解く、『明日の東洋学　東京大学東洋文化研究所附属東洋学研究情報センター報』第二号。
平勢隆郎二〇〇〇　誤れる蘇秦像、『『史記』二二〇〇年の虚実』、講談社。
複印報刊資料一九九〇　『先秦、秦漢史』第七期。
藤田勝久一九八六　馬王堆帛書『戦国縦横家書』の構成と性格、『愛媛大学教養部紀要』第一九号。
藤田勝久一九八六　『史記』穰侯列伝に関する一考察――馬王堆帛書『戦国縦横家書』を手がかりとして、『東方学』第七一輯。

藤田勝久一九八九Ａ　『史記』春申君列傳の編集過程、『東方学』第七七輯。
藤田勝久一九八九Ｂ　『史記』趙世家の史料的性格、『愛媛大学教養部紀要』二二号。
藤田勝久一九九〇　『史記』と中国出土書籍、『愛媛大学教養部紀要』二三号―Ｉ。
藤田勝久一九九一　『史記』戦国四君列伝の史料的性格、『古代文化』第四三巻第一号。
藤田勝久一九九二　『史記』蘇秦・張儀列伝の史料的考察――戦国中期の合従と連衡、『愛媛大学教養部紀要』第二五号―Ｉ。
藤田勝久一九九三　馬王堆帛書『戦国縦横家書』について、佐藤武敏監修　工藤元男・早苗良雄・藤田勝久訳注『戦国縦横家書』、朋友書店。
藤田勝久一九九七　『史記戦国史料の研究』、東京大学出版会。
藤田勝久二〇一一　『史記戦国列伝の研究』、汲古書院。
房立中一九九五　『縦横家全書』、学苑出版社。
繆文遠一九八四　『戦国策考弁』、中華書局。
繆文遠一九八七　『七国考訂補』、上海古籍出版社。
繆文遠一九九七　『戦国史系年輯証』、巴蜀書社。
繆文遠一九九八　『戦国制度通考』、巴蜀書社。
楊艶華二〇一一　論『戦国縦横家書』対蘇秦事迹研究的貢献及価値、『江西科技師範学院学報』第四期。
楊寛一九五五　『戦国史』、上海人民出版社。
楊寛一九七五Ａ　馬王堆帛書『戦国策』的史料価値、『文物』第二期。
楊寛一九七五Ｂ　戦国中期的合縦連横戦争和政治路線闘争――再談馬王堆帛書『戦国策』、『文物』第三期。
楊寛一九七六　馬王堆帛書『戦国縦横家書』的史料価値、『戦国縦横家書』、文物出版社。
楊寛一九五五　『戦国史』（第一版）、上海人民出版社。
楊寛一九八〇　『戦国史』（第二版）、上海人民出版社。
楊寛一九九七　『戦国史』（一九九七年増訂版）、台湾商務印書館。（『戦国史』）
楊寛二〇〇一　『戦国史料編年輯證』、上海人民出版社。（『輯證』）

楊昶一九八二　『戦国策』校読記、『江淮論壇』第二期。
姚福申一九八七　対劉向編校工作的再認識――『戦国策』与『戦国縦横家書』比較研究」、『復旦学報』社会科学版第六期。
李学勤一九八三　論梁十九年鼎及有関青銅器、『古文字論集（一）』、考古与文物編輯部。
李玉一九九六　『馬王堆漢墓帛書』通假字商兌、『語言研究』一九九六年増刊。
廖群二〇〇七　『先秦両漢文学考古研究』、学習出版社。
龍建春二〇〇二　『戦国縦横家書』書牘文学性芻論、『江淮論壇』第六期。
劉雯芳二〇〇四　三十年来戦国縦横家研究、『山西大学学報』第四期。
盧雲一九八六　戦国時期主要陸路交通線初探、『歴史地理研究』［一］、復旦大学出版社。

補注

本書「あとがき」に記したように、裘錫圭主編『長沙馬王堆漢墓簡帛集成』（中華書局、二〇一四年、『戦国縦横家書』の担当は郭永秉氏、以下『集成』と略称）を入手したのは本書脱稿後であったため、その成果を本書に反映させることはできなかった。また本書出版後に発表された研究成果もいくつかある。本来言及しておくべき点についての遺漏も見つかった。重版に際し、その中から字釈の変更に関わるものを、主要なものに限り補注の形で示しておくこととした。

第三章

五八頁

六行目「臣之所□□」　郭永秉二〇一二は欠字部分に「見於」2字の帛片を綴合している。

九行目「將□□之」『集成』（二〇五頁）は、この部分の欠字は1字であり、「予」ではないかとする。

第四章

六六頁

四行目「虛北地□（行）」『集成』（二〇七頁）は、欠字を残画から「而」とする。

七行目「醜」注（一六）で「恥」と読む説を否定したが、「耳」を声符、「鬼」を「醜」（恥じる）の省略として「恥」の本字と見る陳剣の説がある（「説〝規〟等字並論一些特別的形声字意符」、楊栄祥、胡敕瑞主編『源遠流長：漢字国際学術研討会曁 AEARU 第三届漢字文化研討会論文集』、北京大学出版社、二〇一七年）。いずれにしても意味としては「恥」である。第一九章一七五頁五行目の「醜」についても同様。

一一行目「歸哭」注（三〇）では裘錫圭「札記」に従い「哭」を「喪」の誤字と見たが、郭永秉「瑣記」は『呂氏春秋』先識覧に「歸哭」の語があることを指摘し、「歸哭」は非常に重要な葬礼であったと述べている。

第一二章

一一七頁

九行目、一一行目「韋非」于淼（「漢隷〝糅合〟現象補説——兼談糅合現象発生的条件」、『古文字研究』第三十二輯、中華書局、二〇一八年）によれば、「韋」とされた字は「柬《い》」（「圍」の本字）で、発音の近い「韋」と読まれる。

第一四章

一三一頁

二行目、「洹子」特に隷定せず、注（五）で未詳とした。『集成』（二一五頁）は、文物本の釈文に従い「洫子」としている。一三二頁五行目も同様。

第一五章

一四一頁

一四行目「陶」『集成』釈文により「陰」に改める。「陶」がしばしば「陰」と誤記されることについては第一二章注（三〇）を参照。

一四行目「兩」『集成』釈文により「雨」に改める。「雨」は「兩」の誤字。

第一六章

一四九頁

八行目「閇」『集成』（二三二頁）は字釈を「闔」に改め、「閇」と読む。

一五行目「然」『集成』（二三四頁）は陳剣の意見により「炙」に改め、「焚」と読む。

一五〇頁

三行目「王□□□□□」『集成』（二三五頁）は欠字部分を裘錫圭の講義（未刊）により「□楚趙之約」と補っている。

第一七章

一六〇頁

六行目「燕齊毋（敢）難矣」『集成』（二三八頁）は残画から「敢」を「餘」に改める。これに従えば「燕齊に餘難毋し（燕斉間に余計な難は無くなります）」と解釈される。

第二一章

一九〇頁

九行目「綸（崙）山」『集成』（二五〇頁）は、崑崙山を「昆（崑）山」と称する例は多いが「崙山」と呼ぶ例はないとして、「綸（昆）山」とするのが良いとする。

第二二章

一九七頁

二行目「便楚、利公」「便」字の図版は不明瞭であるが、『集成』（二五三頁）は「使」と釈すべきとする。これに従えば

「使楚利公」は「楚をして公を利せしむ（楚からあなたに利が得られるお話でございます）」となる。

七行目「〔東割於〕楚」 欠落部分に補った「東割於」について、裘錫圭「札記」は『史記』田敬仲完世家「乗屈丐之獘、南割於楚」に基づき「東」ではなく「南」を補うべきであると指摘している。但し注（一九）で述べたように、「東」でも解釈は可能である。

七行目「亡〔國、實伐三川〕而」『集成』（二五四頁）は欠落部分に補った「國實伐三川」に関して、間隔と残画からみて欠字を確定するのは困難とする。

一一行目「〔秦韓。此其善於〕公」『集成』（二五四頁）は「於」に当たる残画を「善」とした上で、釈文を「□□□□□善公」と改めている。

第二四章

二一二頁

八行目「楚之若」『集成』（二五七頁）は「王許之若」の4字に改めている。これに従えば、「王之を許す。『若（諾）す』と」（王は同意して、『承知した』（と言った））となる。

第二五章

二一九頁

八行目「爲將軍私計」『集成』（二六〇頁）は「私」を「利」に改める。これによれば、「將軍が利計を爲す（将軍のために有利な計略を考えますと）」という意味になる。

第二七章

二三六頁

七行目「大似有理」　魯普平（「馬王堆簡帛校読札記」、『中国文字研究』第三十輯、社会科学文献出版社、二〇一九年）は、図版により「大」を「文」に改める。「文」は江君の弁説を指すという。

八行目「類」『集成』（二六五頁）は、『説文』に「頭不正也」と説かれる「頪《るい》」との説を提示し、「頪然」は頭を傾ける様を表すとする。一説として補足しておく。

馬王堆出土文献訳注叢書

馬王堆出土文献訳注叢書編集委員会…池田知久／江村治樹／工藤元男／鶴間和幸／平勢隆郎

Ａ５判　上製カバー装　＊価格10％税込　◆印既刊

◆**老子**　池田知久　税込七〇四〇円（本体六四〇〇円）978-4-497-20605-3

◆**五行・九主・明君・徳聖**　老子甲本巻後佚書　齋木哲郎　税込五〇六〇円（本体四六〇〇円）978-4-497-20713-5

◆**易　上　六十四卦**　池田知久・李承律　税込八二五〇円（本体七五〇〇円）978-4-497-22214-5

◆**易　下　二三子問篇　繫辭篇　衷篇　要篇　繆和篇　昭力篇**　池田知久・李承律　税込八二五〇円（本体七五〇〇円）978-4-497-22215-2

◆**春秋事語**　野間文史　品切れ　＊オンデマンド版あり

◆**戦国縦横家書**　大西克也・大櫛敦弘　税込四六二〇円（本体四二〇〇円）978-4-497-21513-0

◆**五十二病方**　小曽戸洋・長谷部英一・町泉寿郎　税込五二八〇円（本体四八〇〇円）978-4-497-20709-8

◆**却穀食気・導引図・養生方・雑療方**　白杉悦雄・坂内栄夫　税込四六二〇円（本体四二〇〇円）978-4-497-21008-1

◆**胎産書・雑禁方・天下至道談・合陰陽方・十問**　大形徹　税込五五〇〇円（本体五〇〇〇円）978-4-497-21408-9

足臂十一脈灸経他　『足臂十一脈灸経』『脈法』『陰陽脈死候』『陰陽十一脈灸経』甲本・乙本　林克・浦山きか

著者略歴

大西克也（おおにし　かつや）

1962年生まれ。東京大学大学院人文科学研究科博士課程（中国語学専攻）退学。東京大学大学院人文社会系研究科教授。共編著に『アジアと漢字文化』（放送大学教育振興会、2009年）、論文に「戦国時代の文字と言葉―秦・楚の違いを中心に―」（長江流域文化研究所編『長江流域と巴蜀、楚の地域文化』、雄山閣、2006年）、「秦の文字統一について」（『第四回日中学者古代史論壇論文集　中国新出資料学の展開』、汲古書院、2013年）などがある。

大櫛敦弘（おおくし　あつひろ）

1960年生まれ。東京大学大学院人文科学研究科博士課程（東洋史学専攻）単位取得満期退学。高知大学人文学部教授。第9回東方学会賞受賞（1990年）。論文に「国制史」（『殷周秦漢時代史の基本問題』、汲古書院、2001年）、「使者の越えた『境界』―秦漢統一国家体制形成の一こま―」（『東洋史研究』第72巻第1号、2013年）などがある。『戦国縦横家書』に関連する論文については本書「参考文献」参照。

馬王堆出土文献訳注叢書《まおうたいしゅつどぶんけんやくちゅうそうしょ》
戦国縦横家書《せんごくしょうこうかしょ》

二〇一五年一二月一五日　初版第一刷発行
二〇二三年　四月二〇日　初版第二刷発行

著　者●大西克也・大櫛敦弘
編　者●馬王堆出土文献訳注叢書編集委員会
発行者●間宮伸典
発行所●株式会社東方書店
東京都千代田区神田神保町一―三　〒一〇一―〇〇五一
電話〇三―三二九四―一〇〇一
営業電話〇三―三九三七―〇三〇〇
装　幀●戸田ツトム
印刷・製本●株式会社ディグ
定価はカバーに表示してあります

ISBN 978-4-497-21513-0　C3322

索　引

※索引の並べ順は、語句の頭の漢字の音読み順で並べ、同一漢字で始まるものが並ぶようにした。同じ読みはその筆画順とした。
※読み下し・注釈中の仮借字は原則として、もとの字は取らず、読み替えのみを取っている。
※事項索引では、語義や用法の説明に関する一部の語句については、注釈中の当該ページのみを挙げるにとどめ、網羅的な索引とはしなかった。

人名索引

【な】

【は】

【ま】

【や】

地名索引

【さ】

【た】

【な】

【は】

書名索引

事項索引